国家社科基金西部项目
"丝绸之路青海道沿线石窟艺术调查与研究"阶段成果（项目编号21XKG007）

凝视胜景

青海传统壁画艺术

李懿 著

GAZING AT THE REALM
OF ENLIGHTENMENT
——TRADITIONAL MURAL ART OF
QINGHAI PROVINCE

兰州大学出版社
LANZHOU UNIVERSITY PRESS

图书在版编目（CIP）数据

凝视胜界 : 青海传统壁画艺术 / 李懿著. -- 兰州 :
兰州大学出版社, 2025. 2. -- ISBN 978-7-311-06843-1

Ⅰ . K879.414

中国国家版本馆 CIP 数据核字第 2025NE8439 号

责任编辑　宋　婷
书籍设计　陈　欣

书　　名　**凝视胜界——**青海传统壁画艺术
　　　　　NINGSHI SHENGJIE——QINGHAI CHUANTONG BIHUA YISHU
作　　者　李懿 著
出版发行　兰州大学出版社　（地址:兰州市天水南路222号　730000）
电　　话　0931-8912613(总编办公室)　0931-8617156(营销中心)
网　　址　http://press.lzu.edu.cn
电子信箱　press@lzu.edu.cn
印　　刷　陕西龙山海天艺术印务有限公司
开　　本　710 mm×1020 mm　1/16
成品尺寸　165 mm×238 mm
印　　张　18.25
字　　数　266千
版　　次　2025年2月第1版
印　　次　2025年2月第1次印刷
书　　号　ISBN 978-7-311-06843-1
定　　价　110.00元

（图书若有破损、缺页、掉页,可随时与本社联系）

景中生情，情中会景。景者情之景，情者景之情也。

——［清］王夫之

李懿，1976年生，中共党员，艺术文化史博士，青海师范大学美术学院教授、硕士研究生导师。主要从事青藏高原民族民间美术、西北宗教艺术史研究。中国美术家协会会员、中国文艺评论家协会会员，2021年入选青海省"昆仑英才·高端创新创业人才"计划。

序

　　青海地区是中原文明和草原文明的交汇之地，位于中国西北部、青藏高原的东北部，其名称源自境内的青海湖；作为长江、黄河、澜沧江的发源地，故被称为"三江源"；由于处于世界屋脊之上，也被形象地称为"中华水塔"，是连接西藏自治区、新疆维吾尔自治区与内陆省份的枢纽。特殊的地理优势让这里成为中华文明的重要源头之一，形成了以昆仑文化和海湖文化为主体、不同民族和信仰共同构成的多元文化，构建了一个多民族文化的共同体。

　　多元文化的交融与互鉴，悠远绵长的历史与艺术，不仅留下了形式多样、美轮美奂的历史文物，而且为青海人民朴实热情、耿直善良的性格积淀了精神财富。寺庙遗址壁画既是文物古迹中的典型代表，也是各民族文化信仰的重要精神载体。青海寺庙遗址密度大、数量多，其中也不乏高等级寺庙，如塔尔寺、瞿昙寺和东关清真大寺等，这些寺庙大多存有艺术悠久的传统壁画，它们题材丰富、绘画精湛、技法纯熟。

2015年，习近平总书记指出，要保护好文物，让人们通过文物承载的历史信息，记得起历史沧桑，看得见岁月留痕，留得住文化根脉。青海的文物艺术研究者有责任，也有义务对当地历史文化遗产进行系统梳理，用平实叙事的文风、生动鲜活的形式将其展现出来，即"让收藏在禁宫里的文物、陈列在广阔大地上的遗产、书写在古籍里的文字都活起来"[1]，以更好地完成时代所赋予的历史责任和使命，为增强文化自信、实现中华民族伟大复兴做出应有的贡献[2]。

长久以来，青海的文物艺术研究者筚路蓝缕、攻坚克难，新的研究成果层出不穷，取得了令人瞩目的成就。也正是这些研究者的旷野寻踪、探微访古，使大批重要的古遗迹得以重现于世，一些重要的成果甚至填补了中华文明研究的空白，为弘扬与彰显华夏文明做出了重要贡献。李懿就是近些年来众多青海研究者中的佼佼者，他以扎实的田野调查和敏锐的审视分析逐渐脱颖而出，先后获得青海省人民政府颁发的第八届青海省人民政府艺术奖、中共青海省委宣传部颁发的"外交部青海省推介活动'设计工作奖'"，并成为西宁市"三区人才"和青海省"昆仑英才·高端创新创业人才"的一员。本书就是他长期思考和

---

[1] 引自2013年12月30日习近平在十八届中央政治局第十二次集体学习时的讲话。

[2] 习近平：《习近平谈治国理政》（第一卷），外文出版社，2018，第161页。

周密调查的成果，是对青海传统壁画的全面认识，是从艺术的视角对青海传统壁画的重新审读。

本书以河湟、环湖、三江源和柴达木四处文化地区为主轴，以田野调查为基础，以文献引证为辅助，全面展示青海传统壁画艺术的演进和发展。全书共由五个章节组成：第一章主要针对青海传统壁画的基本状况做了整体概述；第二章主要针对青海传统壁画的分布状况进行了梳理；第三章主要针对青海传统壁画的艺术构成元素进行了具体探析；第四章主要针对青海传统壁画的美学风格与艺术特征进行了具体分析；第五章主要针对青海传统壁画的传承与当代运用进行了分析与探究。书中既反映了青海传统壁画的整体分布面貌，又凸显了壁画艺术特征与美学特色；既注重青海传统壁画的题材与装饰，又关注青海传统壁画的继承与创新应用。

本书的编撰出版，是青海文物艺术研究者开展公众艺术教育、"让文物活起来"的一个初步探索和良好开端，也是他们贯彻落实习近平总书记重要讲话精神、增强文化自信、建设社会主义文化强国的一项具体举措。阅读本书，我们能更清晰地认识青海传统文化艺术，探寻精神标志，传承中华文明，留住历史根脉，共铸文化自信。这既是青海文物艺术研究者的历史责任，也将会是我们今后不懈努力的方向！

陕西师范大学教授

博士研究生导师　高明

2024年5月18日于长安

自　序

　　几经努力，书稿终于完成。书稿的成形涉及无数环节，而不断修改、润色书稿的过程，也使得我自身对艺术的认识不断提高。与青海传统壁画相遇，开始对其关注，逐渐有意识地收集资料，进而探究其中的奥秘，最终撰写成书，可谓一场对身体和心灵的巨大考验。然而，艺术最大的功能则是抚慰心灵，因此，书稿对我而言就像自己的孩子，倾注了无数心血，也希望能有一个既适合又光彩的名字。经过深思熟虑，又与多位师友商讨后，最终决定用"凝视胜界——青海传统壁画艺术"作为书名，这也算是为书稿画上了一个较为圆满的句号。

　　我国的艺术文化史宛如灿烂星河，瑰宝无数。传统壁画艺术作为其中一颗闪亮的星辰，虽历经岁月洗礼，却依然光彩夺目，它承载着千百年来中华民族的艺术文化底蕴和精神内涵。在浩瀚的历史长河中，每一铺壁画都是一扇通往历史的窗。透过这些壁画，我们看到的不仅是某人的传奇或是某种文化的现象，更多的是时代变迁中的起承转合。

如果说敦煌壁画是我国佛教辉煌的"明信片"，山西壁画是道教兴衰的"见证者"，那么，青海传统壁画则是汇集多元文化的"集大成者"。在这里，有反映佛教、道教、乡土、民俗以及伊斯兰文化等各种壁画汇聚，一铺铺壁画宛如一部部丰富的社会文化典籍，其中既有令人惊鸿一瞥的震撼，也有深藏不露的气韵与哲思。然而，令人痛心的是，这些历经了千百年寒暑的壁画，也承受了天灾人祸的无情摧残，许多壁画已色迹斑驳，甚至有些已残缺剥落，这些壁画中所蕴含的社会历史、艺术文化、科学文明等信息也将随之消失，这是一个残酷而又现实的问题，无疑也增强了我写出这本书的紧迫感。

"凝视"在语义层面上，是一种专注、长时间、审视的"观看"。作为文化批评中的重要术语之一，反映了自古希腊到20世纪西方哲学对视觉活动的多层面的思考。本书以"凝视"为主线展开，旨在探讨本人、他者与社会层面对壁画"凝视"的构建概念。壁画上的图像，无论是建筑、花卉、飞天还是神佛，都被赋予了象天法地、状物拟人的作用，每一幅壁画中都有着无数的信息可以去解读。通过凝视青海传统壁画，不仅可以深入了解青海地区的历史文化和社会变迁，而且能感受到人类艺术文明的无穷魅力。

从历史上壁画创作及其功能的实际性特点而言，各个朝代、各个阶层对壁画图像的"凝视"各有不同：有权力者傲慢的俯视，也有朝拜者虔诚的仰视，还有无数欲望纠结的众生各种各样的观看方式。因此，那一铺铺壁画满满承载着当时的社会文化现象和人们的思想状态。如今，我们又应以何种方式去观看这千百年前的宝藏呢？

通过"凝视"，在壁画作为被"看"的对象的同时，不仅可以大体确立各时代、不同人群的主体位置，也让我们更深刻地理解壁画和观看者之间的互动关系。

"凝视"理论在本书中以术语的形式连贯起了我对壁画及其背后所隐含问题的思考，从而去尝试打破已有理论的束缚，最终形成对"问题"的研究。因此，我对传统壁画的"凝视"分为以下三种类型：一是"他者的凝视"，即他者视野中密切相关的问题或想法，它将揭示壁画与社会、政治和文化等多方面相互的联系；二是"信仰的凝视"，是作为一种普世的行为出现，对于此方面的研究和探讨更是当代全球化社会背景下永不过时的时代命题；三是"图像的凝视"，是视觉文化时代和后现代文化时代的人们无从逃避的现状，对图像的凝视将更全面地反映出特殊文化时代人们的生存处境。由此，选择以"凝视胜界"为题，对于自我认知而言，凝视既是一种观点，也是自我的学术话语，更是田野考察的具体实践。在此，也希望通过本书能够唤起社会对青海传统壁画更多的关注和保护意识，让这些珍贵的文化遗产更好地传承和发扬下去。

基于以上思考，"凝视"在本书中主要有以下三方面的含义：

第一，凝视是一种涵盖了社会机制、信仰寄托和文化认同等多层次的观看方式，包括目前我们可见的壁画及表象，也有深入壁画背后不可见的内在因素。在我看来，表面背后的不可见物，实际上更具有可见性，也就是说，只有通过深入探究过去更深的内在因素，才能预见未来更远的可能性和趋势。

第二，凝视是一种看与被看之间相互关联的视觉行为，它构建了壁画主体和他者之间的二元对立关系。壁画记录了千百年前的无数个瞬间，每个信仰的凝视、每个画师的审美风格、每个时代的奇光异彩都清晰可见。对于身处今天的人们来说，有人会怀念这些瞬间，有人会为之震撼，也有人会感到痛心。壁画与他者之间的联系是自然的，人们的目光因此会被普遍唤醒，壁画的存在也才能被确认，并让人们发现其真正蕴含的魅力。

第三，凝视也具有一种生产性，壁画常在人们的某种实际效用中才会被看见，这客观上增强了社会文化的综合力量。本书将青海、传统、壁画这些元素结合在一起，通过对传统的追溯，对当代问题进行深刻的哲学性反思，并从文化、视觉、艺术的高度，剖析人类精神和自然之美的信仰根源。

"胜界"，来自佛教文化的"殊胜"一词。什么是殊胜？在不同语境、不同人群中有不同的解释或理解，但总体来说，让我们有所受益的即为殊胜。天边的青海，山高水长，当我们攀上高山，跨过险滩，回望积淀千百年的传统壁画，在感叹先民们的智慧和创造力的同时，也感叹青海这片宝地之上的壁画实在是低调了太久；而这些壁画的真正魅力，也被忽视了太久。让历史的智慧照进现实、照亮人生，帮助更多的凡尘俗世中人做出明智的选择，塑造更广阔的人生格局，这些是今天每一个关注青海文化的学者理应践行的使命。

历史的长河中有难以计数的民间艺术家，他们默默耕耘在青海地区一面面"殊胜灵迹"的厚土之上。壁画上明王雄健勇猛、菩萨天衣飞动、鬼卒狰狞恐怖……而这，一个个具体的形象衬托出的井然明朗的精神世界，一个个微

妙的造型印证着的正觉哲思的精神之真，在青海传统壁画
中依然有待揭示。当面对壁画时，分不清那是天上还是人
间；面对壁画上每一个鲜活的形象时，也分不清他们是神
还是人。记忆与想象在壁画中融合，我们的认知可能触及
其间所藏哲思的广大和殊胜的周遍，他们便是人格化了的
神，也是神化了的人，这样才真正使得视觉与知性融入其
"境界"。因此，我更想把"胜界"看作这些壁画所呈现的
一种境界。在青海传统壁画中的"胜界"也可从以下方面
感受：

　　青海传统壁画上的图像，经过了风沙洗礼和岁月沉
淀，依然不减其审美基调，无数疏密有致的线条，构成了
无数奇异的幻想之界，叙述着先民们眼中的大千世界。他
们把身边的事实转化为各种形象落于壁面，而壁画成为人
们不断凝聚着的极为特殊的情感、社会关系和超然的想象
载体。如今，人们可以通过一铺铺满含历史沉淀的壁画与
相隔千百年的古人隔空相见，感受多种政治和多元文化在
同一片土地上的碰撞。人们可以从壁画图像中寻访此地诸
多历史大事件的发生，了解青海地区各样文化在相互接触
中伴随着的交往、交流和交融，感受农耕文明与游牧文明
千百年来的相濡以沫，以获得应对当下变化的智慧。从这
个层面出发，壁画成了我们与古人沟通的介质，也是提供
见证此地文明碰撞与共生的媒介，显示着特殊的特征及精
神含义，可以帮助人们建立一个比想象的现实更加真实的
具有无限内涵的"胜界"。

　　王国维曾将"意境"发散为"境界"，而境界指的是
作品所表达的情感和意境的深度与广度，如诗词中的"西
方胜界真堪羡，真乃莲花瓣里生"，而在传统壁画中，也
有以意境为主、意象辅之的范例。青海传统壁画中许多画

面皆通过跨越时空的景致、物象的审美意象，通过精神的感召和情感的会意，成为引起观赏者的情感共鸣的意境之界，从而引发观众或读者更深层次的共鸣，从而去思考壁画中的意象造型。然而，这些意象源自画师深入意象思维的体察，通过审视自我情感与意志，将其转化为景象和物象的独特特征。借助客观特征表达意象，这种艺术手法传递着社会和个人的情感、志向与思想。这种艺术形式在更高层次上成为一种表达方式，具体表现与抽象表现之间的分界逐渐模糊，呈现出一种精神上的绝美"胜界"。

很多中华传统艺术离我们已远，远到跨越千年、物是人非，原本光彩熠熠的壁画，如今蒙上一层厚厚的尘埃，隔着那厚厚的玻璃与我们相顾无言；很多壁画已无法修复如初，甚至无力逆转它们的"苍老"。由此，"凝视"才会博得更多社会目光对青海传统壁画的关注；而"胜界"作为一种见证，释放着强大的生命力，它让生活在现代的人们可以充满诗意地了解那个遥远的世界。

想起王小波说过的一句话："一个人只拥有此生此世是不够的，他还应该拥有诗意的世界。"什么是"诗意的世界"呢？我想，透过历史的烟尘，恍惚间能与古人心神相通的一瞬、体会不同人生的刹那、细思无尽世界的片刻，正是"凝视"的"胜界"！

2022年6月6日于西宁

（前　言）

　　壁画是世界上历史最悠久的绘画形式之一，最早可以追溯到法国南部拉斯科洞窟的壁画，那是公元前16000—前14000年的原始先民们对自然形象的记忆和对生活感受的记录。壁画一直以其淳朴的特质伴随着人类文明的发展，单纯地通往每个人心灵的深处，其中蕴藏的丰富文化内涵成为人类思想的艺术结晶，也成为人类文明在不断演变和发展过程中文化艺术成果的直接反映。随着世界各地考古工作的不断发展，更多的壁画遗迹也不断被发现，展现着不同历史阶段人类艺术文化发展的演进过程。就目前壁画遗迹的呈现而言，我们可以清楚地看到，世界上基本存在六个壁画系统，而除了以中国为中心的东方体系和欧洲为中心的西方体系外，其他四个体系均伴随着国家政权的解体而已消亡。中国壁画从远古到现在，经过两千余年的变迁，在中国文化史上具有重要的地位，贯穿着整个中国艺术文化史的发展。

中国人自古就是爱绘画的。无论是早在那个谈不上"文明"的历史阶段，还是在画师、画家开始将自我意识注入作品的时期，抑或在注重将社会审美与状况表达的朝代，绘画的功能即便不甚明确，但图像中表意的符号可将僵硬的文字难以记载和呈现的情景清晰展现，为人们提供了更多探索和思考的空间，也成为我国文化形象的源流之本和社会审美的载体。在社会发展中，人们的物质世界不断丰厚，社会艺术心理逐渐转向关注自我、追求纯粹，公众审美的视觉与心理感受也更加渴求对壁画艺术的探索。

人们将对生活的期待、脑海中的想象及身边的重要事件等画在墙上，也奠定了壁画艺术在文化史上的重要地位，成为我国传统艺术的主要形式之一，也成为中国传统绘画的重要组成部分。如今看来，相较于我国传统的水墨画，西方舶来的油画、水彩画等绘画形式而言，壁画似乎离普通百姓的生活有些遥远。壁画虽然只是被看作室内装饰的一种形式，但如果仔细品读，便不难发现它不光是一种载体，其中还包含着"承教化，助人伦"的人文理想，也是对我国传统绘画艺术的继承，与大众的习俗、审美有着密切的联系。

东汉应劭的《风俗通义》中载，黄帝在门上画神荼、郁垒二人，用以检识恶鬼，并驱除之。北魏郦道元曾在《水经注》卷三"河水"条云："河水又东北历石崖山西，去北地五百里，山石之上，自然有文，尽若虎、马之状，粲然成著，类似图焉，故亦谓之画石山也。"无论是应劭所说的门上之画，还是郦道元所谓石上之画，都应是早期人类在壁面上所绘制壁画的遗迹。东汉王逸在其《楚辞章句·天问序》中记载了楚国先王庙中绘有天地、山川、河流、神灵鬼怪以及圣贤事迹等。《孔子家语》记载，孔子在周王朝的官殿中，见到明堂墙上有尧、舜以来的君王和周公以及跨越几个世纪的人物壁画，这是我国最早有关寺观壁画文献中的一个例子。还有在西汉末年战乱中幸存的灵光殿，从东汉王延寿的《鲁灵光殿赋》中，仍可看到灵光殿墙壁上描绘着伏羲、女娲、尧、舜、禹等人物。虽然如今孔子当年探查的明堂和王延寿曾游历的灵光殿的遗迹已经找不到了，但他们的经历同那些古代重要事件、神话故事一样，统统都被作为绘制的主要内容进入了壁画里。

　　秦汉壁画在当时的美术创作中占据着极为重要的地位，尤其以大型建筑物和墓室壁画为主要表现形式。通过这些壁画，我们可以感受到当时统治阶级所强调的孝道、厚葬等价值观，也窥见了壁画艺术在这一时期的繁荣景象。不幸的是，南朝壁画的遗迹至今保存甚少，但值得庆幸的是，北朝的墓室壁画和石窟壁画得以保存，成为我们今天研究汉唐时期变革的主要实物依据之一。隋唐时期，唐风融合中外于一体，吴道子、顾恺之、杨契丹、董伯仁、展子虔都有佛寺壁画创作的经历，他们是当时美术家的标志。唐会昌年间所成的《唐朝名画录》中引《两京耆旧传》语说吴道子于"寺观之中，图画墙壁，凡三百余间。变相人物，奇踪异状，无有同者"[1]。又有《独异志》等文献记载吴道子在天宫寺内绘制了几铺壁画，地处南京的瓦官寺内的壁画就是由顾恺之所绘。也有苏汉臣在五圣庙中绘制壁画的事迹在《武林旧事》中可见。由此，其时佛寺壁画创作之繁盛可见一斑。遗憾的是，我们只能通过这些文献去追忆当时壁画的风采。由此可见，我国壁画萌芽于史前，滥觞于商、周，兴盛于秦、汉，风行于魏、晋，而隋、唐之际，大师巨匠辈出，争相挥毫壁面。至明清时期，壁画绘制已经发展成为一项专门的工作，并设立专门的机构，拥有训练有素的画师，壁画绘制也更加具体化，分工越来越明确，一铺壁画的绘制通常由众人参与，各司其职，相互配合完成，可谓"丹青赋彩于墙身，图解教义于庙堂"。

　　数千年来，中西方的文明在青藏高原上不断交汇，地处在这交汇区中的青海，在千百年来一直是西域边疆与中原腹地经济、文化交流的必经之路，农耕文化与游牧文化并存共荣。"唐蕃古道""茶马古道"以及"丝绸之路"横贯于此，将不同的经济形态、复杂的民族结构以及各种文化因素

---

[1] 朱景玄撰，温肇桐注：《唐朝名画录》，四川美术出版社，1985，第3页。

汇聚于一处，形成了独特的文化融合之态。壁画以其平和的视角、独特的艺术语言，记录着这方水土上的时间与空间变化，也见证着生活在这里的人们的谦卑与信仰。

当艺术遇到文化信仰，二者没有本质上的对立，艺术会在不断改变其形式的状态下适应不同文化信仰的精神，佛教壁画和道教壁画一直在我国传统壁画发展中并驾齐驱而又各有千秋。随着文化信仰的变迁和社会文明的进步，青海传统壁画冲破了仅在石窟寺中出现的单一状况。随着本地文化信仰的多样化出现和各寺庙道观的兴建，青海传统壁画与文化信仰联系日益紧密，多层面表达着民众的信仰和情感。由于民众思维或精神需要，青海壁画逐渐形成多样性特点，较其他地区显得更为丰富，并成为青海历史、文化、艺术的重要载体。仅佛教壁画在青海就有藏传佛教壁画和汉传佛教壁画之分。青海民族结构较为复杂，各地均有自己的民间信仰，各种民间信仰文化下出现的村庙、族庙、民居、驿站随处可见，其中的壁画，为我们提供了探寻青海各地区民众的民俗观、礼仪观、生死观和宇宙观等各种可能的意义。在伊斯兰文化清真寺中一般是没有壁画的，而青海一些清真寺中不仅存在着一些壁画，而且壁画内容也异彩纷呈。壁画上不断重复的三角形、正方形、六边形、星形、圆形，以及自然中的花卉、树木及变形的阿拉伯文字组合，显然是继承了8世纪以来穆斯林艺术家所沿用的几何图案和书法作品来装饰清真寺、宫殿和书籍的传统。这些壁画建起了一架当地穆斯林民众和其他民众之间对话沟通的桥梁，为我们研究青海传统壁画提供了更多可能。这些各文化属性中的壁画系统的形成，证明了在青藏高原文明的发展过程中，青海传统壁画艺术的源流是多中心的，各文明虽各有不同，却经历了共通且相似的发展。

在我国壁画艺术中，不同文化信仰类型的壁画一直是主要的组成部分，它们随着各种不同文化信仰的兴衰而变化。提到我国传统壁画，敦煌是无法绕开的，而在佛教西渐中，第一站就是龟兹古驿，新疆的壁画早于敦煌两百多年。在青海壁画中，已看不到早期新疆壁画中接受了印度艺术影响而呈现出的边疆壁画的独有风情；在魏晋南北朝时的莫高窟壁画中，也看不到明显带有西域绘画风格的结合女性阴柔之美与男性阳刚之气的男相"伎乐飞天"……

　　然而，2019年6月，在青海省囊谦县香达镇的一项施工中，出土了一所古寺庙建筑遗迹，其内壁有三块较为完整的壁画，这批古壁画的人物形象栩栩如生，线条柔和，壁画上的红、绿、黑等色彩依然保持着鲜明的特点，尊神下方还有藏文题记。凹凸法自印度传入西域后，经历了一系列改进，最终在敦煌地区融合了民族传统的晕染技法，创造出了既突出人物面部色彩，又增强肌体立体感的新晕染法。因此，这些壁画整体风格与河西地区的艺术风格相近，并符合13世纪藏传佛教艺术的特点。这些发现为研究印度波罗艺术在中国的影响以及囊谦在藏传佛教发展早期的历史地位提供了宝贵的资料。魏晋南北朝时期的青海，吐谷浑人驻牧在今海西蒙古族藏族自治州，后期曾拓地至南疆且末、鄯善一带，完全控制了柴达木盆地。据此，佛教思想渐进，境内各地石窟寺开始兴建，壁画则成为这些石窟寺中装饰的主要元素。在乐都红崖寺、平安沙沟东寺、西宁北山寺等石窟中均可见壁画的印迹。在岁月的洗礼中，许多石窟寺壁画的颜色已经褪去，令人扼腕叹息。如位于青海西宁北山寺的土楼神祠，其东部洞窟群被称为"九窟十八洞"，目前此区域仍然有九个坍塌不全的洞窟，其间残存的壁画藻井极为珍贵。

　　近年来，我国出土了一系列大型墓室壁画，其中北朝和唐代的壁画尤其引人注目。这些壁画的发现震惊了国内外学术界。这些壁画翻开了历史皱褶里诸多不为人知的篇章，让许多不为人知的历史细节重现。学界对已知材料重新进行了解读，帮助我们更好地理解了从北魏到北朝、大唐盛世中贵族们的精神世界和活动轨迹。我们有幸在茫茫戈壁看到了青海吐蕃时期墓室壁画的风采，如其中《仪卫图》上的执旗和牵马迎宾的侍卫；那些狩猎、宴饮、舞乐等场面，虽有不同程度损毁，但其内容、形象依稀可辨；还有顶部描绘的各类飞禽走兽、祥龙飞鹤、帐居宴饮、汉式建筑、山水花卉以及日月星辰等图像。其技法中有浓郁的唐风影响，图像内容又兼具地域游牧民族特色，足以证明该墓葬的与众不同。墓室壁画虽然常出现在汉文化区，但在青藏高原尤其是吐蕃统治时期的青海出现，人们意识到，吐蕃时期的青海绘画水平已达到一定的高度，也为我们展现了一幅当时社会的历史画卷。这批壁画无疑是我国传统壁画中的瑰宝，我们可以通过其细节，构建出被历史文献过滤掉或遗漏掉的一千多年前青藏高原的历史场景，其史料、文物和艺术价值不可言说。

从文化学的视角看，青海传统壁画的规模似乎较小，但它也是中华文化丰富多元样态中不可或缺的重要组成部分；它虽没有中国其他地区皇家或官家壁画的性质加持，但多元的文化属性使其更具有正统性、中心性、权威性。青海寺观建筑数量较为庞大，基本是随村落而布局，尤其是藏传佛教文化的寺庙壁画内容尤为驳杂，在众多寺观附近通常还有戏台、学堂、集市等，形成一个整体的文化生态系统。在某种程度上而言，寺观不是纯粹的文化信仰场所，而是一个或几个自然村的文化、经济和政治中心，壁画又是其中不可或缺的重要组成部分。寺观立足于民间，为广大民众服务，在文化思想中引导其思维和行为，成为部分民众的思想、情绪寄托的载体，形成一种以信仰、血缘来组织地缘活动的方式，构建着社会经济、文化等层面的认同。

壁画就像一面历史的镜子，映射着特定社会的历史文化、政治经济、民俗风情的发展与变迁。随着14世纪前后西藏佛教的弘扬，藏传佛教壁画艺术也随之在青海大规模发展，其中青海黄南藏族自治州热贡地区的壁画得到快速发展。有许多藏族人传承着从寺院传入民间的佛教绘画艺术，以《造像度量经》中的要求为准则，所绘壁画整体构图严谨、匀称、丰满，且活泼多变、优美多姿；画面常常反映社会历史、生活习惯，以及天文历法和藏医藏药等方面，具有据史作画、以画作艺、以艺证物、画派各异的特征。

至17世纪时，该地区壁画进入鼎盛时期，绘画技巧精湛成熟，色泽鲜艳华丽，笔法细腻而不琐碎。受不同文化属性、题材的限制，壁画与大众的文化信仰紧密相连，壁画的内容多有雷同，或佛教故事，或道教教义。然而，从各寺院的壁画中可见，青海壁画艺人在制作壁画时，并不以一个模式为标准，同样的题材，经过不同艺人的创作，无论形式还是构图都有所不同。例如，青海赛康寺五方佛壁画佛像的配置及绘画技法，在西藏乃至涉藏地区都比较少见。刻画生动的人物形象、故事传说等是青海传统壁画重要的构成。这些壁画仿佛一部青海各族人民发展的千年长卷，不仅具有艺术审美与考古价值，而且令人真切感受到世代藏族人民虔诚的信仰与精神世界。

与此同时，青海传统壁画逐步形成了独特的地域风格，其题材变得更加广泛，出现了不少世俗题材壁画，圣贤故事、英雄人物以及民俗风情等又成为壁画的主要内容，其风格也更为多样，流派众多。除了受藏族传统绘画的影响外，在青海壁画中也有水墨文人画中常见的一些题材和视觉符号。这些壁画以线描墨色勾绘，也有用写意手法渲染的，内容或为神话典故，或为山水花卉，或为时态小景，笔墨简约。这些作品画面上的丰富内容通过各种隐含意义与壁画艺术形式高度融合，整体结构清晰，生动地再现了当时社会生活的场景和浓厚的世俗氛围，并对生活进行了抽象的艺术诠释，展现了艺术与生活密切相连的关系。壁画中处处体现了地域丰富的人文内涵和文化特色，弥漫着一种地域氛围，也成就了当地民众普遍具有的质朴的"青海味道"。这些壁画也为我们了解和研究青海各个时期的社会状态及美术状态提供了丰富而翔实的第一手资料。

青海四面环山，交通不便，经济发展相对落后，信息较为闭塞，众多因素使壁画自身的更替变化现象较少。另外，这些寺观中的壁画在民间一直发挥着作用，当地每个民众在心理上早已将这些壁画视为其历史传统与文化认同的组成部分。在许多寺院前都能见到各个时代的当地人供养捐赠或修缮寺观（包括壁画）的记载，全民的参与其实一直到现在都是如此。很多寺观中的造像和壁画均以当地人的想象和审美为基准，是他们审美和文化认同的具体体现。

在壁画中常可看到，其内容十分繁杂，具体到一所寺观的壁画中，从引导到正位神，从佛道到儒教，从天界到冥府，壁画中的接引神佛等完整再现了不同文化属性中的仪轨程序，又体现了神话体系中构建于民众认同基础之上的因素。一些历史人物或普通民众祭祀、耕获、田猎、授种的场景在这些壁画中也比比皆是，这种题材虽然显得非常"平民"，没有过多的华彩，但它正是青海民间壁画的特点所在。我认为如此单纯质朴的青海壁画，比山西的朝元仙仗式的人物列队有意思得多，因为有许多生活场景在其中。青海壁画中的建筑、服装、生产生活的场景，和其间蕴含着的崇高与优雅、对称与和谐、阴柔与阳刚、悲壮与英勇、庄严与浪漫的显著美学风格，能给今天的研究者和欣赏者提供更多的空间和乐趣。还有，那无数壁画中真实地反映着青海民众所推崇的神仙形象、英雄事迹乃至当地百姓的娱乐生活等，并非源自专门的定义和规范，而是民众强大的想象力和艺术创造的结晶，它们尽可能以或写实或超越现实而夸张的风格在壁画中出现，与学者们所追求的逻辑、材料基本无关，更多地，与当地民众的情感、冲动、想象、教化和娱乐有关。

美的形态各异，但它们之间存在着和谐而统一的联系。同时，运动是物质世界的状态和属性，是生命的本质。每种文化又都有其生存的载体和环境。青海传统壁画，没有敦煌壁画的绚烂、山西传统壁画的喧嚣，反而更加平民化，不会因为个人专业认识水平的高低而对欣赏视角、评判标准与价值体系提出要求。它真真切切地出现在现实的不同阶层面前，呈现着不同经历、不同气质、不同情思的各种"盛景"和"圣境"，使我们能够强烈感受到那种特有画面语言的诠释之美。人类历史实际就是一部图像史，从岩画到古代壁画再到纸画、绢画的繁荣，无不是用图像在记录着人们生活的点滴。历史的车轮仍然在滚滚向前，今天已进入了一个空前的网络数字化时代，但这些前人创造的静止不动的壁画图像不应被现代人边缘化，我们应更清楚地认识到，壁画是"活态"或"现在时"的艺术，其间植入着青海在社会发展中本土传统的、中原的及其他少数民族的文化，以及水乳交融之下诞生出的独特的青海风采。

新时代的中国，以人民为中心，为实现中华民族伟大复兴、建设美好精神家园、向世界讲好中国故事，民间文艺是非常重要的文化资源。青海传统壁画经过千百年的岁月淘洗，在多方面都发挥着其积极的作用。它承载历史，记述生活，联通心灵，也是世人了解青海文化、感受青海艺术之美的形象教材；它是文物保护、社会科学、自然科学等各个学术领域的重要研究资料；它不仅在人类精神文明建设中具有重要意义，还是创造社会主义、民族新文化的必要元素，因为在培育人们拥有理想、道德、文化、纪律等方面发挥着其他教育手段所不能替代的重要作用。此外，它还能为物质文明建设提供有益的启示和借鉴。

　　本书从青海传统壁画的概况、分布、美学风格、艺术特色、保护传承与创新应用等方面展开研究，内容涉及历史、地理、政治、经济、文化等方面，较为系统地呈现了传统壁画中青海社会文化的历史变迁，多元文化的交流碰撞，多民族、多文明的交汇融合和共同繁荣。在田野考察中，我采用了"多点移动"的方法，这种方法不同于对一个或邻近几个村落进行长时期深入观察的"蹲点"式田野考察，而是在多点比较中探寻"共性"与"差异"，并思考这些"共性"与"差异"是如何形成的及其社会意义。研究中，藏地寺庙众多，文化信仰关系繁杂，同一寺庙中的壁画风格也不尽相同，要想梳理清楚其中的知识与奥妙，是非常大的工程。

　　本书对青海传统壁画进行了梳理和归纳，并对其渊源、背景、传播途径和本土化特征做了分析。其造型和样式组合丰富，体现出本土化特征，但想深入地剖析本土化并非一项简单的工作。以壁画中的造像为例，仅从壁画中造像的构成、背光等方面分析是远远不够的。因此，在此过程中，尽可能做到横向和纵向相结合。通过对空间与时间关系、构图形式以及色彩等关系的研究，我们总结了整体壁画所呈现的艺术特征，除可感受到其独特的艺术魅力及精湛的技艺外，还可体会其间深邃的意境。

　　青海传统壁画的创作者多采用自由的笔法，尤其注重写意性和地域性，也不乏选择精细勾勒并突出装饰性的表达。我们在考察中发现许多壁画是由民间画师自发完成，呈现出粗犷质朴的特点，但也存在过于奔放和缺乏严谨性的情况。相比之下，由官方组织绘制的壁画则更注重形式和技法的统一性，其画风相对理性，但其生动性却略显逊色。例如，瞿昙寺壁画中的佛像、合然寺大殿中的菩萨像、东科寺观音庙中的力士像等造型，虽在

凝视胜界——青海传统壁画艺术

区域、年代等方面各有差异，但均在藏传佛教寺院中出现。因此，本书着重在其统一性和差异性等方面展开了分析，总结出了壁画整体所呈现的艺术特征。内容繁多也是青海传统壁画的又一特点，除了在壁画中常见的佛像、菩萨像、神像、说法图、历史人物、佛经故事、神话故事等，也有西王母、神荼、郁垒、神仙、羽士、飞天等，还有以日、月、雷公、电母、北斗星宿诸神及青龙、白虎、朱雀、玄武、神兽、奇鸟等道教信仰或民间信仰范畴为题材的作品。在张尕清真寺、塔尔寺、佑宁寺以及隆务寺，几乎各个学院、佛殿以及活佛府邸都有不同质地、内容各异的壁画，甚至僧侣手中也有壁画临摹作品。整体来看，文化属性特色鲜明，反映多元思想文化融合的壁画数量较多，这也是题材内容层面较其他地域壁画更为丰富的具体呈现。

基于以上几点原因，书中既有对目前学界新成果、新资料的继承和利用，又有对国际学术界相关研究成果、研究方法的吸收和借鉴，旨在客观把握青海传统壁画艺术的表达形式，把握由其所处的社会习俗、观念、文化背景等决定的形式与内容。青海传统壁画可谓一个"繁"字，壁画如星辰般散落，"繁"不仅来自藏传佛教影响下的内容、范围，还来自道教主张的"无为、自然"，提倡的"大朴不雕、大巧若拙"，以"返璞归真、真纯不羁、率性而为"为准则。所以在讲究法度的基础上，更侧重抒情和写趣，壁画也因此多倾向幽微简远之情调，多取意象神韵之所到，故其内容又体现出"繁"。

诸多藏传佛教寺院的壁画，逐渐成为当地信众的精神寄托，人们可从中感悟佛的智慧、菩萨的慈悲与良善。有了智慧、慈悲和信仰，世俗的笔也就能绘制出有精神、有灵魂的壁画。由于资料的杂乱，初始想将壁画历史、流派、风格等都表达得清楚准确，后面发现，仅"准确"二字也是需要大量考证后方能达到。限于篇幅，诸如此类问题只能留待以后再做分析。

我认为研究壁画，最深层次也是最有价值的部分在于分析其思想。而思想又很难用"科学的方法"进行研究，因为其结论难以验证。艺术创作和工匠劳动并非同一层次，在各种文化属性下，大多数传统壁画中的人物形象实际上是相似的，这是辨认人物时遇到困难的根本原因，也是壁画与纸画、绢画的根本区别所在。工匠们最多只是技艺娴熟的手工艺人，他们无法对内容本身有深入的理解，因此，在壁画中发现错绘情况并不罕见。相比于汉地许多形式上规范化或程式化的壁画，青海传统壁画则显得更为灵活，甚至出现无定式状态。

青海藏传佛教艺术的显著特征之一，就是将汉藏等不同民族文化完美地融合。例如，在壁画上常见的包含龙凤纹样等的汉式题材和样式。在汉民族传统文化中，龙凤纹样的使用不仅源远流长（长期被民众崇拜为图腾），而且自汉代以来就成为帝王权势的象征和标志。青海的瞿昙寺、塔尔寺等藏传佛教寺院保存了大量的龙凤纹样。瞿昙寺是一所集汉藏建筑、雕塑和绘画相融合的重要寺院，明代西宁僧纲寺也设在该寺，寺内的壁画多有朝廷指派的工匠参与，自然一些明显具有中原文化特点的纹样也被带入壁画。然而，传统道教壁画则强调"清水出芙蓉，天然去雕饰"的价值取向，其中也出现一些龙凤纹样，在审美情趣上更多追求自然朴素之美和潇洒淡远之风，从形式到技法等层面以求得自我生命的自由发挥，并在精神领域中获得自由之美。

一铺铺满载岁月痕迹的壁画代表着青海传统绘画的高度，也成为这片"神山圣湖"之域精神文明的承载。但青海传统壁画作为我国继西藏、新疆等壁画之后保存数量最多的壁画艺术品，仍在加速消亡着。因此，在研究中，我们既注意将其置于中西政治、经济、文化交流的视角对各种考古发现和文献材料进行深入分析，也意识到需要在新的文化格局中寻找这些壁画新的文化角色，构建其与现代艺术文化间的联系，这将成为青海传统壁画艺术研究未来发展的一个重要方向。如此，勇敢地开辟一条道路，最终在这个多元文化的磨合、竞争和冲突中获得青海传统壁画应有的文化角色和地位，尽可能达到理性与神圣的圆满结合。

现代文化思维的基础就是理性，虽然其中诸多内容、程式是千百年来不变的，但要重新反思理性和超理性之间的关系，即世俗与神圣、生活与信仰、传统与现代之间的关系，就要在这两者之间的关系上找到一个恰当的平衡点，既保持信仰活力，又适应现代社会需求，注重个别与整体的转变。越来越多的从业人员、不同信仰的组织、各类文化属性的场所在寻找壁画新的文化角色的同时，构建起壁画全新的文化关系，实现着现代化的转型。在保持地方特色的基础上，青海传统壁画展现着青海传统文化的魅力；在多样文化的时代，有望在全国乃至国际壁画舞台上扮演重要角色。

　　本书为读者进一步了解、认识青海的历史变迁、民族文化、社会生态及其在东西方文明交流过程中的历史面貌和历史地位方面提供了全新的视角，力求为人类文明的交流互鉴和世界和平做出应用贡献。

目 录

图版目录

绪

论

一、研究背景

中国传统壁画拥有极为辉煌的艺术成就，无疑是世界古代艺术图像的典型代表之一。在历史学、艺术学、图像学等学科研究日渐火热的背景下，采用科学的理论与方法进行研究，不仅能探寻壁画艺术产生的背景，追溯其产生的历史文明根源和社会政治状态，也能唤起社会各层面民众的传统文化记忆，让人们多维度地了解传统绘画的意义与价值，还能引导人们对这些宝贵的物质文化遗产进行传承与保护，以应用于当今社会的经济文化建设。

自20世纪五六十年代起，国内学者纷纷聚焦敦煌，对其进行了全面的抢救性研究，由此各地也掀起了一股对传统壁画保护研究的热潮。纵观此热潮，大多仅以当前状况与保护为主，对其艺术风格进行研究，对已经湮没不存的壁画进行追根溯源等。此外，学界关于某一地域内传统壁画从时间、空间层面进行全面研究的论著甚少，传统壁画的当代继承与实践性研究并不尽如人意。

关于青海传统壁画的研究，于20世纪70年代逐渐兴起，其成果也不胜枚举。自2011年迄今，笔者先后对北山寺、张尕清真寺、隆务寺、年都乎寺、贡萨寺、土登寺及班玛县的贾贡寺等古寺观进行过多次考察，并逐渐对青海区域内各处传统壁画展开针对性调研。由此，笔者深感青海传统壁画艺术中众多的文献、图像亟待整理，对濒临消失的壁画、技法等更需要传承。

反观近些年针对青海传统壁画的研究，大多是以局部地区的绘画艺术、壁画修复与保护、绘制材料等个案的研究居多，其中，学界的研究焦点主要集中在瞿昙寺、塔尔寺等大寺观的壁画上。就青海传统壁画而言，从各自的文化背景、绘制风格等问题横向与纵向的整体性整理研究来看，可谓门可罗雀。然而，传统壁画构成远不止于著名大寺观，民间壁画、民俗文化背景下的壁画等，相比于大寺观壁画而言，更具鲜明的时代特征。这些民间壁画记录了当时的社会状态，反映着区域的集体文化记忆；它们是最能直观地反映当时历史和文化的重要资料，其间所包含的时代特征和艺术价值不容小觑。然而，这些壁画资源也最容易被忽视，鲜少有人对其进行专门的整理研究，这也是长期以来青海传统壁画研究被弱化，在学术界一直不被重视，甚至被"遗忘"的原因所在。

青海屹立于"地球的第三极"，是一处圣洁又神秘的地方，自古以来，多民族文化交汇于此地，形成了有别于其他地区的特殊区域性文化圈。随着经济全球化和社会现代化步伐的加快，文化生态正在发生翻天覆地的变化，使得地域文化的创造空间获得了前所未有的拓展。与此同时，历史文化遗产研究也遇到了一定的挑战。在这特殊的文化背景之下，铸就了青海传统壁画体系庞大、内容驳杂的状况。纵观这些壁画，呈现以下几个特点：

（一）丰厚的文化生态造就了富足的研究资源

青海地区文化生态资源丰厚、形态多样，且相互融合发展，形成了多元文化背景下传统壁画繁荣共生的局面，这是其他地区无法比拟的优势。目前，此地区拥有的国家级文物保护单位、古代佛寺壁画的数量虽不及文物大省山西，但青海境内的传统壁画在时序变迁上（从唐代迄至明清到现代）均有留存。在时间分布上，具有"远少近多"的特点，其间的形式、种类，也是其他地区无法比拟的。然而，社会和学界对这些现象均关注不足。

（二）多元民族文化交融呈现的杂糅形态特征

青海自古以来就是一个多民族聚居的地区，发生过多次民族交融与民族团结的历史故事。每次重大历史事件的发生，往往影响着一个民族的生活方式、思想观念、民俗文化与艺术审美。在此背景下，多样的民族文化相互影响，又各自独立发展。因此，历史变迁与民俗风情等题材的内容大量出现在青海传统壁画中，促使壁画成为最直接呈现文化与思想的物质载体。

（三）独具特色的文化属性铸就了别样的题材与样式

佛教思想具有普遍性、宽容性，被我国大部分民族接受。藏族又以其自身的文化传承将佛教思想以特殊的方式弘扬，使得佛教美术在青海呈现出多彩的面貌；道教、伊斯兰教也以自己的方式与本土文化结合并绵延发展。不同的区域，在思想文化的题材与样式风格中有着各自的表现，对各处壁画图像进行观察与分析，便能看出各种文化信仰下壁画在此区域的传播与发展；也会发现不同文化影响下壁画的题材内容与表现发生的变迁。将这些图像的传播、演变，置于纵向的艺术文化变迁和横向的地域空间中分析，自然显现出了青海传统壁画的多样性、民族性和历史性等诸多问题。

因此，认真做好青海传统壁画艺术研究，可以对青海历代壁画艺术的认识更加立体、更加深入；也可以更清晰地认识区域风格的独特性与价值特点，对传承与"拯救"我国传统绘画艺术具有现实意义，特别是可以为壁画艺术的发展提供一个新的历史机遇。

二、研究意义

艺术文化的灿烂与丰富是一个民族伟大兴盛的重要标志。远观中华民族的历史，当提及强汉的文景之治、盛唐的贞观之治，以及清朝的康乾盛世，无不反映着当时国力之强盛，也不禁会让人联想到这些时期文化的繁荣与艺术的辉煌。

纵览中国美术之研究，有分门别类的专史研究，如绘画史、雕塑史、工艺美术史等，也有专论特定地域美术发展状况与历史脉络的专题研究。本研究则属后一类。本研究以青海绘画艺术的起源与此区域内各类文化传播发展为切入点，梳理各文化区域内的壁画遗迹，探寻各个类型壁画的艺术特色，进一步阐释这些壁画所蕴含的思想及价值，继而提出相应的传承与保护建议。研究不限于一般意义上的区域性绘画艺术探讨，而是以壁画传承保护、现状调研及艺术特色研究为目的，研究成果力求为相关学者和政府等提供一定的借鉴，以促进青海古代艺术遗迹继承与保护、利用与创新，以及促进民族团结。

本研究从内容到形式着重突出创新，突破一些同类研究成果仅在资料和图片上罗列的现象。通过实地调研采集图片力求与本研究框架设计紧密结合，让读者从中感受青海传统壁画的内涵和风貌。研究中，选择具有典型现实性的案例对壁画进行分析，尽可能分析青海传统壁画在中国壁画艺术中的地位与价值，以促进西部艺术文化的研究。同时，也为艺术创作提供新的素材和可能性，为弘扬传统文化、对青海各民族更深入地交融交流提供资料和智力支持。

本研究通过对壁画图像志描述、图像志分析与阐释，对其中的主题、视角、布局、造型以及技法表现等进行综合探讨，旨在分析当时的文化特征，了解当时社会的审美特色、民间信仰和思想内涵等；进一步剖析在多元文化融合的背景下，青海传统壁画多元鼎立与兼容并蓄的特征；以及在多种文化属性发展的过程中，孕育出的各类传统壁画各自具有的独特之美，望能为以后的壁画艺术研究贡献微薄之力。

三、青海传统壁画艺术的研究现状

青海地区的传统壁画题材丰富、形象生动，图案设计精巧，具有很高的艺术与史料价值，全面开展青海传统壁画整体的艺术特色、内容题材和传承保护等研究，已成为刻不容缓的事情。近些年，学者们对青海传统壁画展开了各个层面的研究和探讨。根据现有的调查简报和图片信息等资料，对目前已有的成果进行梳理，主要分为以下几个部分：

（一）宏观研究

目前，已有学者对西北地区壁画、青海传统寺庙、青海绘画史等进行了梳理，其中有涉及青海传统壁画的内容，但只是简略的概述。

蒲文成在《甘青藏传佛教寺院》一书中梳理了甘青两地的藏传寺庙的概况、现状与遗存的文物，其中简略提到了青海部分传统壁画的现状，此书为相关工作者提供了一些有益的借鉴[1]；彭启胜在《青海寺庙塔窟》一书中梳理了青海各地的寺庙、道观与塔窟的历史沿革，并对其中的文物进行了简单介绍，其间有一些关于传统壁画的内容，为本研究提供了一定参考[2]；由金维诺主编的《中国美术分类全集 中国寺观壁画全集 5 明清寺院佛传图》一书，以图像为主、文字为辅，其中收录了瞿昙寺壁画，并做了简要的解读，但并未对其他问题进行分析[3]；尚青在《青海湟水流域历史文化追忆之三 西宁篇》一文中对湟水流域的历史、文化进行了探究，其中对西宁北山寺洞窟壁画做了大致介绍[4]；罗秀红在《浅论青海地区藏传佛教艺术资源及其特征》一文中对青海藏传佛教的艺术进行了概述，其中对传统壁画进行了大致分析[5]；赵云川在《中国南传佛教壁画艺术巡旅》一文中主要对南传佛教壁画进行了介绍，但也提到了一些青海藏传佛教壁画的现状[6]；吴思佳在《中国丝绸之路上的墓室壁画 西部卷 宁夏、青海、新疆分卷》一书中介绍了我国西北部的墓室壁画，其中提到了吐蕃时期的青海乌兰泉沟墓室壁画，并对其进行了简略的介绍[7]；宋卫哲的《厚土无声——青海古代绘画艺术遗迹考究》一书中，有两章内容针对青海石窟与寺庙壁画的概况、现状做了一定梳理[8]；朱建军的博士学位论文《交融与互鉴——新见吐蕃、吐谷浑出土文物研究》，对青海海西地区出土的文物进行了分析，并对乌兰泉沟一号墓前室壁画展开了探讨[9]。

[1] 蒲文成主编《甘青藏传佛教寺院》，青海人民出版社，1990。

[2] 彭启胜主编《青海寺庙塔窟》，青海人民出版社，1998。

[3] 中国寺观壁画全集编辑委员会编《中国美术分类全集 中国寺观壁画全集 5 明清寺院佛传图》，广东教育出版社，2009。

[4] 尚青：《青海湟水流域历史文化追忆之三 西宁篇》，《群文天地》2011年第5期，第11–27页。

[5] 罗秀红：《浅论青海地区藏传佛教艺术资源及其特征》，《青海师范大学学报》（哲学社会科学版）2014年第5期，第104–105页。

[6] 赵云川：《中国南传佛教壁画艺术巡旅》，《东方艺术》2016年第15期，第130–143页。

[7] 吴思佳编著《中国丝绸之路上的墓室壁画 西部卷 宁夏、青海、新疆分卷》，东南大学出版社，2017。

[8] 宋卫哲：《厚土无声——青海古代绘画艺术遗迹考究》，兰州大学出版社，2022。

[9] 朱建军：《交融与互鉴——新见吐蕃、吐谷浑出土文物研究》，博士学位论文，兰州大学，2022。

综上所述，涉及青海传统壁画的著作和论文数量较多，但这些成果的研究主体并非传统壁画，只是对其进行了概述或简略的介绍，并不能较为清晰地展现青海传统壁画的发展、变迁及现状等。

（二）个案研究

在诸多研究成果中，也有部分学者从历史、图像、艺术特征等方面针对青海地区的某一处壁画展开了个案研究，此类研究主要呈现出以下几种状态：

1. 图像内容辨识研究

谢继胜与廖旸两位在《青海乐都瞿昙寺宝光殿与隆国殿壁画内容辨识》一文中，对寺内宝光殿、隆国殿的壁画图像内容展开了具体的研究[1]；蒲天彪在《青海乐都西来寺水陆画"五瘟使者"与疫病的鬼神想象诠释》一文中，对该寺的传说、壁画内容进行了详细的介绍与分析[2]；伯果在《青海年都乎寺毛兰吉哇拉康殿壁画内容辨识——热贡艺术源流探索之一》一文中，结合实地调查和藏文史料对毛兰吉哇拉康殿壁画进行了内容辨识，提出该殿平綦顶壁画与瞿昙寺瞿昙殿平綦顶壁画之间的联系，并对壁画的创作年代和画师身份做了初步探讨[3]，其又在《青海化隆旦斗寺岩窟壁画初步调查》一文中，介绍了三个洞窟壁画保存的现状，具体分析了图像的内容，对今后针对该寺壁画的研究具有一定参考价值[4]；李禛的硕士学位论文《瞿昙寺壁画中的佛教汉化图像探微》，对寺中回廊及三大殿壁画中具有代表性的汉化图像进行解读，并分析了其成因、题材内容等[5]；王莹的硕士学位论文《瞿昙寺壁画中动物图像研究》，以壁画中的动物图像为研究

[1] 谢继胜、廖旸：《青海乐都瞿昙寺宝光殿与隆国殿壁画内容辨识》，《美术研究》2006年第3期，第23-30页。

[2] 蒲天彪：《青海乐都西来寺水陆画"五瘟使者"与疫病的鬼神想象诠释》，《青海师范大学学报》（哲学社会科学版）2011年第4期，第63-65页。

[3] 伯果：《青海年都乎寺毛兰吉哇拉康殿壁画内容辨识——热贡艺术源流探索之一》，《中国藏学》2013年第2期，第175-181页。

[4] 伯果等：《青海化隆旦斗岩窟壁画初步调查》，《考古与文物》，2014年第2期，第24-30页。

[5] 李禛：《瞿昙寺壁画中的佛教汉化图像探微》，硕士学位论文，南京艺术学院，2014。

对象，进行了统计和分类，整理了壁画中动物图像的类型、数量，并进行了简单的艺术特色分析[1]。

除以上列举外，还有一些个案研究的成果，也均从图像志角度对传统壁画进行了分析研究。但遗憾的是，研究对象较为单一，有些成果缺乏系统性，无法较为全面地呈现青海传统壁画的整体面貌。

2.艺术特色与价值研究

钱正坤在《青海乐都瞿昙寺壁画研究》一文中，对寺内壁画的现状及东、西廊的壁画艺术价值进行了概述，认为此处的明代壁画尤为珍贵，在美术史上具有一定地位，值得更深入研究[2]；许世文在《塔尔寺艺术三绝：壁画、堆绣、酥油花》一文中，从壁画的题材、线条、颜色和技法等方面做了一定分析[3]；谢继胜与廖旸在《青海乐都瞿昙寺瞿昙殿壁画内容辨识》一文中，分析了瞿昙殿壁画的题材内容、艺术特色与价值，为今后研究奠定了基础[4]；范小慧在《瞿昙寺回廊壁画艺术要素分析》一文中，从回廊壁画的线条、色彩和空间构图三方面分析了其艺术手法[5]；杜子昂在《青海壁画在表现性绘画中的应用——以塔尔寺壁画为例》一文中，从壁画的线性、色彩、平面性三个角度对壁画的艺术语言进行了大致解读[6]；多杰才旦[7]在《18—19世纪河湟流域藏传佛教壁画艺术及其历史文化考——以合然寺壁画为例》一文中，在考证该寺创建年代、创建者及壁画绘制年代、绘制者的基础上，解读了壁画空间与艺术特点，并分析了此处壁画的诸多

[1] 王莹：《瞿昙寺壁画中动物图像研究》，硕士学位论文，西北大学，2018。

[2] 钱正坤：《青海乐都瞿昙寺壁画研究》，《美术研究》1995年第4期，第57-63页。

[3] 许世文：《塔尔寺艺术三绝：壁画、堆绣、酥油花》，《中国西部》2001年第1期，第80-83页。

[4] 谢继胜、廖旸：《青海乐都瞿昙寺瞿昙殿壁画内容辨识》，《中国藏学》2006年第2期，第191-202页。

[5] 范小慧：《瞿昙寺回廊壁画艺术要素分析》，《黑龙江史志》2013年第19期，第319页。

[6] 杜子昂：《青海壁画在表现性绘画中的应用——以塔尔寺壁画为例》，《美与时代》（中）2022年第6期，第114-116页。

[7] 多杰才旦：《18—19世纪河湟流域藏传佛教壁画艺术及其历史文化考——以合然寺壁画为例》，《青海民族大学学报》（社会科学版）2022年第4期，第145-155页。

价值；朱建军的《唐风蕃韵：乌兰泉沟一号墓前室壁画初探》一文，对墓前室壁画的内容与艺术风格展开了讨论，认为此壁画展现了"唐风蕃韵"，反映了当时多民族文化的交流融合的史实[1]。

通过以上梳理，可以看出学者们对青海传统壁画的艺术特色和价值等较为关注，但是整体呈现碎片化状态，缺乏对传统壁画艺术特色和价值整体深入的研究。

3.综合类研究

金萍的博士学位论文《瞿昙寺壁画的艺术考古研究》，从艺术考古层面对瞿昙寺壁画的历史背景展开了分析，并对每一个殿内的壁画内容和艺术特色等做了具体探究[2]；霍福在《青海塔尔寺壁画艺术的民俗文化学考察》一文中，介绍了寺内壁画现状，运用"象征—解释"等理论，将壁画放置在不同维度中探讨了其文化象征的意蕴，并对该寺壁画艺术的兴盛原因、传承与流布等问题进行了考察[3]；高洋和钱皓在《论塔尔寺的色彩特征及文化内涵》一文中，对壁画中色彩的应用进行了分析，总结出了常用的五种颜色，并分析了其色彩寓意[4]；胡筱琳在其硕士学位论文《囊谦县博日寺壁画研究》中，对壁画的内容与艺术特色进行了分析[5]；甲央尼玛在《玉树州囊谦县贡觉洞壁画的调查报告》一文中，对该处遗迹的壁画现存与艺术特色进行了实地调查和记录[6]；熊文彬在《青海玉树新现宋元时期的波罗风格元素绘画遗存及其意义管窥》一文中，对囊谦县香达镇、称多县拉布乡和杂多县昂赛乡三处遗址中的壁画进行了实地考察，并做了一定分

[1] 朱建军：《唐风蕃韵：乌兰泉沟一号墓前室壁画初探》，《青海民族大学学报》（社会科学版）2022年第1期，第162-178页。

[2] 金萍：《瞿昙寺壁画的艺术考古研究》，博士学位论文，西安美术学院，2012。

[3] 霍福：《青海塔尔寺壁画艺术的民俗文化学考察》，《青海师范大学学报》（哲学社会科学版）2015年第3期，第120-127页。

[4] 高洋、钱皓：《论塔尔寺的色彩特征及文化内涵》，《美与时代》（上）2018年第3期，第38-40页。

[5] 胡筱琳：《囊谦县博日寺壁画研究》，硕士学位论文，中国社会科学院研究生院，2018。

[6] 甲央尼玛：《玉树州囊谦县贡觉洞壁画的调查报告》，《西藏艺术研究》2019年第1期，第50-54页。

析，为以后的研究者提供了文献和图像资料[1]；孟之桀在其硕士学位论文《囊谦东仓日出遗址和称多普切昂石窟寺所出壁画研究》中，利用佛经插图、唐卡和壁画等图像资料，分别对囊谦和称多两处遗址中所出现的壁画残片的内容、艺术风格与渊源等进行了分析[2]。

除以上列举的成果外，还有张驭寰、杜仙舟的《青海乐都瞿昙寺调查报告》、赵增福的《瞿昙寺壁画及其佛教故事》、赛桑措的《青海阿琼南宗石窟寺壁画遗存分析》等一批成果，均针对壁画所在的地理位置、历史背景、题材内容与艺术特色等进行了综合分析，为本书的研究工作提供了一定借鉴。但这些研究整体较为杂乱，并未深入探究。

（三）壁画绘制材料与传承保护研究

除以上两类成果外，也有部分学者对青海传统壁画绘制所使用的材料，以及对壁画的传承与保护等问题展开了专项研究。

1. 壁画的绘制材料

王进玉、李军等人对瞿昙寺壁画的22个颜料样品，进行了X射线衍射和同位素X荧光分析，发现其中含有20多种无机矿物成分，并形成《青海瞿昙寺壁画颜料的研究》一文[3]；徐莉娜、李季璋等人的《青海湟源县城隍庙壁画制作材料与工艺研究》一文，分别对壁画的颜料层、地仗层及墙体土坯等进行取样分析，并得出了一些可信的结论[4]；李博在《青海年都乎寺壁画制作材料与绘制工艺研究》一文中，同样对壁画材料进行了取样分析，大致还原了绘制的材料与工艺，为今后的壁画修缮工作提供了依据[5]；牛贺

[1] 熊文彬：《青海玉树新现宋元时期的波罗风格元素绘画遗存及其意义管窥》，《西藏研究》2021年第2期，第64-68页。

[2] 孟之桀：《囊谦东仓日出遗址和称多普切昂石窟寺所出壁画研究》，硕士学位论文，中国社会科学院研究生院，2022。

[3] 王进玉、李军、唐静娟、许志正：《青海瞿昙寺壁画颜料的研究》，《文物保护与考古科学》1993年第2期，第23-35页。

[4] 徐莉娜、李季璋、郭宏：《青海湟源县城隍庙壁画制作材料与工艺研究》，《文博》2017年第5期，第96-101页。

[5] 李博：《青海年都乎寺壁画制作材料与绘制工艺研究》，《中国藏学》2017年第2期，第169-174页。

强、水碧纹等人在《青海瞿昙寺瞿昙殿壁画制作材料与工艺初步分析》一文中，用显微镜（OM）、剖面分析（Cross-section）、扫描电镜-能谱（SEM-EDS）、X射线衍射（XRD）等方法，对瞿昙殿壁画的制作材料及工艺开展了分析，获得了地仗组成及颜料构成等许多重要信息，为今后科学保护壁画提供了第一手资料[1]。

2. 传承与现状保护

卜玉凤在《青海塔尔寺班禅行宫五花门壁画维修过程与原则》一文中，对壁画的维修过程进行了介绍，并提出了修复的原则，可以为其他地区壁画的修复起到一定的借鉴作用[2]；段修业在《青海省瞿坛寺西斜廊壁画的加固修复》一文中，分析了壁画病害的主要原因，并描述了具体修复的方法[3]；齐扬的《青海、西藏、吉林渤海古国等地壁画保护修复方案》一文，阐明了如何对传统壁画进行保护和修复，并提出了具有针对性的方案[4]；杨淞宁在《塔尔寺布幔壁画研究》一文中，以布幔壁画为主线，阐述了布幔壁画的制作工艺与修复方法[5]；宋卫哲在《青海古代石窟壁画遗存现状考察》一文中，分析了石窟壁画保护中存在的问题，并对当前保护中普遍存在的难题进行了一定程度的讨论[6]。

由此可见，学者们对青海传统壁画的传承与保护做出了不少研究，为今后当地传统壁画的保护、修复及传承等提供了参考，具有一定的学术价值。

[1] 牛贺强、水碧纹、陈章等：《青海瞿昙寺瞿昙殿壁画制作材料与工艺初步分析》，《文物保护与考古科学》2021年第6期，第94-105页。

[2] 卜玉凤：《青海塔尔寺班禅行宫五花门壁画维修过程与原则》，《中国文物修复通讯》1996年第9期，第22-23页。

[3] 段修业：《青海省瞿坛寺西斜廊壁画的加固修复》，《敦煌研究》2000年第1期，第139-142页。

[4] 齐扬：《青海、西藏、吉林渤海古国等地壁画保护修复方案》，《文博》2005年第4期，第68-71页。

[5] 杨淞宁：《塔尔寺布幔壁画研究》，《赤子》（上中旬）2016年第1期，第34页。

[6] 宋卫哲：《青海古代石窟壁画遗存现状考察》，《中国民族美术》2021年第1期，第16-21页。

　　综上所述，当前对青海传统壁画的研究成果颇丰，其中有对壁画图像做出具体辨识的成果，也有针对壁画的艺术特色与价值的分析，还有从壁画绘制的材料、工艺及对其的保护传承等方面展开的研究。这些都为本书的撰写提供了一定参考。因此，纵观这些研究成果，多从图像学、历史学、考古学等视角切入，缺少从美术学视角结合历史学、考古学等层面对传统壁画的起源发展、美学风格、传承发展和创新应用等方面进行的全面、客观、系统的宏观研究，为此，这也为本研究的开展留下了巨大空间。

四、基本思路和方法

（一）研究思路

　　第一，探寻青海地区历史发展、文化风貌、民俗特征及发展脉络，在充分依托现有的关于青海历史文化文献资料的基础之上进行梳理与分析；第二，立足目前的研究成果，对此地区内传统壁画的现状进行统计、梳理；第三，运用艺术学、图像学等研究方法探究其美学风格与艺术特征；第四，对壁画中题材、图案、构成等进行分析，尽可能揭示壁画的思想、内涵和意义；第五，关注对传统壁画的保护与传承问题，进而探讨传承与保护的相关问题。最终达到对青海地区的壁画艺术进行横向和纵向的全面分析的目的。在撰写过程中，避免使用晦涩难懂的词语，尽量使用通俗易懂的语言文字，客观表达研究的主题。具体研究思路见下图［图0-1］。

（二）研究方法

　　在本研究中，尽可能运用较新的学术理念与方法，选择具有代表性的壁画进行分析。具体的研究方法有：

1.文献研究法

　　对青海传统壁画遗存和各种文化思想在青海地区的传播与发展的各类文献进行梳理、分析，为本研究寻找理论依据和实践支撑；借助历史文化等资料，对其进行考证，力求研究内容全面充实，力求研究过程系统严谨。

2.田野调查法

　　壁画的采集对是否能顺利开展研究具有决定性的作用，因此，本研究

青海传统壁画研究

历史语境　←　文献研究田野调查　→　区域分布

政治　文化　宗教　经济

三江源文化区　柴达木文化区　环湖文化区　河湟文化区

多种宗教杂糅

壁画题材与装饰元素的调查与分析

题材　←　田野调查案例研究　→　装饰元素

历史人文事件　佛教故事　神话传说

动物　植物　几何图案　自然天象　人物

多民族文化融和

壁画的特征

艺术特征　案例研究对比研究　文化艺术特征

色彩特征　造型特征　线条特征　笔触技法

宗教信仰的体现　多元文化特征

青海传统壁画的传承与创新

以图证史、以史补证

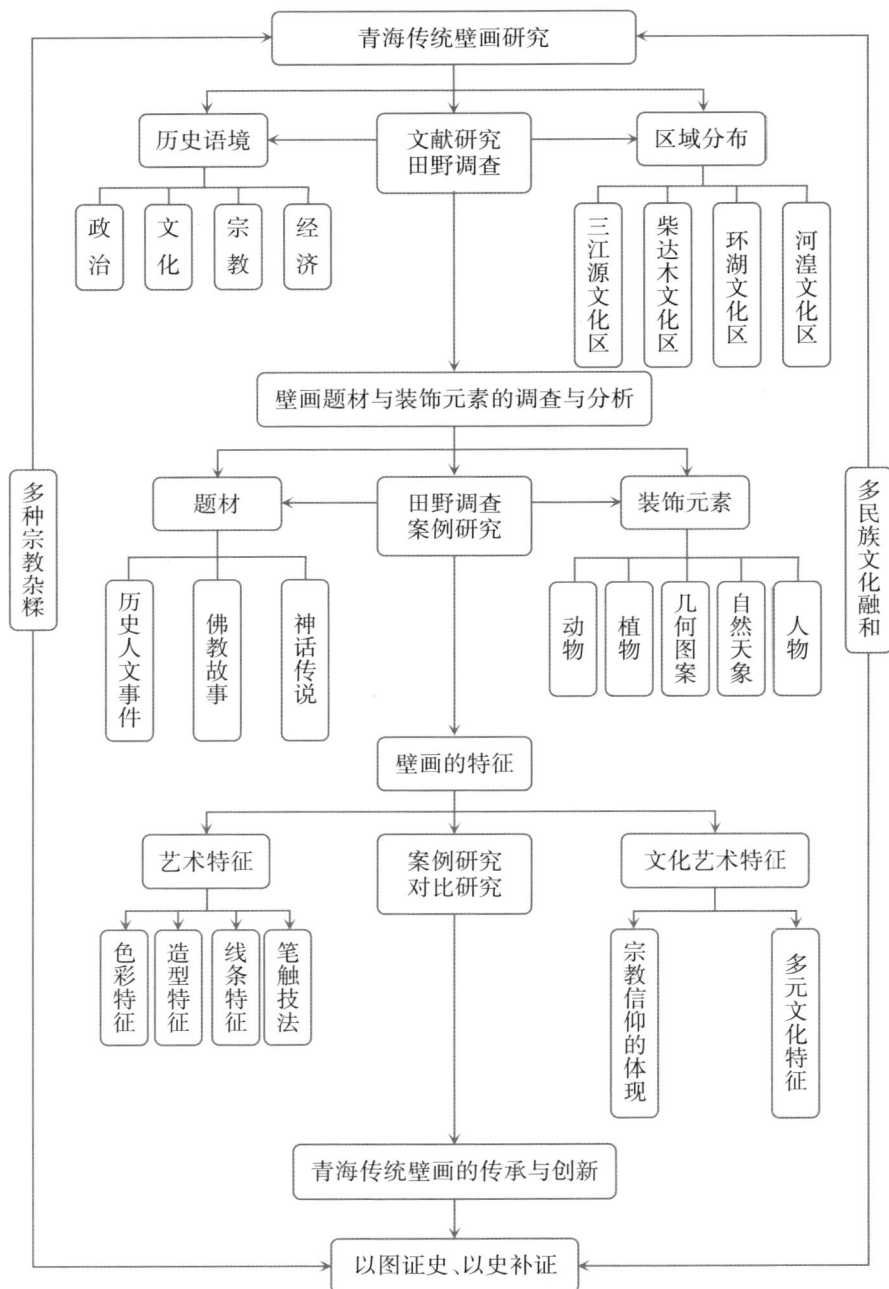

图0-1　研究思路

首先对青海各区域内出现的各类壁画遗存进行初步的调查，了解其现存状况、历史沿革以及位置分布等，力求收集到具有一定代表性的各类典型壁画资料；同时，对当地群众进行采访调查，力求获得更多有益的信息。

3.图像学方法

将收集到的壁画图像系统整理并分类，以图像研究作为框架，从图像本身出发，研究其内容题材、风格特征以及装饰特点等，注重对其色彩、元素的象征意义进行探索，尽可能揭示壁画所蕴含的文化思想。

4.跨学科研究法

本研究不带任何理论预设，客观地展开全方位的分析与探讨。将青海传统壁画置于社会学、图像学、美学、历史学、考古学等相互关联而又自成体系的不同学科之中进行交叉研究，注重研究中的交叉性、前瞻性和开放性，以更好地挖掘壁画艺术的社会属性和集体记忆等。

5.艺术风格学方法

本研究运用风格学方法，从艺术自身发展规律的视角分析青海传统壁画各个时期的特点，并对壁画的构图与布局、空间与再现、造型与组合等要素进行分析，进一步厘清绘画特征与形式源流之间的内在逻辑关系。

第一章

万象恢层

——青海传统壁画的基本形态

　　艺术与文化信仰同属于人类精神世界的重要产物，壁画是我国绘画艺术中主要的构成形式，在历史变迁中，壁画随着其依附载体的兴衰而发展变化。在青海，佛教、伊斯兰教、道教及其他外来文化流传久远，各文化背景下的寺观遍布全省。任何一所寺院都可谓一个独立的艺术文化承载体，其中蕴藏着哲学、思想、历史、文学及艺术等成果，而壁画又是构成其中艺术成就的重要组成部分之一，并充分体现了特定区域内人民的文化信仰、审美观念及民俗生活等状况。

　　深入研究青海传统壁画，首先需要对青海传统壁画的发展背景、负载场所的分布状况、数量及其具有代表性的壁画进行系统统计。这样的统计，并不是对文化信仰的过分关注，反倒会帮助我们拓宽研究的思路与视野。

第一节　青海传统壁画的历史沿革与文化语境

一、青海传统壁画所处的历史人文环境

　　青海省作为青藏高原的重要组成部分，位于青藏高原东北部，全省东西长约1200公里，南北宽约800公里，面积72.23万平方公里，地理坐标为北纬31°39′～39°19′、东经89°35′～103°04′，周围被一系列连绵庞大的山

脉环绕，整体地势由西向东倾斜。当地自然环境复杂多样、差异巨大，自然资源分布不均衡，特殊的自然环境、地理环境从某种程度上极大地制约了其经济、文化的发展。

青海，曾经是著名的"丝绸之路""唐蕃古道"及"茶马古道"的重要交汇地，早在三万年前就有人类在此处活动。这里自古就是多民族聚居地，形成了多元民俗文化与多形态文化信仰共存的状态。人们利用当地独特的自然资源，以各自不同的方式共同创造了具有本真性、多元性和独特性的青海文化。

青海文化的演变与生成主要是以青海独特的自然环境与各民族的文化信仰为基础，成为调和青海地区人与自然、人与人、人自身各种关系和谐发展的途径。文化信仰则是以青海多民族和谐共存的格局为基础，在发展的同时，又互相借鉴和融合，在生产、生活和制度等方面具有一定共享性，而在语言、信仰和思想等方面又保持了相对独立性。在此背景下，形成了青海艺术文化相对"独特"发展的状态。例如，青海汉代墓葬文化主要聚集在东部河湟地区，而唐代吐蕃墓葬文化，又以海西地区为中心。随着几千年来此地各民族"大杂居、小聚居"的生活状态，最终形成了多民族文化共同发展的格局。

"民族作为人类集体生存形式，在长期的与自然与其他人群的互动关系中形成的生物性、文化性、构建性属性就成为民族学研究的内容。"[1]民族的生物性、文化性和构建性三位一体，这些属性随着人们生活地域的不断变化而发生改善或更新，使得不同历史时期各种文化信仰的传播和分布的区域不同，同一时期不同地区的文化信仰也会不一样。因此，不同民族的文化信仰是在不断自身重构中形成。在此过程中，无论其生物性和文化性如何重构，青海的各民族都拥有一个共同的特质——文化信仰，佛教、伊斯兰教、道教以及多种文化等在此区域交融、衍生，同时出现异化、同化、融合等现象，继而形成各民族不同的信仰文化。

各民族的艺术形态是一个巨大的传统文化宝库，也具有本民族的代表

---

[1] 徐黎丽：《民族学原理》，人民出版社，2014，第17-18页。

性和特殊性。其中，民族绘画又是本民族传统艺术特征最真实的写照之一。特殊的地理环境、多样的民俗等潜藏的特色和规律，造就了青海地区传统绘画艺术，进而形成多元文化影响下独特的绘画语言。探寻与青海传统绘画艺术相关的问题，可以使我们清楚感受到青海在中华民族精神引领下形成的绘画艺术氛围与脉络。

二、传统壁画艺术的萌芽

青海地区拥有丰富的古代艺术文化遗存，据考古发现距今约三万年前，青海小柴旦附近就已经有人类活动，新石器时代文化遗址更是数量众多。因此，本地区的绘画艺术历史也源远流长，迄今为止本地区遗存的最早的绘画作品，便出现在新石器时代的文化产物彩陶之上。在青海境内既有属于新石器时代的马家窑、半山和马厂文化类型彩陶，也有铜石并用时期的齐家文化、卡约文化类型彩陶，还有属于原始社会晚期的辛店文化、诺木洪文化类型彩陶。大量彩陶上描绘着精美的图案，标志着在原始社会青海的早期绘画已相对成熟。

彩陶上的纹饰常用黑、红、赭彩描绘，有简单的线条构成的方、圆、角等纹样，也有较多写实的鹿、鸟、盘羊［图1-1］等动物图像。从二方连续到四方连续，彩绘图案发生着无穷的变化，形成了动与静、繁与简的对比。图1-1就是出土于青海循化阿哈特拉墓地的大角羊纹

图1-1　大角羊纹彩陶罐

彩陶罐，其陶器口内部绘有折线纹，而颈部则连续绘"人"字纹，其下方绘平行双线间折线纹。马厂类型彩陶在青海是最常见的，其装饰绘画也最为丰富，尤其是各种不同的"符号"最为常见，主要有"十""一""○""卐"等。关于这些"符号"，我们暂不去探讨其文化属性，但其中如"十""卐"等"符号"，直至今日在青海传统壁画中也会频繁出现。

　　除了彩陶，青海早期岩画遗存也较为丰富，随着考古的不断发现，在青海海西、玉树、海北等地区都有大量的岩画遗迹留存。在青海海北州海晏县的莫合口原始岩画上，岩面上有大小不等的牛、鹿、羊等十余个动物形象，其造型准确，形象生动、粗犷。在刚察县的舍布齐沟岩画［图1-2］和哈龙沟岩画上，出现了牦牛、鹿、鹰、虎等动物的形象，有考古学者认为哈龙沟岩画开凿于7—9世纪。值得庆幸的是，刚察县曾经还发现了早期的彩绘岩画，此发现在青藏高原乃至全国也实属罕见，从一定程度上弥补了青海没有彩绘岩画的历史空白，为研究当地早期绘画及当地先民对颜色的认识提供了重要的依据。

　　无论是在陶器上的绘画还是岩壁上的绘画，或许在出现之际只有装饰

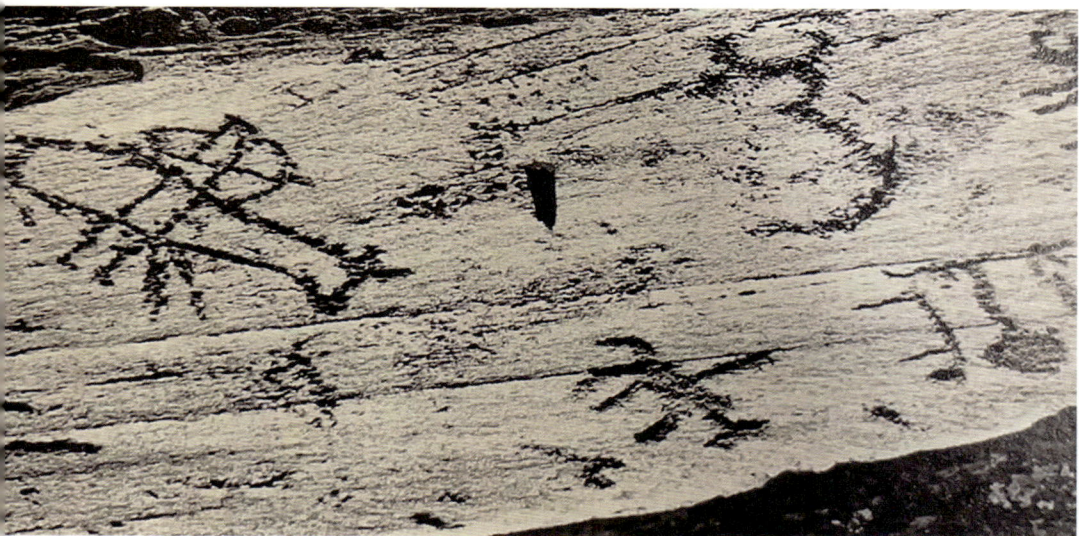

图1-2　舍布齐沟岩画局部

或记录的功能，其内容、形式及表现技法虽然显得简单，但其间所蕴含的先民们对生命讴歌的情感却依然强烈。系统地对青海早期绘画艺术进行概括、分析，有助于追溯传统壁画发展的路径。

墓葬是反映人类灵魂观念和亡灵崇拜活动的重要遗迹，具有其特殊的文化属性。在青海，墓葬开始于旧石器时代中期，普遍化于旧石器时代晚期[1]。1982年考古发现，在平安县（今海东市平安区）出土的画像砖［图1-3］，曾引起学界的广泛讨论，有专家认为该画像砖图像中的禅坐"佛教僧人比丘形象"有可能与"僧道送丧"的情景有关[2]。此画像砖出现在东汉墓葬中，此时佛教文化已在全国许多地方普遍传播，佛教自然也应经过丝绸之路而传入青海，也曾见诸多文献中有详细记载，结合学界"早期佛像"画像这一点来看[3]，在青海出现"僧道送丧"场景的画像砖也是情理之中。

图1-3　"僧道送丧"画像砖

---

[1]　吕大吉主编《宗教学通论》，中国社会科学出版社，1989，第366页。

[2]　许新国：《青海平安县出土东汉画像砖图象考》，《青海社会科学》1991年第1期，第76-84页。编者注：此处"图象考"应为"图像考"之误。

[3]　俞伟超：《东汉佛教图像考》，《文物》1980年第5期，第68-77页。

除此之外，青海境内还出现一些其他类型的画像砖，这些画像砖虽面积较小、材质较粗糙，但上面的图案均以点、线、面组合，既有丰富的几何图形，又有各种珍禽异兽，具有高度的概括性。这些画像砖的出现，足以证明青海早期文化信仰和艺术审美的形成过程，对后期传统壁画艺术璀璨面貌的出现产生了一定影响。

　　因为人类本身对身边动物、植物及颜色的认知，再加以人本身的想象与对美好事物的期盼等，使颜色、动物、植物等具有极强的象征意味。如果将青海的时间轴往前拨动，就会发现这里的先民对朱砂与赭石等颜色的认识、运用，这便是当时文化因素、民俗风尚的具体反映——"赭面"。关于"赭面"的记载最早见于新旧《唐书》，从文中的描述可见，在吐蕃时期，青藏高原"赭面"之风盛行。然而，考古发现，在青海德令哈郭里木、都兰热水两地墓葬的木板彩画（即版画）上就绘有数十名"赭面"人物［图1-4］，这是由于当时吐蕃王朝势力往北扩张而在青海出现。这些"赭面"妆的特点是，在额头、下巴等比较突出的部位涂上颜色，并且呈对称的形式。吐蕃的"赭面"具有其特殊的文化信仰色彩，是青藏高原艺术文化的一个重要标志；也说明青海藏族先民对矿物颜色的认识和

图1-4　德令哈棺版画局部——"赭面"

运用，这对早期的青海绘画艺术尤其是藏传佛教壁画的发展具有一定的影响。

从青海地区原始彩陶绘画、远古岩画、两汉时期的画像砖以及吐蕃时期的"赭面"装饰等，可以清晰地感受到居住在青海的先民，已经具有了强烈的绘画意识，并对颜色有了初步的认识。这些早期绘画附着于不同的载体，承载着空间场域和公共交往功能，其不仅反映了青海本地从古至今的文化和民俗等意识形态，而且具有极高的艺术研究价值，这些无疑为青海绘画艺术顺畅发展以及传统壁画艺术的形成提供了不可辩驳的支持。

第二节　青海传统壁画的分类与属性

一、平静冲和的汉传佛教与壁画变迁

佛教在东汉年间传入青海并逐渐传播，各地相继出现了一些佛教文化的活动场所，这些场所也成为佛教艺术文化发展的重要载体。

在今湟源县扎藏寺（历史上也称"扎塘寺"）所在的巴燕乡一带，就有汉僧曾修建僧舍，后建成了扎藏寺[1]，其内部有壁画遗迹。扎藏寺在历史发展中多次被修葺，到清代，扎藏寺香火特别兴旺，每年一度的祭海会盟活动就由该寺主持展开，后期又建造了王公府邸，使该寺的规模进一步扩大。由此也说明，在东汉末年时，佛教就已传到湟源地区，早期佛教壁画也随之在此时此地出现。魏晋南北朝时期，经河西走廊及"青海道"，诸多西域僧人来内地传教，也有汉僧法显、高僧昙无竭等经青海西行求法，佛教因此在全国广为传播，青海佛教大规模的传播也是始于此时。

在此背景下，青海地区早期佛教活动场所的建造也迎来了空前兴盛的

---

[1] 蒲文成：《青海佛教史》，青海人民出版社，2001，第354页。

局面，今西宁北山寺土楼观［图 1-5］（古称"北禅寺"）为北魏时期的石窟遗迹[1]，内有著名的"九窟十八洞"，每个洞窟的洞壁和穹顶就有壁画绘制，具有明显汉传佛教的绘画风格，其内容不仅有佛像，也有民族英雄形象等，如关帝洞窟的《荆州诸将图》等，是将世俗人作为护持佛法的护法神的形象呈现。

至宋代时，有僧人在青海境内兴建静房，并在其墙面绘制壁画，由此也推动了此时期传统壁画的发展。到元朝时，此地修建了较多规模宏大的寺院，较为出名的则是夏宗寺（在今海东市平安区）［图 1-6］。此寺院依崖而建，在历史上曾有多名高僧在此驻足修行，且寺内有大量的壁画及其他文物遗存[2]。

而上文提到的建于北魏之际的北禅寺（土楼观），石窟内的造像、壁画不仅具有北魏时期的风貌，也伴有隋唐五代宋元时期

图 1-5　西宁北山寺土楼观局部

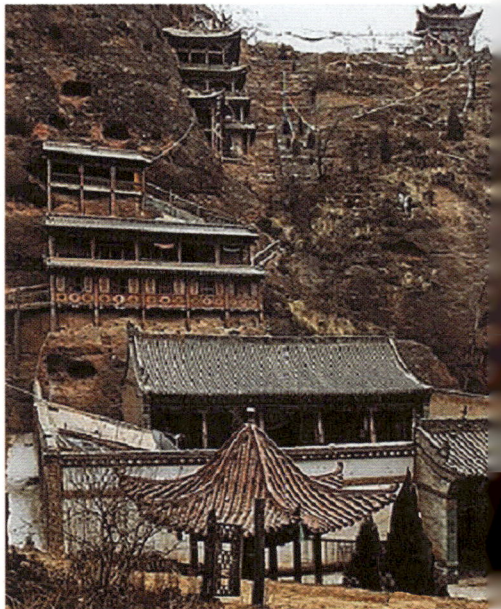

图 1-6　平安夏宗寺局部

---

[1] 汤用彤：《汉魏两晋南北朝佛教史》，上海书店出版社，1991，第348页。

[2] 蒲文成：《青海藏传佛教寺院》，甘肃民族出版社，2014，第30页。

的风格，足以证明隋唐五代宋元时期佛教在青海地区的传播从未间断[1]。

　　武则天时期"令诸州各置大云寺"[2]，武则天天授元年（690年）在各州建大云寺，当时在鄯州（今乐都）置大云寺[3]。除此之外，在青海民和地区还建造了"药王洞"，这原本是一座中原的汉式殿堂建筑，后来又发展成了药神寺。目前可见史籍记载的汉传佛教寺院，大多分布于青海的河湟流域；后来因为文成公主和金城公主进藏，以及吐蕃势力的扩大和扩张，佛教通过内地和吐蕃两个渠道传入青海并继续发展，许多汉传佛寺又改为藏传寺庙。

　　自此，佛教在青海一直在汉传佛教和藏传佛教相互交融的格局下发展，直到宋代青海佛教发展处于相对稳定的政治环境中，这得益于此时期青海各族人民寻求稳定生活的愿望，以及各级统治者借助佛教达到统治的目的。唃厮啰政权时期，青海地区佛教的发展相对繁盛，实行着政教合一的政权模式[4]。北宋、金以及西夏的统领人物，对佛教采取了扶持性的政策，这对青海地区的佛教发展也产生了一定的推动作用；汉传佛教此时在青海地区依然发展传播，也推动了传统壁画的发展。

　　宋元明清时期，西北的佛教重心开始转移，青海佛寺中曾出现"宋代风格"，这证明汉传佛教在此地的延续，直至明清时期，青海汉传佛教呈现出以东部河湟地区为中心、向周围辐射传播的状态。至清代，西宁府佛教寺院的数量和规模超过了同期西北的任何府州。据乾隆《西宁府新志》载，乾隆十二年（1747年），西宁府佛教寺院共有一百三十所，其中就有一大部分汉传佛教寺院，并且这些寺院中几乎均有壁画。因此，在青海佛教史上，汉传佛教传播以河湟流域最具代表性，曾有"自佛之来西域也，河湟实为首被教化之地"的说法，而今河湟地区依旧是汉传佛教文化的传播中心。

[1]　蒲文成：《青海佛教史》，青海人民出版社，2001，第45页。
[2]　刘昫：《旧唐书》卷6，中华书局，1975，第121页。
[3]　蒲文成：《青海佛教史》，青海人民出版社，2001，第33页。
[4]　秦永章：《唃厮啰政权中的政教合一制统治》，《青海民族学院学报》（社会科学版）1988年第1期，第81-86页。

二、万象盛光的藏传佛教与壁画表现

作为佛教的重要一支，藏传佛教在青海的传播可谓历史久远。纵观我国藏传佛教发展史，青海地区是藏传佛教发展、弘扬的重要区域，在佛教传播、发展过程中具有特殊地位。青海的藏传佛教根据信仰民族分布区域的不同，大致形成了与其他信仰文化共生发展的三大信仰区域圈，即青南、环湖、东部农业区三个信仰区域圈。

早在东汉末年，青海的湟河谷地已有僧人活动并在此处修建佛塔。在南北朝时期，此地已受到佛教文化的熏染，出现禅宗的修行者。公元8世纪，赤松德赞执政后，开始大力推行佛教；文成公主进藏后，也加快了藏传佛教在青海的发展。据当地人口传，文成公主进藏时路过今玉树巴塘乡的东扎隆沟，她命令随从在此地建造了一座佛塔，取名"文巴塔"。随后，当地民众在此塔基础上建立了仁钦楞寺。此后，该地区其他藏传佛教寺院也相继建成，其中较为著名的便是玉树文成公主庙，也有壁画留存 [图1-7]。

在吐蕃时期的青海热贡地区，曾建有一座叫"玛公娘哇"的小庙，意为"古老的母寺"[1]，寺院的住持和其他僧人对其进行不断扩建，最终形成今天的吾屯下庄寺。该寺一直将雕塑、绘画作为僧侣学习的主要科目，逐渐发展成了青海地区"热贡艺术"的发祥地之一，同时，"热贡艺术"也促进了青海传统壁画的发展。但是，因岁月变迁和自然灾害，致使寺院里的壁画

图1-7 玉树文成公主庙殿内壁画

[1] 彭启胜主编《青海寺庙塔窟》，青海人民出版社，1998，第160页。

和其他文物遭到严重破坏，目前只能通过史料对这些消逝的壁画进行分析。

　　两宋时期，西北地区大部分为吐蕃诸部所辖，而这一带在唐末时就已"并入吐蕃，于是崇佛成俗"[1]。宋初，吐蕃唃厮啰占据今青海东部，唃厮啰部族俗称"尊释氏"[2]。青海藏传佛教寺院在这一时期的发展具有一定规模，尤其以青唐城（今西宁）及玉树地区最为兴盛。据载，在宋代，青海创建36座藏传佛教寺院，玉树地区就有29座[3]，占到青海此时此地创建寺院的80%，极大促进了当地艺术文化的发展。在此时期出现了一些造像、壁画等文物，如，丹斗协吉央贡寺（即丹斗寺）附近的山崖上有4个洞窟，目前学界普遍认为其中有3个洞窟中的壁画均为此时期所绘。

　　到了元代，在朝廷的推崇、维护下，藏传佛教在青藏高原地区迅速传播，"及得西域，世祖以其地广而险远，民犷而好斗，思有以因其俗而柔其人"[4]，也因此，在青海大肆兴建宗教场所，此时青海兴建的藏传佛教寺院比宋代翻了一番，以西宁州（今西宁）较为密集。在全省现存藏传佛教寺院中，始建年代可追溯到元代的有40多所[5]。其中，在藏区非常有名的夏琼寺就是建立于此时，该寺目前保留着大量壁画，主要以佛教文化题材和历代著名上师等题材的内容构成。

　　明代，朝廷实行了一系列对佛教和僧侣有利的政策，极大地促进了藏传佛教的发展。在青海，如塔尔寺、瞿昙寺、甘沟寺等众多寺院纷纷建立，形成了以玉树和河湟地区为核心的佛教寺院密集区。在此时，河湟地区就创建了塔尔寺和瞿昙寺两大寺院。建于明洪武二十五年（1392年）的瞿昙寺，"授国师二，禅师三，赐地甚广，殿宇雄丽"[6]；塔尔寺建于明万历时期，"殿瓦皆流（鎏）金，宏敞壮丽，兹寺为特"，是迄今河

[1]　魏源：《圣武记》卷3，岳麓书社，2011，第114页。

[2]　脱脱等：《宋史》卷492，中华书局，1977，第14163页。

[3]　蒲文成：《青海藏传佛教寺院概述》，《青海社会科学》1990年第5期，第92-99页。

[4]　宋濂：《元史》卷202，中华书局，1976，第4520页。

[5]　蒲文成：《青海藏传佛教寺院概述》，《青海社会科学》1990年第5期，第92-99页。

[6]　蒲文成：《青海藏传佛教寺院概述》，《青海社会科学》1990年第5期，第92-99页。

湟地区最大的藏传佛教寺院[1]。值得关注的是,在寺院的各大殿堂、活佛府邸、回廊及大门过道等处,皆绘有各式精美的壁画。

清代,藏传佛教势力在青海地区不断发展壮大,在青海蒙古族、藏族、土族等民族中得以广泛传播。随之,青海地区又迎来了藏传佛教寺院创建的新局面,如海日寺、格日寺、拉加寺、夏日乎寺等寺院均是在此时期修建。仅乾隆十三年(1748年),西宁府有佛教寺院130所,有一些寺院受到同治年间当地民众起义的冲击,至光绪八年(1882年),西宁府仍有佛教寺院85所[2],到了宣统元年(1909年),西宁府佛教寺院又增加到166所,其中藏传佛教寺院143所[3]。可见在清代后期,河湟流域已是西北地区佛教寺院分布最多的地区。

通过以上大致梳理,可见各朝各代实行的相关政策对藏传佛教在青海境内的发展和传播产生了巨大的影响;汉藏两种文化在信仰上具有一定一致性又存在差异性,两种文化间的联系、交流等,促使青海佛教文化呈现出多元化发展态势。在此过程中,出现不少精通多种民族语言文字和艺术的高僧,他们对传统壁画的繁荣发展起到了积极的推动作用。

三、神异幻化的道教与壁画状态

青海传统壁画的发展是以其所属的思想文化为支撑的,道教壁画自然以道教文化为创作基础,以道观为载体展开。如果想较为透彻地研究青海道教壁画,首先要对道教在此地区传播和发展的大致脉络进行梳理,进而分析其文化语境下的传统壁画的特点。

青海道教文化中的鬼神思想、巫术和神仙方术等既有来自中原的文化因素,又与本地文化有着密切的关系。"昆仑文化"的发源地就在青海,据《山海经》《穆天子传》等古代文献记载,昆仑山乃西王母的活动地,因此,各种与昆仑山和西王母相关的故事在青海广为流传。至今,海晏县夏格日

---

[1] 蒲文成:《青海藏传佛教寺院概述》,《青海社会科学》1990年第5期,第92-99页。

[2] [清]邓承伟修《西宁府续志》卷3,青海人民出版社,1985,第6页。

[3] [清]昇允、[清]长庚:《甘肃新通志》卷3,成文出版社,1970,第156页。

山的西王母石窟、昆仑山上所谓西王母的琼楼仙阁等，都证明了西王母信仰在青海地区流传的状况。此外，相传湟中境内的南朔山，也称"西玄山"，早有道教徒在山上修行。传说元明时期，有苏某、张某二人在此山中修行，并得道成仙，该山也因此成为道教仙境，得名"太元极真洞天"，排道教十大洞天之四[1]。在民间，对此山也有"终南之尾、西元之巅"的说法。可见，西玄山在道教文化传播中的地位。

西汉时期，青海地区多聚居氐、羌等族，据说其原始的文化信仰与天师道有着一定关系，道教在当时的青海地区多以巫术的形式出现，并产生了极大影响。建安二十年（215年），曹操西征汉中，汉中张鲁政权战败，大批五斗米道教众被迫向西北迁移，大规模道教人员的流动推动了道教在西北地区的传播[2]。

隋唐时期，道教在西北地区的发展空前繁荣，道观和道教组织也纷纷建立，青海大部分地区普遍受到道教文化影响，也纷纷修建道观[3]。今乐都北山当时就被称为"北武当山"，并修建了真武庙、三清殿、百子宫、雷祖殿等。后受"安史之乱"等事件影响，加之吐蕃政权对河西地区的统治，道教在青海呈现出衰落之势。

宋元时期，在长安地区兴起了全真道，并逐渐向青海河湟地区传播。据记载，北宋时期河湟一带曾出现藏传佛教僧众受道教符咒文化影响，出现僧众像道士一样采用符水消灾、驱鬼请神等仪式来为当地民众祈福禳灾的现象[4]。北宋雍熙元年（984年），杨满堂大将军命人在今乐都的引胜乡内修建了具有一定规模的武当山道观。另据一些研究可见，南宋绍兴十八年（1148年），今民和县内有来自四川丰都的全真道人马真活动，此人道法高深，深受当地民众推崇，后由其主持修建了八州城隍庙[5]，至今仍可见。

［1］青海省地方志编纂委员会编《青海省志·宗教志》，西安出版社，2000，第78页。
［2］樊光春：《西北道教史》，商务印书馆，2010，第158页。
［3］樊光春：《西北道教史》，商务印书馆，2010，第158页。
［4］孙悟湖：《宋代汉藏民间层面宗教文化交流》，《西藏研究》2006年第4期，第36-43页。
［5］马婧杰：《试析青海东部河湟地区民俗与道教——以民和、乐都两县民俗与道教为例》，《青海民族研究》2007年第1期，第159-164页。

　　至明朝，随着民族文化交流、融合的进程加快，地方一些上层人士对道教极力扶持，促使道教文化在当地产生了极大影响，并渗透到其他少数民族文化、生活之中。明万历年间，乐都碾伯镇就修建了关帝庙，其两廊坊上就画了《出五关斩六将图》《单刀赴会图》《三战吕布图》《水淹七军图》等反映关羽一生事迹的壁画；初建于明代的民和回族土族自治县巴州城隍庙中建有冥厅，在其中绘有《冥司审判图》等一系列反映人们对生死、善恶和因果理解的壁画；湟中南朔山道观初建于明万历十七年（1589年），其主殿内绘有《黑虎饲子图》。由此可见，明代青海的道教文化及道教壁画已趋于成熟。

　　全真道在明代的传入，使得明代以后的道教在青海地区的影响进一步扩大。据记载，崇祯皇帝的叔父朱清是个虔诚的道教徒，他曾命人在西宁修建道观，取名"西塔院"，朱清在此观修行，同时吸引了众多道士前来清修。朱清去世后，观内道众为了纪念他，更道观名为"朱仙塔院"（在今西宁城中区），并在此地长期进行道教活动。

　　乾隆四十二年（1777年），西宁修建了北极山庙，以真武殿为主体，后又相继建成了文昌、真武、玉皇和关帝等十余处道教活动场所。但由于信众人数及传播范围所限，道教地位日益衰落，民间许多道士只能借助佛教进行伪装，表面传佛实则传道；或有一些道士将道教文化与民间信仰结合（如与"城隍思想"相结合），因此，在青海各地相继出现了城隍庙。

　　至清中叶，西宁先后建立了城隍庙、南斗宫、北斗宫、三官庙、香水园八德巷、东岳庙、镇武殿等。在湟中、湟源也修建了雷殿、镇武殿、万寿观、北极观。还有贵德、乐都、门源等地陆续修建了三元阁、关帝庙、城隍庙、文昌阁、玉皇阁等。其中，大通县老爷山上，至今保存着药王殿、玉皇阁、百子宫、菩萨殿、柴家大殿等。上述各个道观中都有数量不等的壁画，目前基本保存完整，其内容大体以《降魔除害图》《阎王升殿图》《苏武牧羊图》《出五关斩六将图》等为主，具有较高的艺术价值。

　　民国年间初撰的《青海省志·宗教志》中记载："此时间青海道教处于停滞状态，道教人士只能采取与民间信仰、文化等相结合的方式和成立道

教群众组织的方式以求得发展。"[1]1938年，青海道教会在西宁朱仙塔院成
立，青海境内凡有道教信众的州、县都设有道教分会。而此时，青海省境
内的道教活动场所保护较好，因此，内地一些全真派道士云游青海，同时
修建道观，如乐都马营乡的昆山道观［图1-8］、石沟寺及北山真武庙等，
湟源县城南的静房湾道观、互助威远镇的五峰寺等诸多道教活动场所也均
为此时期修建[2]。

图1-8　乐都昆山道观

从以上叙述可以看出，青海与道教文化有着源远流长的联系，无论是
居住在昆仑仙山上的西王母，或者是西元山上的张、苏二位道士，以及民
国时期道教会的成立等等，足以证明道教文化在青海地区的发展从未间断，
因此，出现道教文化相关的壁画也是自然。可惜由于诸多原因，一些道观
遭到破坏，壁画也随之被破坏，如今只能通过文献记载和少数残留遗迹，
感受青海早期道教传统壁画的恢宏气度。

---

[1]　青海省地方志编纂委员会编《青海省志·宗教志》，西安出版社，2000，第89页。
[2]　樊光春：《西北道教史》，商务印书馆，2010，第583页。

四、稚拙朴实的民间信仰与壁画传承

民间信仰是民间文化的重要组成部分，也是维系传统社会秩序的重要力量之一，具有一定的社会性质，是集体性的表达；而在其中进行的仪式是一种集体性的行为方式，它们必定要激发、维持或重塑群体中的某些心理状态[1]。人类早期相信万物皆有灵，而万物有灵则是原始信仰的一种典型形态。在距今4000~5000年前青海的宗日文化中常常见到二次扰乱葬，即出现祭祀用的墓上又修建筑等现象，说明了灵魂观念曾在青海地区盛行；公元前2225年左右的齐家文化中出现单人葬和双人葬的墓葬方式，其中人骨涂红则是齐家文化墓葬的重要特征之一。这些均表现出当时青海民众的原始信仰，即相信人有灵魂[2]。

隋唐时期是河湟流域民间信仰传播与发展的重要时期，许多鬼神文化和巫术都定型于那个时期。如当前在河湟流域广为流传的"猫鬼神"信仰就是在那个时期形成，民间相传这是一种"半鬼半神"的邪神，在日常生活中如果对它们有一定的供奉，它们还会帮助人们等。"猫鬼神"应该是古代动物崇拜与蛊毒文化的融合，也是中原巫蛊文化符号在青海等边陲地区流动的证明[3]。除"猫鬼神"信仰兴盛外，狗神（亦称"狗头神""狗头精"）等在青海民间也有出现，当地许多民众认为"狗头神"不但有镇邪驱避的作用，而且有赈灾祈雨的功能。

明代以后，随着中央王朝对青海地区的军事和政治控制力的逐渐深入，地方官员通过制定政策、设立正祀、修建庙宇等手段，对青海地区民间信仰进行干预、引导，加强正统意识形态的渗透，促使至民国时期该地区的玉皇庙、圣母殿、禹王庙、炎帝宫、三圣宫、二郎庙、城隍庙、真武庙、观音庙、土地祠等各类神祠的建造，在一定程度上也促进了青海地区民间

[1] ［法］爱弥尔·涂尔干：《宗教生活的基本形式》，上海人民出版社，1999，第181页。

[2] 汤惠生、张文华：《青海岩画——史前艺术中二元对立思维及其观念的研究》，科学出版社，2001，第211页。

[3] 鄂崇荣：《"猫鬼神"信仰的文化解读》，《青海民族大学学报》（社会科学版）2010年第1期，第74-81页。

信仰向国家正祀信仰的靠拢。

清代时，地方官员、土司、士绅等地方精英从维护自身权威等角度出发，积极推进国家正祀和儒家文化。明清两代青海境内正祀庙宇多集中于府、厅、州、县等治所，尤其以西宁为最多，仅清顺治时西宁城内就有宣圣庙、启圣祠、城隍庙、旗纛庙、马神庙等庙宇。在此基础之上，必定会存在有关文化、艺术等内容的遗存，如在西宁乐家湾庙中就有湟中画师李毓真所绘制的壁画［图1-9］，遗憾的是该庙已被拆除，其中的壁画也随之不见。青海地区民间信仰中的传说和故事等，常会以造像、壁画的形式在庙宇中出现，如丹麻庙中的壁画就是当时有名的画师马云廷根据当地流传的神话故事绘制而成［图1-10］。如今这些壁画，为我们的研究提供了有力的证据，关于这些壁画的内容、题材及技艺等艺术特色，将在后面章节中逐步分析。

通过以上梳理可知，各类不同文化信仰在青海地区发展并传播的同时出现了数量可观的寺院、道观、祠堂等。这些场所内或多或少均保留着与各类信仰文化相符的壁画、造像等。可参考青海典型传统壁画分布一览表［表1-1］，进一步了解青海境内长期传播的文化信仰及其分布特征，明晰目前青海遗存的寺庙类型和其中具有典型性的传统壁画。

表1-1 青海典型传统壁画分布一览表

壁画类型	分布地区	代表寺庙
藏传佛教	青海全境均有分布	丹斗寺、白马寺、塔尔寺、瞿昙寺、夏宗寺、博日寺、拉加寺
汉传佛教	东部河湟地区主要分布,其他地区少量分布	南禅寺、法幢寺、西来寺、感应寺、崇兴寺
道教	青海全境均有分布,东部河湟地区较聚集	北禅寺、北极山庙、石沟寺、磨针观、无极龙凤宫、西王母石室
民间信仰	西宁、湟源等地为主要分布区	文昌庙、湟源城隍庙、娘娘庙、关岳庙、二郎庙、三清观
伊斯兰教	海东市循化为主要分布区	孟达清真寺、张尔清真寺、科哇清真寺、塔沙坡清真寺

图1-9　乐家湾庙壁画

图1-10　丹麻庙壁画

第三节 青海传统壁画的 保护现状与现实价值

一、青海传统壁画价值及其现状调查

对青海各地现存的传统壁画进行调研，发现一个令人伤感的现实，在历史变迁中，有一些壁画已漫漶斑驳甚至满目疮痍。正视和了解目前青海传统壁画的保存现状，也是本书讲述的重要内容。通过田野调研，对青海传统壁画的现状进行梳理，基本呈现以下几个特点：

（一）具有悠久的历史和文物价值

自魏晋以来，青海境内各地兴建起石窟寺，各种文化类型下的传统壁画随之出现。在乐都红崖寺、平安沙沟东寺、西宁北山寺等石窟寺中就留有石窟壁画的印迹；又在青海囊谦县香达镇的古寺庙遗迹中，出现了反映藏传佛教文化的早期壁画；还有青海吐蕃时期墓室壁画的出土；再到明清时塔尔寺、瞿昙寺等寺的壁画保存；等等。它们共同造就了青海悠久的传统壁画艺术。

建于北魏时期的北禅寺（土楼观）距今已有1900多年历史，"湟水又东，经土楼南，楼北依山原，峰高三百尺，有若削城，楼下有神祠，雕墙故壁存焉"，这是约1500年前，伟大的旅行家郦道元在其巨著《水经注》中对西宁土楼观的描写。在此山东崖的一处坍塌处，现存有北魏时期的佛祖经变壁画，其中部分洞窟中的壁画尚隐约可见，有佛像、花卉和形态各异的飞天、比丘、弟子等佛教题材内容的壁画；著名的"九窟十八洞"主要集中在此山的西部和中部，洞窟中的壁画多为道教题材，其中也偶尔出现佛像等形象。

互助白马寺坐落于湟水北岸，建于公元10世纪末，该寺虽然面积较

小，但它坐落于文化交融的地区，深受卓仓文化、土族文化及其他多元文化的影响，殿内的墙壁主要用壁画和彩绘进行装饰。这里的壁画整体呈现暖色调，主要是用比较温和的土色作为大面积的底色，在底色上再敷石青、石绿等颜色，形成较为强烈的对比，为研究传统壁画色彩提供了宝贵的资料。

在调研中还发现，青海境内石窟壁画早期以河湟谷地为中心。以河湟及周边地区的统计为例，乐都区的红崖石窟原本有10个窟，但是经过时间的冲刷，目前只留存下7个窟，并且大部分洞窟已经坍塌，窟内也空无一物；而位于平安区的寺台石窟，现有5个窟，窟内的壁画多有脱落和残碎，周围也没有实行保护措施，任凭风吹日晒，风化、损坏极为严重。西宁北山寺石窟3处、互助白马寺石窟2处、化隆丹斗寺3处，共计8处，占石窟壁画总量的88.1%[1]。贡觉洞壁画位于囊谦县城东南方向约116公里处，目前墙面整体已支离破碎且造成壁画残损，尤其是壁画左下方的墙体断裂，与主体剥离断开，致使右侧大幅壁画损毁，仅在南墙壁上有高约2.5米、宽约2.2米的壁画保存，但仍具有较高的研究价值。

据史料记载，明永乐八年（1410年），西宁的南山上就开始建寺，历时6年建造完工，此寺被朝廷赐名"华藏寺"，别称"南禅寺"，其建筑及壁画惜在清末战乱中大部分被毁，虽经过多次的修缮和重建，但只现存极少的老壁画。玉树禅古寺的墙面上绘有大面积壁画，惜在玉树地震中寺内大部分壁画受损，现大殿内东西墙壁上保留文成公主进藏时受到隆重欢迎的大型壁画，画面构图饱满，造型生动，画工精细。

由此可见，青海地区的传统壁画在历史变迁中受到了一定影响，致使今天无法看到其整体面貌，但目前留存的传统壁画具有极高的历史文物价值。

（二）具有丰富的内容和艺术价值

在历史发展进程中，青海境内各种传统文化一度繁荣发展，造就了现

---

[1] 宋卫哲：《青海古代石窟壁画遗存现状考察》，《中国民族美术》2021年第1期，第16-21页。

存古代寺观数量较多、传统壁画留存较多的局面。2002年，在德令哈市郭里木乡巴音河畔，发现了吐蕃时期的墓葬，其中出现了少量壁画，尤为可贵的是壁画中出现了"赭面"人物，为青海传统壁画艺术增添了宝贵的内容。

青海同德县是戎叉查根的故乡，流传着有关格萨尔王的传说。格萨尔王传说是青海传统壁画中常见的题材，相传戎叉查根被梵王天神托梦，由神力鼎助使城堡在七天七夜之内建成，并由天兵神将运来天界金、银、铝矿等筑起了南宗修茂城堡，城堡的装饰风格清净幽雅、庄严肃穆，殿内的柱子均由金银点缀，中间绘有虎、狮、鹞等精美图像，城堡的外墙上就绘有以格萨尔王"降伏四方妖魔"及"十八宗"等为内容的壁画。

在玉树、果洛、黄南等地的一些寺院，也把格萨尔视为护法神，在寺院内塑其像，并绘制相关内容的壁画。调研中，有格萨尔壁画的寺院大致有以下几处：位于兴海县大河坝乡的格鲁派寺院赛宗寺、位于玉树称多县的宁玛派寺院尕桑寺、位于湟中的格鲁派寺院塔尔寺，还有果洛州达日县的格萨尔狮龙宫殿（藏式宫殿）里与格萨尔相关的壁画及各种文物。这些壁画中显露出许多藏、汉、蒙等民族互动和文化交融的迹象。

年都乎寺内毛兰吉哇拉康殿规模虽较其他殿小，但殿内四壁均布满壁画，主要以佛教题材内容为主，配以莲花和各种动物形象。殿外的墙壁上也绘有壁画，但是由于风蚀和人为破坏，殿堂外壁9铺壁画已漫漶不清，尤其是门外两侧壁画已荡然无存。

塔尔寺内目前保存有大小壁画近千铺，多数分布于殿堂内、外的墙壁及天花板上。这些壁画内容丰富，绘画技法、设色敷彩等均具有较高的艺术价值，为进一步研究青海传统壁画提供了充实的资料。

（三）具有多元的文化和科学价值

化隆的丹斗寺是藏传佛教"后弘期"的发祥地之一，在佛教发展史上有着举足轻重的地位。其中保留有200余平方米的壁画，学界有学者认为这是目前青海现存唃厮啰时期的壁画。在西宁北山寺和平安寺台的石窟寺内存有由佛教造像构成的壁画，在北山的西窟顶上残存千佛莲花藻井图案内容，主要是由4个同心圆组成，然后又将这4个同心圆分成了若干个格，每格画1尊袒胸露臂的坐佛，四隅为忍冬角花，明显是受密教艺术风格影响。值得一提的是，其中还有汉文榜书出现。

青海藏传佛教寺院中，也有一些明显具有汉式风格的壁画，这些壁画的出现标志着汉藏文化的交流与融合迈向了新台阶[1]。

在瞿昙寺隆国殿内，正面和两山墙上都绘有巨铺壁画，正面宽约30米、高约4.5米，两山墙宽约20米，其内容为大持如意金刚神、护法神等；大鼓楼北廊有《天神出行图》和《携饭食供僧者图》等民间风俗画；画面较清晰者有《诞生图》《降魔斗法图》《初利天说法图》《涅槃图》等。

塔尔寺大经堂的壁画《释迦牟尼诞生图》，生动再现了释迦牟尼入胎、诞生等情景。除了这幅壁画外，密宗经院的《无量光佛图》、小金瓦殿内的《吉祥天女像图》、阿嘉活佛院内的《阿嘉活佛世系图》《却西活佛院的守舍图》等壁画，都是塔尔寺壁画中的优秀作品，其中均出现了汉藏风格绘画结合的痕迹。

湟源城隍庙东、西共有18间，两面山墙绘有高2.7米、宽2.43米的大幅壁画，壁画上半部为《冥司审判图》，下半部绘有"目连救母""奈何桥""上刀山""下火海"等俗称"十八层地狱"的内容。这些壁画绘制手法独特，其内容对扶正压邪、除恶扬善、劝化人心、维护社会稳定、树立良好的人文道德和社会风气具有重要的意义。

通过对青海地区海东、海西、环湖、柴达木等几个地区具有代表性的寺观壁画遗存现状的调研，并对所调研的主要寺庙及其壁画保存现状进行记录、总结，详细情况可见下表［表1–2］：

对青海省传统壁画现状调研，以及通过历史文献与现存壁画状况对比发现，全青海省范围内有部分壁画的墙体出现裂缝，破坏较为严重，也有部分壁画漫漶不清，出现后世补绘或重绘的情况。目前，保存相对较好的壁画，整体均有不同程度的污损。

---

[1] 金萍：《瞿昙寺壁画对西藏绘画艺术转型的影响》，《南京艺术学院学报》（美术与设计版）2014年第3期，第29–33页。

表1-2　调研的主要寺庙及其壁画保存现状一览表

序号	寺院名称	位置	壁画保护现状	保护级别
01	博日寺	玉树州囊谦县	墙体倒塌后有被掩埋的,遗址内残存壁画均有不同程度的剥落与缺失,大部分残存内容都可辨识	省级文物保护单位
02	白马寺	互助土族自治县	整体保存较好,但有一些壁画因年代久远而脱落,具体内容和人物面貌识别较为困难	省级文物保护单位
03	丹斗寺	化隆回族自治县	除顶部壁画保存较好以外,四分之三的壁画因岩块坍塌和泥层脱落而损毁严重	省级文物保护单位
04	贡觉普遗迹点	玉树州囊谦县	保存情况差,具体内容已经无从识别	省级文物保护单位
05	夏宗寺	海东市平安区	崖洞内尚存几幅壁画,保存情况较好,可以清楚地分辨出壁画描绘的具体内容	省级文物保护单位
06	瞿昙寺	海东市乐都区	长廊壁画部分被毁,整体保护较完整	全国重点文物保护单位
07	塔尔寺	西宁市湟中区	塔尔寺壁画保护基本完整,可以从整体的壁画中识别出具体的人物和装饰纹样等,以及描绘的故事内容	全国重点文物保护单位
08	拉加寺	玛沁县	拉加寺壁画保护基本完整,可以很容易地辨认出壁画中的人物身份,色彩也较为明亮,较易识别	省级文物保护单位
09	北禅寺	西宁市	洞内壁画毁坏严重,保存情况较差,壁画脱落且漫漶不清,较难识别具体内容	省级文物保护单位
10	昆仑道观	海东市乐都区	壁画基本被毁,脱落严重,保存情况差,壁画具体内容已经较难识别	无级别

续表1-2

序号	寺院名称	位置	壁画保护现状	保护级别
11	南禅寺	西宁市	壁画保护程度尚好,可以辨识出壁画绘制的具体内容,但是色彩因年代久远,已经不再是原本的色彩	省一级文物保护单位
12	崇兴寺	民和回族土族自治县	壁画保护程度尚好,稍有漫漶,但是不妨碍壁画整体的内容识别	省级文物保护单位
13	西来寺	海东市乐都区	壁画保护程度基本完好,可以比较容易地识别出壁画的内容	省级文物保护单位
14	法幢寺	西宁市	壁画保护程度尚好,壁画内容稍有漫漶,可以辨识出壁画的具体绘制内容	省级文物保护单位
15	城隍庙	西宁市	壁画保存程度一般,有漫漶和脱落情况,脱落部分的壁画具体内容不易分辨	省级文物保护单位
16	西宁文庙	西宁市	壁画保存情况一般,有部分壁画脱落现象,具体内容绘制尚可分辨	省级文物保护单位

二、青海传统壁画损毁原因分析

青海传统壁画作为艺术文化的物质体现,具有极高的历史、艺术和科学等价值。但由于青海千百年来的兵燹战乱和自然破坏,致使许多壁画残损,再加上保护经费短缺及群众对文物保护重视程度不足,导致青海传统壁画保护水平相对落后。目前,我国学界将致使壁画残损的原因基本总结出人为、潮湿等,共有13种。结合目前关于壁画保护的研究成果,笔者对调研中得到的资料进行统计和分析,认为导致青海传统壁画破坏的因素主要有以下几种:

(一)自然外力之灾

对于寺庙等古建筑而言,地震会造成建筑物整体毁坏、墙体不稳等危险。因此，这种自然灾害对建筑内的壁画等文物也会造成一定的损坏[1]。青海历史上曾出现多次地震，导致此区域石窟窟体多数塌毁，壁画破坏尤其严重。调研中发现，化隆丹斗寺、北禅寺等石窟寺内的壁画皆因此受到损害；隆务河北岸的宗赛尔夏珠林寺，也是因地震致使寺庙整体荒废，所有的壁画也已不复存在。

2010年4月14日，玉树地区发生了7.1级的大地震，这不仅使人民的生命和财产造成了一定损失，而且对当地的文化遗产造成了严重破坏，致使玉树州原有的238所寺院中的87所受灾。如禅古寺、结古寺等省级文物保护单位出现了建筑倒塌现象，整体损失重大。已有约700年历史的禅古寺回廊壁画损毁严重，造成多处脱落或开裂，寺里大量的经书、唐卡等文物也被此次地震破坏［图1-11］。结古寺是此次地震中玉树受灾最严重的寺院之一，该寺一座佛殿全部坍塌，大经堂局部坍塌，其间的壁画几乎全部剥落。当卡寺在震后勘查中发现，该寺原址存在地质灾害及山体滑坡等隐患，不宜原址重建，因此，按照震前原有规模进行了异地重建。玉树隆宝镇措桑村的让娘寺同样进行了异地重建。这些寺内原有的壁画无法全部搬入新建的寺庙，也随之消失。杂多县萨呼腾镇斯日寺的壁画也遭到了严重破坏，震后虽对壁画以传统方法和传统材料进行了修复，但原有壁画的面貌已无法欣赏。

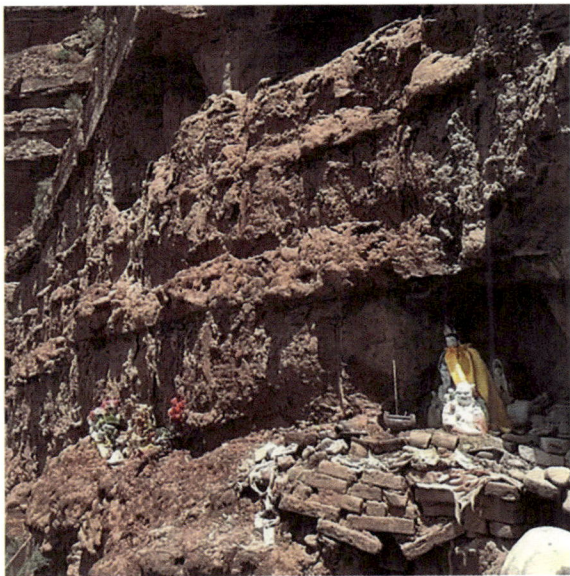

图1-11　被破坏的禅古寺

---

[1] 程群、原江、左小迪、李正佳：《山西武乡洪济院壁画现状调查与保护对策》，《文物世界》2020年第2期，第77–80页。

　　石窟寺开凿于山体崖壁之上，青海境内的山岩常出现纵横交错的裂缝，风化层也会不断崩落。因此，石窟内部的壁画会出现破裂、崩落、空膨等，剥落严重时会出现与窟体分离的现象。平安区寺台石窟处于丹霞地貌的酥松红色砂岩体中，由于此地质砂岩不存水，所以洞窟常年被雨水冲击，导致壁画大面积毁坏。石窟周围，甚至窟内常年杂草丛生，也导致许多壁画受潮，出现色彩模糊、图像不清等现象。白马寺石窟处于陡峭的山崖边坡上，此处山体结构疏松，造成壁画层与窟体分离，多处剥落。

　　近年来，青海气温升高，降水量增加，空气湿度也随之增加，许多壁画受潮湿环境影响。尤其在雨季过后，残留的雨水造成岩体湿度变化，许多微生物附着在壁画表面，致使壁画表面出现模糊不清、酥碱及发霉状况。调查中发现，大多地区的壁画出现颜料逐渐起泡脱漏、起甲、变色及褪色等现象。丹斗寺周围的一窟壁画，现仅存30余平方米，仅有局部可辨菩萨等形象，其余壁画均由于雨水等侵蚀而剥落［图1-12］。此外，青海的许多石窟寺和寺庙场所处于林区，许多壁画有老鼠、麻雀等小动物筑窝后粪便腐蚀的各种痕迹，特别是动物啃咬、挖抓、打洞等造成多处壁画都出现各种大小不一的孔洞，严重影响了壁画的完整性。

　　通过调研可以看出，虽然目前青海相对完整的石窟寺壁画保存极少，但是对其进行延伸、发展和传承的脉络比较明晰，对现存的石窟寺壁画进行有效保护已刻不容缓。

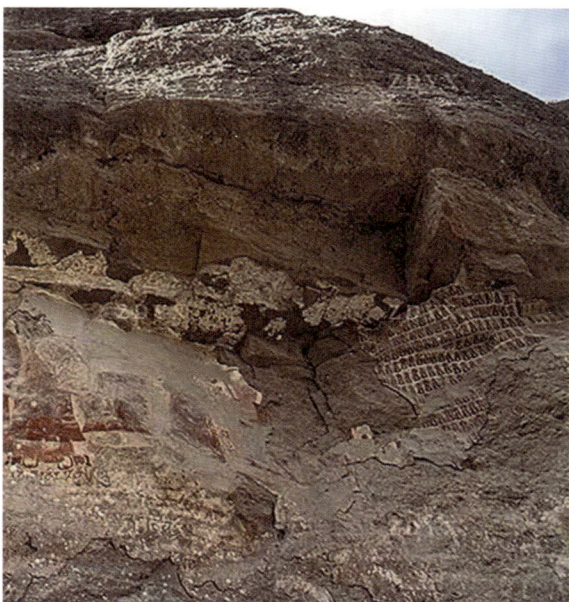

图1-12　丹斗寺石窟壁画脱落

（二）病害积尘之痛

除以上列举的各种自然灾害因素外，由于壁画自身病害而造成损害的现象在青海传统壁画中也较为普遍。空气中的积尘、光以及各种微生物造成的菌类、苔藓、地衣等，对壁画表面会产生较大的损伤。

空气积尘中含有较多的硫化物、氮氧化物、氯化氢、氟化氢及二氧化碳等。青海地区风沙较大，积尘附着于壁画的速度较快，这就会严重影响壁画的色彩。在塔尔寺大金瓦殿左右两边的壁画就出现了这一状况，由于尘埃长期堆积，目前壁画中主体人物勉强可辨，但背景模糊难辨；小金瓦殿外有四幅清代壁画，东墙中间位置已明显受损，其色彩在积尘常年的侵蚀下已变得模糊不清。

乐都瞿昙寺三世殿北壁壁画，由于表面灰尘覆盖，严重影响了内容的辨识；隆国殿明代壁画中也是由于此原因出现彩绘和贴金层大面积粉化、起甲等，导致诸多内容缺失。再如玉树多贡寺壁画［图1-13］，内容虽然

图1-13　多贡寺壁画褪色

非常丰富，但壁画墙体由于微生物腐蚀出现表面泛碱，壁画已经出现褪色现象，局部许多图像模糊，已很难分辨具体细节。调研中还发现，多处壁画表面的蜘蛛网长期未清理，致使壁画表面飘尘沉积，也导致一些壁画出现了变色、脱落等现象。

光具有一定的热效应，最容易导致壁画表面颜料变色、粉化及脱落等现象的出现。青海多数寺院有在殿堂内点酥油灯的习惯，游客在殿堂中拍照的现象也是频频发生，这些都对壁画产生了巨大影响。特别是酥油灯燃烧后产生的废气、烟尘等黏附于壁画表面，导致壁画颜料层严重损坏。湟中塔尔寺嘉木样活佛府邸就因每天点酥油灯，壁画已出现表面龟裂和色彩暗淡的状况。瞿昙寺、唐卡寺、城隍庙等处的诸多壁画也因此出现不同程度的损伤，尤其是湟源县城隍庙壁画［图1-14］虽整体基本保存完好，但常年受光照部分与背光部分的壁画颜色出现了明显差异，如其中的《冥府十八司审案图》，目前除石青、石绿及勾画的墨色线条之外，其他颜料多已泛白，整体颜色已严重漫漶。

壁画中裂隙病害的出现容易导致空气中污染物的沉积，为各种微生物的生长创造了条件，在湿度相对较高的地方，粉尘的色素溶解增大了壁画的色彩污染。大通会宁寺壁画［图1-15］，有部分就因壁面出现裂隙而导致褪色，与保护较好的部分形成明显差异。玉树格秀拉康的壁画也是因为墙体出现裂缝，壁画褪色十分严重。除此之外，一些游客在观赏壁画时随意地触碰，手上的汗渍、油污等也让壁画表面产生变化，导致很多壁画因而受损。

（三）人为破坏之伤

从人为破坏的因素看，在不同时期由于青海寺观建筑的改、扩、修等，造成对前朝壁画补绘或覆盖旧画而绘制新画的现象屡有发生，使许多优秀的传统壁画因此而遭到破坏。据记载，湟源县东峡乡东山崖的石窟内曾有非常精美的壁画，由于要修路，无奈需要将当地的路基垫高，导致洞窟下部被埋于地下，致使窟内的壁画荡然无存。也有一些壁画是因为社会的动荡而遭到毁灭性的破坏。例如，迄今已有600多年历史的民和鸿化寺，其

图 1-14　湟源县城隍庙壁画破坏部分

图 1-15　大通会宁寺壁画残损部分

中原有佛殿、经堂、僧舍等建筑，内皆有壁画，后由于社会动荡，现只存留灵塔及东院僧舍，壁画也随之消失。

据《安多政教史》记载，互助佑宁寺曾有堪布夏尔杂让噶居·朋措南嘉主持修建了大经堂，其间塑造了弥勒坐像，并画了十六罗汉围绕如来的经典壁画，由于寺庙破败后长久无人修缮，原来的壁画几乎没有保存下来，现在该寺壁画均为20世纪80年代后寺庙重建时所绘。又据《西宁府新志》载："城隍庙，在城西庙街北……以泥涂壁，绘以云山，在两庑者亦如之。"[1]可见，城隍庙内原绘有壁画，但是现在毫无踪迹可寻。据口传，在阿柔的神山德噶尔前原建有一所寺院，后由于社会原因寺院被人为毁坏，且常年无人管理，其壁画等也随之一起颓败[2]。经考察发现，西宁北山、平安寺台、互助白马寺石窟壁画大半缺失，壁画均是在社会变迁中遭到毁坏，现在这些石窟均处于自生自灭的状态，其中的传统壁画也已面临岌岌可危的境地。

除此之外，在青海地区还有一种特殊的人为破坏现象。由于藏族人受思想中的"圣物"观念影响，称寺院墙壁上的泥土为"阿嘎土"，就有人从壁画上抠取墙泥，这对壁画造成了严重破坏；还有一些人在看到某一处壁画被抠掉后，会用酥油将其添堵，这也加速了对壁画的损坏。各种聚集性活动带来的拥挤、震动等，也是壁画受损的一大原因。青海当地一些寺庙因游览人数较多，经常出现拥挤等现象，这无形中加速了壁画受损速度。如湟源的东科寺、西宁的北山寺等就曾出现游客在参观过程中倚靠壁画，甚至乱涂乱画等不文明现象［图1-16］，在张尕清真寺也有同样的情况发生［图1-17］。

调研中还发现，一部分寺内的壁画曾被僧人修补或补绘，但他们所用的颜料与壁画原本的颜料并不兼容，反而对原始的壁画造成了破坏。有些寺院的建筑常被修葺或加固，但由于技术等问题，出现了黄色素返迁至壁画表面等现象，这对壁画又造成了破坏。

---

[1]［清］杨应琚：《西宁府新志 清》，青海人民出版社，1988，第359-360页。

[2]［清］智观巴·贡却乎丹巴饶吉：《安多政教史》，青海人民出版社，2017，第148页。

-16 东科寺壁画被人为破坏　　　　　　　图1-17　张尕清真寺壁画被人为破坏

　　除以上几种现象外，不同时期的人们在对寺庙内的文物进行清扫或保护的过程中，方法不当也容易造成对壁画的破坏。青海缺乏专业的保护技术和人才，许多寺院僧侣在清理壁画中的油渍、灰尘时，并没有使用专业的清理方法，导致其受到一定损害，这样的例子也是屡见不鲜。

　　综上所述，传统壁画遭受损伤是无法避免的，但可以做到的是，根据国家的保护政策，结合专家科学合理的建议，制订出相应的保护计划和措施，对青海传统壁画进行合理有效的保护，真正做到在利用中加强保护、在保护中合理利用。

　　本章主要针对青海地区传统壁画的基本状况做了整体概述。首先，聚焦青海的人文地理、民俗等方面对青海传统壁画的影响进行了一定分析，由于特殊的地理环境和多民族聚居的文化格局，促使青海不同的文化信仰不断交融，造就了青海传统绘画的多样性和特殊性；其次，从原始彩陶、岩画以及"赭面"习俗等方面，梳理了青海地区绘画艺术的历史，并分析了其与传统壁画的形成、发展之间的联系等；再次，通过梳理青海各文化信仰的传播及发展的脉络，大致揭示了各文化信仰在青海地区的发展、传播与传统壁画之间的关系；最后，通过调研，对目前各地传统壁画的现状与社会对其的关注等问题做了一定分析。

第二章

溯本循迹

——青海传统壁画的分布状况梳理

青海地域辽阔，境内独特的地理条件、生态环境、生物资源、能源禀赋等，造就了"亚洲水塔"三江源、"中华湿岛"祁连山、"世界自然遗产地"可可西里、"最美湖泊"青海湖、"祖国聚宝盆"柴达木、"中华脊梁"巍巍昆仑等自然景观，也造就了丰富多彩的自然人文风貌。境内不同区域的自然、人文存在巨大差异，不同地区不同民族的文化也呈现出各自不同的特色。

基于以上原因，结合境内传统壁画的分布状况，青海传统壁画大致可划分为四个核心区域，分别为：以省内东部黄河、湟水谷地为核心的"河湟文化区"；以青海湖、祁连山和阿尼玛卿山之间地带为核心的"环湖文化区"；以柴达木盆地为中心，辐射阿尔金山、昆仑山周边区域的"柴达木文化区"；省南部地区和青藏高原腹心地带的"三江源文化区"[1]。具体划分状况可见示意图［图2-1］。

图2-1 青海传统壁画分布区域示意图

[1] 赵筱、何梅青：《论生态文明新常态下青海自然生态环境对民族村寨传统文化的影响》，《保山学院学报》2015年第4期，第80-85页。

第一节　河湟文化区典型传统壁画遗迹现状

　　河湟文化区，主要是指达坂山以南、拉脊山以北、日月山以东的地区，大致包括今西宁市及所辖的湟源县、大通回族土族自治县、湟中区，海北州的门源回族自治县以及海东市所辖的互助土族自治县、平安区、化隆回族自治县等。这些地区自古以来，在青海而言，经济、文化相对较为发达。在历史上，这里曾有西戎、羌、氐、匈奴、鲜卑等多个少数民族繁衍生息，直至今日，这里仍是以汉族为主体，兼有回、藏、土、撒拉等近20个民族共同构成的多民族聚居区[1]。在多民族杂居的历史状态下，此区域形成了一种多元民俗、宗教文化共生的局面。

　　在这片土地上，儒、释、道和伊斯兰文化共存发展，同时在复杂的地理环境和社会变迁的影响下，此区域的艺术文化也形成多元并举的发展状态，众多传统壁画也正是在这样的背景之下孕育并发展。通过考察、收集，以下将对此区域内典型寺庙和其中传统壁画遗存的状况进行大致梳理，具体见下表 [表2-1]：

表2-1　河湟文化区典型寺观壁画遗存一览表

序号	壁画出处	绘制时间	类型	位置
01	北山寺土楼观	北魏	道教	西宁市
02	瞿昙寺	明清时期	藏传佛教	海东市乐都区
03	塔尔寺	明代	藏传佛教	西宁市湟中区
04	西来寺	明代	汉传佛教	海东市

---

[1] 李旻泽：《青海河湟谷地传统民居地域性研究》，硕士学位论文，长安大学，2016，第82页。

序号	壁画出处	绘制时间	类型	位置
05	旦斗寺	待考证	藏传佛教	化隆回族自治县
06	大佛寺	明代	藏传佛教	西宁市
07	广惠寺	清代	藏传佛教	大通回族土族自治县
08	夏宗寺	元代	藏传佛教	海东市平安区
09	白马寺	宋代	藏传佛教	互助土族自治县
10	城车清真寺	民国时期	伊斯兰教	化隆回族自治县
11	洪崖石窟	明代	藏传佛教	海东市平安区
12	会宁寺	明代	汉传佛教	大通回族土族自治县
13	夏琼寺	元代	藏传佛教	化隆回族自治县
14	武当山道观	唐代	道教	海东市乐都区
15	孟达清真寺	明代	伊斯兰教	循化撒拉族自治县
16	塔沙坡清真寺	明代	伊斯兰教	循化撒拉族自治县
17	张尕清真寺	明代	伊斯兰教	循化撒拉族自治县
18	科哇清真寺	明代	伊斯兰教	循化撒拉族自治县
19	木场新村清真寺	元代	伊斯兰教	循化撒拉族自治县
20	合然寺	清代	藏传佛教	循化撒拉族自治县
21	石沟寺	明代	汉传佛教	海东市乐都区
22	武当山道观	清代	道教	海东市乐都区
23	东拉科村观音庙	清代	民间信仰	西宁市湟中区
24	西宁城隍庙	明代	道教	西宁市
25	新田堡福神庙	明代	民间信仰	互助土族自治县
26	阿边娘娘庙	明代	民间信仰	互助土族自治县
27	佑宁寺	明代	藏传佛教	海东市

　　通过表2-1的统计可见，该区域涵盖了佛教寺庙（汉传佛教、藏传佛教）、道观、清真寺以及承载民间信仰的村庙等场所，且时间跨度较大。魏

晋南北朝时期就已出现石窟寺，壁画则成为这些石窟寺中装饰的主要形式。直至民国时期，此地区依旧兴建了众多的宗教场所，绘制壁画的风气也越来越浓厚，因此，也形成了区域内壁画形式宛如群星般灿烂的状态。

通过对文献的梳理和田野调查，经统计分析得知，首先，在此区域的传统壁画中，藏传佛教文化属性下的壁画数量明显最多，占比为37%，主要分布在海东市的乐都区、互助土族自治县、循化撒拉族自治县及化隆回族自治县；其次，民间信仰类型的壁画分布较为广泛，几乎每个县以至村都有此类壁画出现，占比为25%；汉传佛教文化下的壁画与民间信仰的壁画占比接近，为22%，主要分布在大通回族土族自治县、西宁市及周边地区；道教文化类型的壁画相对较少，其占比大致为壁画总量的10%，主要分布在以西宁市为中心的地区，周边地区数量较少；数量最少的是伊斯兰教文化影响下的传统壁画，仅占6%左右，集中在循化撒拉族自治县和化隆回族自治县。

一、探汉传佛教典型寺观壁画之状

（一）西来寺

位于海东市乐都区东关街的西来寺是一座典型的汉传佛教寺院，始建于明万历三十四年（1606年），初建时由碾伯邑僧人杨蕃、杨上思等从四方化缘筹资，历时9年建成，当地人认为此寺得以完工，乃仰赖西来之资，故定名"西来寺"[1]。该寺占地约2100平方米，是目前青海境内保存较为完好的汉传佛教寺院，1956年被列为省级重点文物保护单位。寺内主要建筑坐北朝南，呈中轴线对称分布，主要由山门、金刚殿、关圣殿、东廊房、土地祠、观音殿和佛殿等建筑组成，寺内泥塑名冠全省。其中遗存不多的壁画也颇具匠心，其艺术水准之高，备受历代称赞，尤其是该寺的24幅明代卷轴《水陆道场图》具有极高的艺术价值，可谓是明代河湟地区绘画的巅峰之作。

---

[1] 彭启胜主编《青海寺庙塔窟》，青海人民出版社，1998，第41页。

（二）石沟寺

石沟寺［图2-2］位于海东市乐都区东南9公里处的姜湾村，始建于明朝万历年间，在1573—1620年间该寺多次被修缮，现为县级文物保护单位。此寺最初为道观，后有僧人驻锡成为佛寺。清朝年间，由于木石剥落、缺乏管理而墙垣倒塌，尽管多次修葺，但最终还是被荒废。1933年，曾任守备都司兼甘肃靖远协镇的姜永乾发动当地乡亲共同修葺，历时6年完成了修缮工程，重建了韦驮殿、百子宫、药王宫、观音菩萨殿以及位于山门处的歇马殿等建筑。1958年前后，寺院拆毁大半，近年又由附近群众按原貌修复。目前，该寺位于嶙峋山腰间的数丈山壁之上；建筑前半部分采用土木结构，建筑装饰以飞檐和斗拱为特色；后半部分则依山势而建，开凿出洞窟，内有壁画；而殿内两侧保留了自然山石的原貌，从殿外观之，殿与山浑然一体，形成"山上有寺，寺内有山"的独特风景。

（三）东拉科村观音庙

东拉科村观音庙位于西宁市湟中区拦隆口镇，初建于清代，历百年沧桑，经战火烽烟，屡建屡毁。在20世纪60年代，庙内所有造像及东西廊房供奉土地、牛王、马祖等画像，以及大殿两侧供奉财神、魁星画像等皆被

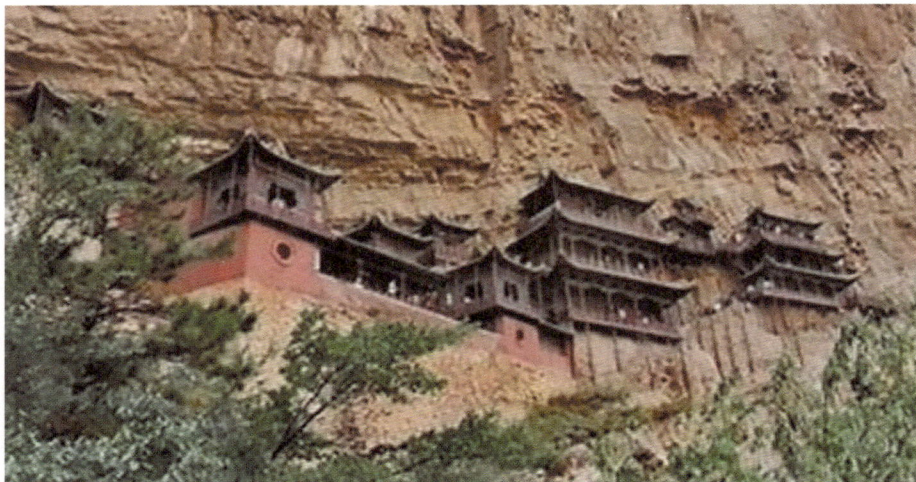

图2-2 石沟寺整体建筑图

拆除、烧毁，观音庙也曾经一度破旧不堪[1]。

2017年时重建，新修建的观音庙坐北朝南，规模宏大。目前，大殿东、西墙壁有道教雷部众神降魔题材的壁画；殿内还有板壁壁画14铺，正中为《寿星高照图》，余为《八仙过海图》及山水画；殿外板壁绘30铺壁画，上为《观音救八难图》，中为《十二金仙图》，下为《苏武牧羊图》《铁杵磨针图》等；殿檐两侧分别绘有巨铺的青面獠牙、手执兵器的镇殿将军；东、西廊房各3间，相互对称，东廊板壁有9铺壁画，正中为《献寿图图》《天官赐福图》和《刘海戏金蟾图》，余为传统山水画；西廊房板壁有壁画9铺，分别为《天女散花图》和山水画等。今日的东拉科村观音庙香火旺盛，已成为当地百姓祈求平安、追求幸福生活的精神寄托福地，也是当地举行民俗活动的重要场所。

二、寻藏传佛教典型寺庙壁画之态

（一）瞿昙寺

瞿昙寺［图2-3］为所在区域内最典型的藏传佛教格鲁派寺院，藏语称为"卓仓拉康果丹代"，意为"卓仓持金刚佛寺"。此寺在海东市乐都区，面对瞿昙河，紧靠罗汉山，北面与松花顶紧依，南接照碑山，始建于明洪武二十五年（1392年）。

瞿昙寺不仅因其为明代官造寺院，更因寺内典藏的文物与巨幅壁画而享有盛名。目前，寺内壁画有1500余平方米，主要分布在瞿昙殿、宝光殿、隆国殿和回廊。壁画的题材，不但有藏传佛教各种佛、菩萨、护法神像等，也有明清两代汉传佛教常见的题材；其中，回廊的壁画全是佛传故事，其绘画粉本沿袭了明代汉传佛教中流传的粉本，其最大的特点是以连环画的形式出现。三大殿以及配殿里的壁画主要是藏传佛教中的各方诸佛［图2-4］。该寺壁画绘制及设色等吸收了中原传统壁画绘制的技法特点，完美体现了此区域汉藏佛教艺术文化融合的特色，从而形成了独特的艺术

---

[1] 侯石柱：《我国西藏及四省藏族自治州县文物保护单位名录》，《中国藏学》2012年第S1期，第3-26页。

图2-3　瞿昙寺外观俯视图

图2-4　瞿昙寺壁画局部

风格，也代表了明代宫廷绘画艺术的水准。目前，针对该寺壁画的研究成果较为丰硕，此处不再赘述。

（二）塔尔寺

莲花山坐落于西宁市湟中区鲁沙尔镇西南处，建于其上的塔尔寺是我国藏传佛教格鲁派的六大寺院之一。塔尔寺，又称"塔儿寺"，是1379年为纪念号称"第二佛陀"的黄教创始人宗喀巴大师而建。

塔尔寺内经堂、佛殿等主要建筑坐西朝东，呈南北"一"字形，寺内各殿壁面上均可见传统壁画。据不完整统计，寺内现存壁画200余铺，主要分布在祈寿殿、弥勒殿和大经堂的内、外墙面，辩经院回廊上、下墙面，以及医明学院和密宗院回廊的墙壁上。此外，寺内各活佛府邸和其他建筑墙面上的壁画也是随处可见，如在吉祥新宫内两侧的墙壁各绘有《青狮献宝图》《白象驮宝图》壁画，在酥油花院门内两侧绘有壁画《蒙人驭虎图》《白象驮宝图》。

塔尔寺壁画内容大多取材于佛经故事，画面构思精巧、布局得宜、色调和谐。目前，其最长的壁画达数十米，绘制年代最早的则应是明代的弥勒殿壁画，但由于该殿外墙面常年没有任何保护措施，导致壁画目前褪色较严重［图2-5］。经近几年观察，其保存状态堪忧。

（三）大佛寺

大佛寺是西宁市藏传佛教四大寺院之一，位于西宁市教场街东南端。据记载，该寺始建于北宋淳化元年（990年），初建时，建筑壁面上布满了气势恢宏的壁画，惜在"文革"中遭到破坏。1916年在原址重建，历时3年竣工。目前，大佛寺建筑整体将汉藏艺术融为一体，在大殿内的墙上绘有以各种佛教题材为主的壁画，在二、三层板壁上绘有多尊佛像和佛传故事壁画，其图案、绘画风格又借鉴了汉式风格，充分体现了汉藏艺术文化交流、交融的痕迹。

（四）会宁寺

会宁寺，俗称"土官寺"［图2-6］，坐落在大通回族土族自治县景阳乡，是一座始建于明代的藏传佛教寺院，历代修葺保留至今。1991年，全国政协副主席、佛教协会会长赵朴初题写"会宁寺"三字。

其大佛殿的东、西两壁均绘有壁画，内容以文殊、金刚手、观世音、地藏、除盖障、虚空、弥勒及普贤"八大菩萨"为主，在八大菩萨上方绘十八罗汉和山水风景（此处山水一说为须弥山，一说为罗汉山，具体有待日后考证）。正门两侧墙壁上绘制了两身护法，其中一身一首六臂，面目

图2-5 塔尔寺壁画局部

图2-6 会宁寺建筑外观图

狰狞，通体呈青蓝色，且脚踩一女子；另一身为愤怒相，颈上挂有骷髅人头。据图像内容和所处区域推断，此两身应为佛教"诸天部"中的两天，具体身份有待进一步研究。该寺的壁画规模虽然不大，但制作精良、形象生动逼真、内容丰富，反映了大通地区的艺术文化发展及当地佛教文化传播的状态。

(五)红崖石窟

红崖石窟位于海东市平安区寺台乡红崖峡村，主要由千佛洞、壁画洞、北窟禅房等遗迹组成。经考证，其开窟年代应为藏传佛教格鲁派初兴的明代。其中壁画主要在壁画洞内，目前洞顶和四壁有一些残存图像［图2-7］，内容为多臂的观音菩萨形象，并配飞天等装饰。此外，还有多散点图像与纹样构成的画面，可惜漫漶程度较重，只能大致推测壁画整体以佛传故事为主要内容。1988年9月15日，青海省政府将该石窟列为省级文物保护单位。

图2-7　红崖石窟残存壁画局部

(六)旦斗寺岩窟

旦斗寺岩窟［图2-8］位于青海省化隆回族自治县金源乡境内，由于缺乏记载，此窟开凿及壁画绘制年代目前学界尚未达成共识。就目前此岩窟残存的局部壁画而言，此处壁画图像内容相对较为单一，核心以千佛为主［图2-9］，辅以《说法图》及供养人形象等，其画面组织虽较为随意，

图2-8　旦斗寺岩窟外观图

图2-9　旦斗寺岩窟壁画局部

技法略显粗糙，但其构图布局主次分明，在佛像造型和色彩处理上采用了浓淡结合、明暗对比等技法。另外，据一些学者推测，在旦斗寺其他佛殿处原来可能也存在洞窟壁画，可能是在后世修建旦斗寺佛殿时被损毁。

（七）夏宗寺

夏宗寺，位于海东市平安区三合乡，始建于元末，距今有700多年的历史。1955年，政府曾拨专款对其维修，1985年，省政府再拨巨款在原寺的基础上重建了夏宗寺。目前，夏宗寺整体依崖体修建而成，寺内保留有原始崖洞，其内尚存有几幅壁画［图2-10］，可辨的内容主要是几身菩萨像，造型基本一致，梳高髻，戴宝冠，有头光，袒露上身，其脖颈与腰间均有配饰，整体来看既典雅富丽，又饶有装饰趣味。由于崖壁陡峭，给游客观赏等造成一定困难，因此，这些洞窟内的壁画基本没有受到后期人为破坏。1988年9月，夏宗寺被当时的平安县人民政府列为县级文物保护单位。

（八）白马寺

白马寺，位于互助土族自治县红崖子沟湟水北岸的半山崖上，初建于公元10世纪左右，距今已有1000多年的历史［图2-11］。该寺总面积4000多平方米，由大经堂、僧舍、洞窟等组成。该寺内有石雕弥勒佛造像，此尊造像面朝湟水河，也被称为"弥勒望河"，其背后有一石窟，内有壁画遗迹，目前残存壁画约8平方米，内容为佛本生故事和坛城图像，其中坛城

图2-10　夏宗寺壁画局部

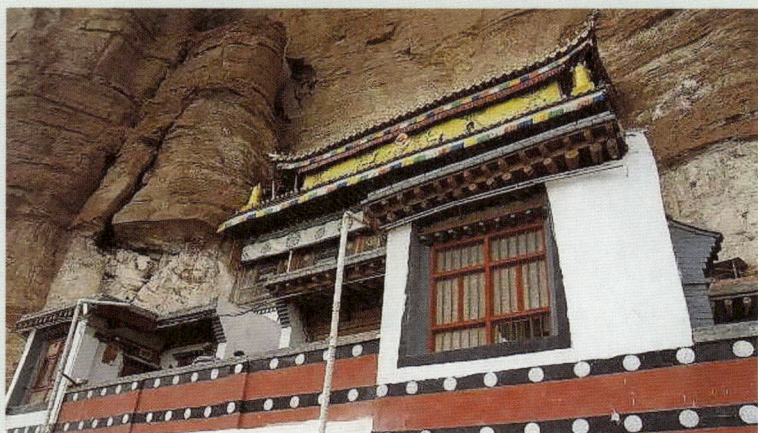

图2-11　白马寺外观图

图像由内、中、外3层金刚环组成，呈放射状排列，整体平行重复排列，具有层次感和平衡感。目前，有学者认为其绘制时间应在宋代[1]。

（九）夏琼寺

作为青海省最古老的藏传佛寺之一的夏琼寺，素有"格鲁派发祥地"的美誉，其位于化隆回族自治县查甫乡，始建于元至正九年（1349年），自创建至今，该寺几经修葺、扩建等，形成现在的规模。壁画是此寺艺术文化的主要组成部分，寺内所有的经堂、佛殿的四壁均绘有题材多样的壁画［图2-12］[2]；除了绘有在藏传寺院中常见的佛像、菩萨像、护法像以及《佛本生图》《六道轮回图》以外，还绘有历史故事、宗教人物等内容，是研究河湟地区藏传寺庙传统壁画的宝贵资源。

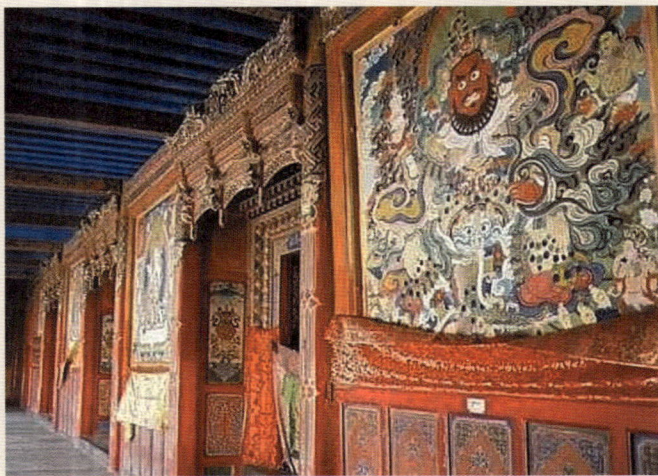

图2-12　夏琼寺壁画局部

（十）合然寺

合然寺位于青海省循化撒拉族自治县尕楞乡，属藏传佛教格鲁派寺院，其建筑具有典型的汉藏融合风格。该寺有近300年的历史，是由隆务寺第一世活佛堪钦·更登尖措于清康熙四十二年（1703年）创建[3]。合然寺的文化艺术价值，不仅表现在其建筑上，也表现在其殿内精美的壁画之上［图2-13］。该寺壁画总体为勉唐风格，遵循主尊大、部众小和对称均衡的布局形式与构图。众多部众环绕主尊，布局庄严有序，结构

---

[1] 彭启胜主编《青海寺庙塔窟》，青海人民出版社，1998，第80页。
[2] 胡海燕：《青海夏琼寺》，《军事经济研究》2012年第11期，第82页。
[3] 吉迈特却：《隆务寺志》，青海民族出版社，1988，第39页。

美观，其主尊背景多绘云彩、花卉、雪山、草地，罕见飞禽走兽、高山流水，构图分布均匀[1]；在色彩上，整体以暖色为主，色彩饱满和谐；在用笔上，多采用干染法描绘，间用湿染法，使得画面整体色彩艳丽且变化多端；在人物造型方面，多使用线条表现，衬以各种动物和景物。值得一提的是，壁画中佛面的绘制较为讲究，并非千佛一面的表现方法，极大丰富

图2-13　合然寺壁画局部图

了画面语言。在其大经堂顶部保留有以大威德十三尊金刚坛城和十一面观音坛城为主的板壁壁画，由于所处建筑顶部，保存完整，色彩清晰，极为壮观[图2-14]，在青海地区较为罕见。该寺壁画是18—19世纪隆务河流域藏传

图2-14　合然寺大经堂顶部图

[1]　玛尔仓·苏白：《合然寺考略》，《四川文物》2011年第1期，第87—88页。

佛教壁画艺术风格的代表，也是此地区目前唯一保存完整的画作[1]。

（十一）佑宁寺

佑宁寺位于海东市威远镇东35公里处，距西宁65公里。始建于1604年，已有400多年的历史，是目前青海省规模较大的藏传佛教寺院，被誉为"湟水北岸诸寺之母"，现为省级文物保护单位。

该寺在清代和民国时期曾达到规模的顶峰，内藏众多珍贵文物，其中包括丰富多彩的壁画遗迹。然而，在社会动荡时期，这座名寺遭受火灾，成为一片废墟。尽管后来当地民众对经堂等建筑进行了修复，但其规模远不及先前，而寺内珍贵文物几乎全数湮灭，其中早期的传统壁画目前仅能看到几张黑白照片。

三、溯道教典型寺观壁画之风

（一）土楼观

土楼观［图2-15］始建于公元106年，因其坐落于西宁市湟水之滨的北山上，得名"北山寺"，也称"北禅寺"。公元227—233年间，有僧人在山崖中开凿洞窟修行，并在其中建龛塑像、绘制壁画。此后，土楼观逐渐发展为西北地区的佛教圣地。

随着时间发展，此地逐渐发展成为道观，建有各种殿堂，殿堂内外皆有壁画遗迹。如今，山门迎面就绘有壁画《松鹤延年图》，山门内左右山墙处绘有《虎啸龙吟图》；在斗母殿的狭长柱廊中有前朝遗留的藏传佛教壁画，殿中各种壁画大多讲述佛本生故事［图2-16］，人物神情灵活自然，在造型、设色上具有明显的本土艺术特征，具有极高的艺术和研究价值[2]。

清朝诗人张思宪曾描述其为"北山隐约书模糊，烟雨朝朝入画图"。土楼观现有玉皇洞、无量洞和城隍洞等窟，皆分布着精美的道教风格壁画。尤其是东崖遗存的壁画，线条流畅、色彩丰富，设色兼用晕染法塑造；同时，有部分壁画底色直接用土红色，在壁上直接绘制，呈现出朴素色调与

---

[1] 吉迈特却：《隆务寺志》，青海民族出版社，1988，第44页。
[2] 张星：《西宁土楼观》，《中国道教》1989年第2期，第52-53页。

土楼观现貌局部图　　　　　　　　　　　图2-16　土楼观遗存壁画局部图

浓烈装饰的碰撞美感。

（二）武当山道观

武当山道观位于海东市乐都区东北处的引胜沟内，始建于北宋雍熙元年（984年），后因屡遭兵火致使旧殿损毁；清朝同治年间，道观通过邑人捐资和道士化缘筹资等得到多次修复，才基本恢复原貌。现殿外墙壁上绘有少量壁画，内容主要反映普通百姓的世俗生活和上层社会贵族、官员的社会活动，侧面反映了当时的社会状态，也传达着道教的教义和基本思想。

（三）西宁城隍庙

西宁城隍庙，位于西宁市城中区隍庙街（今解放路），始建于明洪武十九年（1386年），后遭兵燹而毁。康熙二年（1663年），总镇柏永馥对其进行修缮，康熙六十年（1721年），西宁道副使赵世锡重建城隍庙，至雍正元年（1723年）基本竣工。此后，该庙虽多次受损，但整体建筑仍基本保持完整。

在其主殿"鉴心殿"前的山墙两壁上绘有尺幅较大的《四大天王图》《二十四孝图》等壁画，内容体现了惩恶扬善、劝人向善的思想。整体画风清新淡雅、意趣盎然，堪称当时西宁墙壁上丹青彩画的一绝。

四、揭伊斯兰教文化典型壁画之貌

（一）孟达清真寺

孟达清真寺［图2-17］位于循化撒拉族自治县的孟达乡大庄村，始建于明永乐六年（1408年），在清代时进行过三次扩建。2013年3月，国务院将孟达清真寺公布为第七批全国重点文物保护单位[1]。

其主殿内绘有独立成幅的壁画，壁画呈中心对称形式构图，画师将常见的植物形状进行几何化处理，并结合方形、菱形、三角形、圆形等结构，形成一种特殊的图案形式；整体色彩较为浓艳，对比强烈，给观者以视觉上的冲击。壁画整体采取铺满壁的手法，具有"满""平""匀"的风格特色，画风精细而不繁杂，构图饱满而不拥塞，整体华美而不造作、精巧而不匠气。

此外，还有部分壁画借鉴我国传统绘画元素，以博古纹样式绘制了日常生活中常见的物件，如鼎、瓶、书册、经卷等［图2-18］，尤其将文人雅士钟爱的祥瑞古雅之物及案头珍玩描绘于壁面之上，既含博古通今、高洁清雅的美好寓意，又体现了中华文化的包容。

（二）塔沙坡清真寺

位于循化撒拉族自治县孟达乡塔沙坡村内的塔沙坡清真寺，始建于明末年间，主要建筑有礼拜殿、唤礼楼、牌楼门、影壁等，1990年被评为县级重点文物保护单位。

目前，该寺各殿内均有壁画，主要绘有变形的花草图案和伊斯兰文字等内容，大多为造型简单、设色单一的重复性图案［图2-19］。此寺壁画中使用了早期埃及和叙利亚风格中常见的星形、六边形等作为结构框架，因此，整体具有明显的阿拉伯装饰风格。因为时间久远，壁画破损严重，只能根据现存遗迹来判断其绘制内容。

---

[1] 蒲文成：《甘青藏传佛教寺院》，青海人民出版社，1990，第115页。

图 2-17　孟达清真寺外观图

图 2-18　孟达清真寺壁画局部

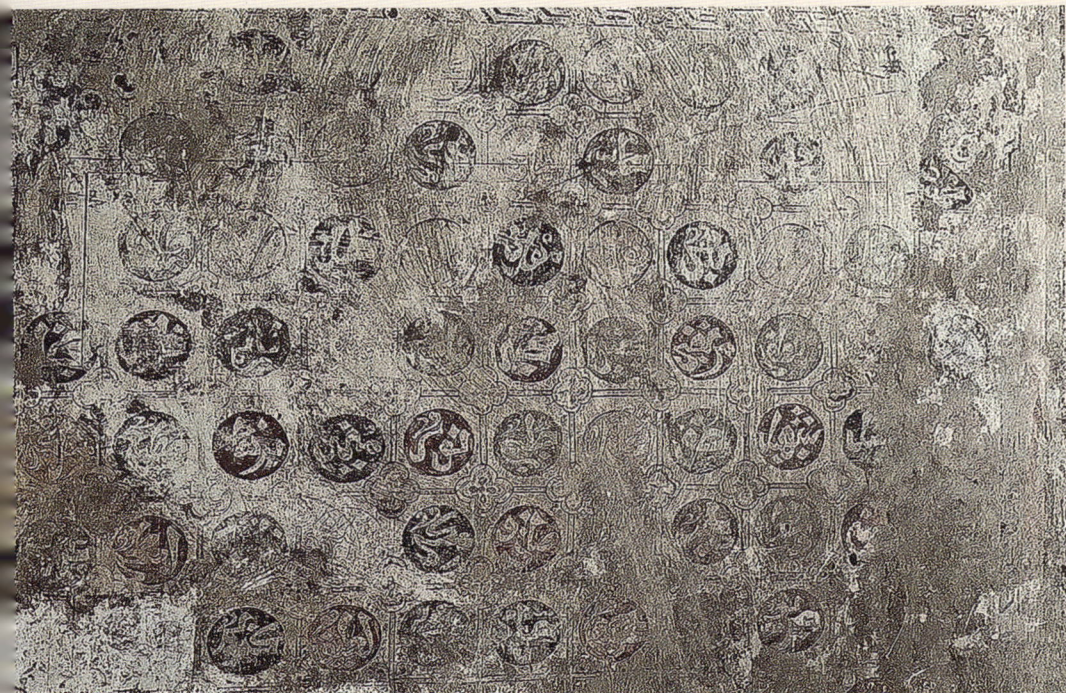

图 2-19　塔沙坡清真寺壁画局部

（三）张尕清真寺

张尕清真寺位于循化撒拉族自治县的白庄乡张尕村，是一座宫殿式古建筑，采用砖木结构，整体呈正方形布局。建筑包括礼拜大殿、南北厢房、宣礼楼、牌楼大门和照壁等部分。1988年，该寺被认定为省级文物保护单位[1]。

清真寺大殿前的大梁上有套环图案，殿门两侧板壁上有壁画《松鹤延年图》《百禄是福图》等；大殿正中挂有清朝兰州都督题赠的"道冠古今"字样的匾额。寺内大部分壁画遗迹［图2-20］残损严重，已经不能辨析其整体的面貌。但从残留局部推测，绘制的内容基本是一些建筑主题，周围以湖泊、山峰和树木等将建筑有机地组合在一起，其整体色调淡雅、单纯。

（四）科哇清真寺

科哇清真寺位于青海省循化撒拉族自治县，始建于明代。其主要建筑有前殿和后窑殿。后窑殿内，绘有表现器物及生活用具的内容，此类壁画与中国传统绘画的重彩类似，又与日本浮世绘有几分相似，形成了一种兼容并蓄的风格［图2-21］；还有诸多描绘在板壁上的壁画，壁画内容多以变形的阿拉伯文字与植物纹饰相结合［图2-22］，画师巧妙地融合植物的花、叶和藤蔓，创造出具有曲线美感和律动的作品。整体来看，寺内壁画用色单纯、朴素，具有较强的世俗效果，又繁丽精美、严整有序，增添了殿堂内神秘庄重的氛围。

（五）木场村清真寺

木场村清真寺位于循化撒拉族自治县，元代时是积石关军营驻地，也是军户的礼拜场所。数百年来几经修建，现已具有一定的规模。

寺内建筑装饰形式多样、内涵丰富。在礼拜殿内和前殿内部的墙面上都绘有壁画，前殿内部的墙面上绘有壁画《积石关城军营图》，其中包括小军城四座、哨站两座、射箭场一处、军旗五面、瞭望亭一处、渡口一处、坟茔一处，还有山河、卷云、树木及双刃剑等图形衬饰，表现了军事关隘

---

[1] 彭启胜主编《青海寺庙塔窟》，青海人民出版社，1998，第126页。

图2-20 张尕清真寺壁画局部（残）

图2-21 科哇清真寺壁画局部

图2-22 科哇清真寺壁画阿拉伯文字与植物结合局部

要地的神圣雄姿。整体画面组合严谨且气势磅礴。

其内还绘有壁画《撒鲁尔部落六角徽标图》，可以帮助我们研究元代河湟地区政治、军事历史，具有极高的艺术和史料价值。除此之外，整幅壁画以几何、植物、经文等图案纹样作为装饰，极具艺术特色；设色以绿、蓝、红等颜色为主，形成色彩艳丽、对比强烈的画面效果。

（六）城车清真寺

城车清真寺，位于化隆回族自治县巴燕镇，相传该寺创建于明末清初之际，始建为当地绽姓家族。清道光年间，此地发生了震惊西北地区的"黑城子惨案"，导致寺院的建筑及壁画荡然无存。清咸丰年间，当地民众在原址进行重建，1930年间又进行了大规模的扩建。遗憾的是，在20世纪60年代末，寺内宣礼楼、照壁等被毁。1983年重新开放后，群众集资对其进行了全面修缮。1986年，该寺被列为县级重点文物保护单位。

大殿屋面均由阴阳瓦铺盖，起脊飞檐，雕梁画栋，山墙壁画和门窗之处的各种碑雕、木刻、壁画等装饰尤为精美[1]。门楼正面有堵长12米、高5米的青砖照壁，其上绘有各种具有装饰意味的草木花卉图案，以点、线、面结合的方式表现，十分简约。

通过对以上寺观壁画进行梳理可以看出，由于此地的宗教、文化呈现出多元并举的状态，壁画在发展中也呈现出形式多样、内容异彩纷呈的特点。

第二节　环湖文化区典型传统壁画遗存现状

青海环湖文化区指环绕青海湖、位于祁连山地和阿尼玛卿山地之间的广阔地域，以海晏县、刚察县、天峻县、共和县为核心，四周辐射延伸至今海南州和海北州的部分地区。总面积约9.3万平方公里，占全省总面积的12.87%。此地区曾是多个民族的游牧地，也是唐蕃古道和丝绸南道的必经之路，与中原和西域地区往来密切，所以出现了多种文化相融合的状况，形成了具有鲜明特色的文化景观。

经调查研究发现，该文化区以藏传佛教寺庙为主，部分寺庙中存有壁画

---

[1] 杨博等：《青海省清真寺和藏传佛教寺院时空演变比较研究》，《地理信息世界》2021年第5期，第36-41页。

遗迹，其壁画出处、绘制时间、类型、位置可参照下表［表2-2］：

表2-2 环湖文化区典型寺观壁画遗存一览表

序号	壁画出处	绘制时间	类型	位置
01	湟源城隍庙	清代	道教	湟源县
02	刚察大寺	清代	藏传佛教	刚察县
03	白佛寺	民国时期	藏传佛教	海晏县
04	沙陀寺	清代	藏传佛教	刚察县
05	贵德玉皇阁	明清时期	道教	贵德县
06	当家寺	元代	藏传佛教	共和县
07	千卜录寺	清代	藏传佛教	共和县
08	珍珠寺	元代	藏传佛教	贵德县
09	贡巴寺	清代	藏传佛教	贵德县
10	贵德白马寺	明代	藏传佛教	贵德县
11	铁瓦寺	明代	藏传佛教	贵德县
12	孬旦寺	明代	藏传佛教	贵德县
13	加毛寺	清代	藏传佛教	贵德县
14	曲布藏寺	清代	藏传佛教	贵南县
15	托勒寺	民国时期	藏传佛教	贵南县
16	万秀寺	清代	藏传佛教	贵南县
17	阿铁寺	待考证	藏传佛教	贵南县

　　此区域内的壁画数量相对于河湟文化区略少，藏传佛教壁画数量最多，为壁画总数的41%；其次为汉传佛教壁画，占壁画总数的24%；民间信仰之下的壁画在此区域内分布较广，占壁画总数的16%；伊斯兰教类型和道教类型的壁画在此地区分布较少，分别占11%和8%。以下将选择本区域内典型壁画进行梳理：

一、刚察大寺

刚察大寺在海北藏族自治州刚察县城正北25公里处，修建于清同治五年（1866年），后寺院遭到较大破坏而关闭；1981年4月5日，重新开放；1982年，于旧经堂遗址上重建。其规模包括大经堂、弥勒殿、白伞盖佛母殿、度母殿、护法神殿等。

寺院内部装饰精美，有30余幅壁画，展示了寺院的教派理念。此外，寺院还供奉有"多目巴""德钦智化""吉牙巴"等20余尊塑像。大殿两侧格架上陈列着千佛，最上方是宗喀巴大师像，下方是班禅额尔德尼的遗像[1]。

二、白佛寺

白佛寺三面环山，位于海北藏族自治州海晏县。1985年，由海晏县人民政府拨款重修。该寺属于汉族宫殿式建筑，屋顶周檐翘翼欲飞；红漆栏杆，栋梁彩绘；门窗秀雅，异常绚丽，非常精美；壁画整体遵循了藏传佛教壁画的基本形式，显现了藏传佛教特有的艺术形式，体现了当地人的审美情趣与民俗心理。

三、湟源城隍庙

湟源城隍庙位于湟源县城西北，始建于乾隆四十一年（1776年），是湟源县内保存最完整的清代古建筑，该庙在改革开放后进行了大规模的修复。

湟源城隍庙内绘有较多壁画，大殿堂内有壁画《冥司十八司图》等描绘冥界故事的壁画18幅［图2-23］。壁画上半部分绘十八冥司审判善恶案件的情景；下半部分绘一些传说故事，主要刻画惩治恶鬼、鬼受种种酷刑的内容。在东西屋廊两侧的山墙绘有《冥府文牍书办官吏图》等。

在大殿山墙东西两边也都绘有壁画，但由于时间久远及人为损坏，壁画已残损不堪，只有留存下来的一小部分可观看。整体分为两部分，前部

---

[1] 青海省地方志编纂委员会：《青海省志·公路交通志》，黄山书社，1996，第470页。

分为《十二曹官图》[图2-24]，两边各有几个人物。后半部分绘有《城隍出阵图》，图中包括马祖、牛王、山神等神像，他们手持法宝与兵器；城隍率领风伯雨师、雷公电母等神，显得威武高大；二童子背着印玺和玉帝所赐的旨意跟随其后；冥司的判官和鬼役，手持刑具、锁链、绳索等，威武庄严，人奔马驰，有不可阻挡之势。

图2-23　湟源城隍庙《冥司十八司图》壁画局部

图2-24　湟源城隍庙
《十二曹官图》
壁画局部

四、沙陀寺

沙陀寺亦称"沙托寺"［图2-25］，现位于海北藏族自治州刚察县泉吉乡境内。该寺始建于康熙四年（1665年），属于宁玛派。寺院于1958年至1981年历经多次开放，于1982年9月，在现址新建经堂，山门宏伟，山门两侧和大殿内部都绘有壁画，人物形象生动，整体呈现出典型的藏传佛教壁画艺术风格。

五、贵德玉皇阁

贵德玉皇阁处于贵德县河阴镇，初建于明万历年间，清道光十一年（1831年）复修，同治六年（1867年）毁于战争，1912年再修。整体建筑群规模宏大，以文庙、万寿观两组建筑为轴心，其他几组建筑左右排开、相互毗邻；建筑群集中了儒、道元素，中轴线左右对称，气势恢宏，具有较高的历史和艺术价值。1986年被列为省级文物保护单位，2001年被列为全国重点文物保护单位。

主殿内有明清壁画约62平方米，主要为神话故事题材。壁画整体色彩鲜艳

图2-25　沙陀寺山门两侧与大殿内壁画

［图2-26］，装饰性强，用色较为灵活，尤其红色与蓝色的比重较大［图2-27］。

六、贵德白马寺

贵德县白马寺位于海南藏族自治州贵德县境内，创建于明隆庆元年（1567年），曾经进行过几次扩建。大经堂、小经堂等佛殿建筑宏伟，为贵德县境内著名的寺院之一。1988年被列为青海省文物保护单位。

大经堂为土木结构双层平顶建筑，正面彩绘四大天王壁画。他们分别着白、青、红、黄铠甲，各自手持琵琶、利剑、伞盖和长虫等，造型威武刚勇、栩栩如生。纵观寺内壁画，其笔法古朴生动、用色沉着，主要以青、绿、朱三色为主；人物皮肤部分采用晕染技法精细描绘，营造出很强的体积感和质感；色彩与线条处理得自然生动，画面整体大气磅礴。

七、铁瓦寺

铁瓦寺建于今海南藏族自治州贵德县东沟乡东北1公里处的豆后隆村，始建于明神宗万历四十四年（1616年）；清康熙三年（1664年）时，寺院由豆后隆村迁到今东沟乡东南6公里处的团过村；在1874—1881年间，该

-26　贵德玉皇阁壁画局部一　　　　　　　　图2-27　贵德玉皇阁壁画局部二

寺僧人增修了一座长佛殿，随后规模逐渐扩大。

此寺仿照塔尔寺的布局，主要有护法殿和弥勒殿等建筑。护法殿宏伟壮观，墙壁上有壁画遗存，主要内容是十六罗汉、护法神、八大菩萨；壁画构图为中心式，中心绘制佛、菩萨、护法等主尊形象，周围以众弟子及花卉、云彩等作为装饰；壁画的绘画技法精湛，色彩饱满鲜艳，呈现出较高的艺术特色。

八、贡巴寺

贡巴寺位于海南藏族自治州贵德县东南方，建于明弘治年间。明末时，在寺内住持的倡导下进行扩建；清同治六年（1867年），因战乱影响，大经堂、弥勒佛殿等建筑遭受严重损毁；1873年，塔秀活佛二世切群尖措慷慨解囊重新修建了一些殿堂，并将弥勒佛殿改建成了文殊殿；20世纪60年代，寺院的建筑又被拆除；1981年，重新被修缮；1985年，维修的大经堂、小经堂、菩提塔等重新开放。

大、小经堂内留有清代壁画，壁画主要为藏传风格的各佛、菩萨及护法等尊像。因时间久远与保护不当，壁画脱落严重，许多内容已难以辨认，仅能从少数局部窥见昔日的精彩。

以上是对青海环湖文化区内典型传统壁画的考察，通过大致梳理可见，这些壁画题材广泛，以藏传佛教为主，涵盖佛、菩萨、护法神尊像图、传记画等。还有肖像画，包括历史人物、高僧的肖像。壁画内容绚丽多彩、技法精巧纯熟，且融合了多民族的文化特色，形成独特的艺术风格。

第三节　三江源文化区典型传统壁画遗存现状

三江源文化区位于昆仑山脉和唐古拉山脉之间，主要以被称为"中华水塔"的三江源自然保护区为核心，该地区是世界上生物多样性最集中、生态最敏感的高海拔地区。

在长期文化的变迁中，此地形成了以藏族文化为主的文化体系，既有对神山、圣湖、神灵的原始崇拜，又有以祭祀、巫术、占卜为主的原始信仰，直接影响了此地区广大群众的文化生活和精神世界。因此，此区域内产生了一定数量的佛教、道教壁画。经调查发现，该文化区主要是以藏传佛教壁画为主，伴有少量其他文化形态的传统壁画，其位置、出处、类型、绘制时间等大致信息可见下表［表2-3］。

表2-3　三江源文化区典型寺观壁画遗存一览表

序号	壁画出处	绘制时间	类型	位置
01	博日寺	明代	藏传佛教	囊谦县
02	达扎寺	20世纪70年代后	藏传佛教	囊谦县
03	弥底普石窟	宋代	藏传佛教	称多县
04	禅古寺	北宋	藏传佛教	玉树市
05	贡嘎寺	20世纪80年代	藏传佛教	治多县
06	贡觉普遗迹点	元代	藏传佛教	囊谦县
07	普切昂石窟寺	元代	藏传佛教	称多县
08	吉日沟古塔	宋代	藏传佛教	杂多县
09	土登寺	20世纪80年代	藏传佛教	称多县
10	贡下寺	待考证	藏传佛教	囊谦县
11	拉加寺	清代	藏传佛教	玛沁县
12	白玉寺	清代	藏传佛教	久治县
13	阿柔大寺	明代	藏传佛教	祁连县
14	仙米寺	清代	藏传佛教	门源回族自治县
15	采久寺	清代	藏传佛教	囊谦县

续表2-3

序号	壁画出处	绘制时间	类型	位置
16	贾贡寺	20世纪80年代	藏传佛教	班玛县
17	赛宗寺	清代	藏传佛教	兴海县
18	大苏莽寺	明代	藏传佛教	囊谦县
19	纳温·拉康仓	待考证	藏传佛教	囊谦县
20	东宗寺	待考证	藏传佛教	久治县
21	桑周寺	清代	藏传佛教	玉树市
22	唐卡寺	待考证	藏传佛教	玉树市
23	貌合寺	20世纪30年代	藏传佛教	玉树市
24	卓木齐格秀经堂	待考证	藏传佛教	玉树市
25	隆务寺	待考证	藏传佛教	黄南藏族自治州
26	郭麻日寺	清代	藏传佛教	黄南藏族自治州
27	昂拉赛康	待考证	藏传佛教	黄南藏族自治州
28	拉康达杰玛	待考证	藏传佛教	黄南藏族自治州
29	哲杰玛	待考证	藏传佛教	黄南藏族自治州
30	东仓日出遗址	待考证	藏传佛教	囊谦县
31	尕尔寺	待考证	藏传佛教	囊谦县
32	藏娘佛塔	宋朝	藏传佛教	玉树市
33	叶雄寺	清代	藏传佛教	同仁市

通过统计可见，此区域内传统壁画数量依旧较多，其中藏传佛教壁画数量约占58%，占此区域壁画总数的一半以上；民间信仰类型的壁画，占比为17%；汉传佛教壁画在此区域内数量较少，仅占10%；伊斯兰教类型和道教类型的壁画分布相对最少，在整体壁画中仅占6%和9%。以下选择本区域内部分壁画进行梳理：

一、隆务寺

隆务寺，藏语全称"隆务大乐法轮洲"，建造于黄南藏族自治州府所在地隆务镇，于1980年12月作为青海省首批重点寺院重新开放。多年来，政府对其恢复与重建高度重视，多次拨款修缮，仅1979年，就新建了66座僧舍，使其总数达到90座。直至20世纪90年代，隆务寺已基本恢复到原规模，展现了昔日风采[1]。

整个寺院坐西朝东，属典型藏式风格建筑，在寺院各山墙及殿堂内均绘有精美壁画［图2-28］；整体建筑群的中央是大经堂，这是全寺最大的建筑；其四壁上绘有大型壁画20余铺，画面整体略显古朴，从背景中花卉等图像的叠染可以看出绘画技法的娴熟。整体壁画内容气势恢宏，设色和谐稳重，勾勒精细，装饰性极强。

图2-28 隆务寺山墙壁画

---

[1] 彭启胜主编《青海寺庙塔窟》，青海人民出版社，1998，第152页。

二、年都乎寺

年都乎寺位于同仁隆务镇，为安多地区黄教第三大寺院隆务寺之附属寺院，建于17世纪末。寺内各殿均分布有壁画［图2-29］，其中毛兰吉哇拉康殿和弥勒殿内现存清代早期壁画，这些壁画由当时青藏地区著名的画师维唐华丹、才让端智师徒所绘。萨拉康殿壁画集《佛本生传》《宗喀巴传》及历代上师等题材，为热贡地区壁画中的经典之作；弥勒殿壁画有《十六罗汉传》等，分布于殿堂的三面墙壁上，规模较为宏大。

年都乎寺壁画是早期热贡绘画艺术的一个缩影，虽不能完全反映该地区当时壁画艺术的总貌，但我们也能从中窥见早期热贡绘画艺术的基本风格和审美特征，是今天研究青海传统壁画艺术不可多得的图像资料。

图2-29　年都乎寺壁画局部

三、吾屯下庄寺

吾屯下庄寺，位于同仁市隆务镇东7公里处。17世纪中叶，由投毛恰尕寺与"玛公娘哇"合并而成。历经三次修缮、改建，终成今日之貌。

该寺现存建筑主要有大经堂和弥勒殿。大经堂和弥勒殿的壁画一定程度上借鉴了工笔重彩手法，内容主要有释迦、菩萨和护法神等佛像及佛经故事。这些壁画多绘于热贡绘画艺术成熟时期，因此，画风与其他寺院的壁画有所不同，色彩匀净、线条流畅，形象均较为生动［图2-30］。

图2-30　吾屯下庄寺壁画局部

四、博日寺

博日寺遗址位于玉树藏族自治州囊谦县白扎乡，初创于吐蕃时期，先为宁玛派寺院，后在元代改为萨迦派寺院[1]。

博日寺历经沧桑，虽有残存壁画［图2-31］8处，可惜均有不同程度的剥落与缺失，大部分内容可依据残存部分大致辨识。这些壁画以五方佛、宝帐护法、天王像、尊胜佛母九尊、萨迦道果传承、五部空行喜金刚曼荼

---

[1]　陈庆英主编《中国藏族部落》，中国藏学出版社，2002，第78页。

图 2-31　博日寺残存壁画局部

罗以及其他上师、本尊、护法等形象为主要内容，且均为萨迦派寺院的经典绘画题材[1]。从颜色、构图、线条及造型等方面进行分析，该壁画整体造像生动，具有较强的韵律，人物形象柔和逼真、神情沉稳，设色主要以冷色调为主。此处壁画明显具有17—18世纪的风格特征，又保留了"萨迦派"早期的艺术样式，为我们了解此地区晚期萨迦派寺院与此时期壁画的艺术特征提供了重要线索。

五、禅古寺

禅古寺坐落于玉树藏族自治州结古镇西航村的禅古山腰，分为上下两寺，相距约70米。禅古寺现由3个闭关中心、1所佛学院和文成公主庙的佛殿、闭关僧舍等组成。此外，寺内还拥有140余座佛塔。寺内各建筑墙面上绘有大量壁画，内容主要是宗教题材，构图饱满，色调浓艳。

---

[1]　胡筱琳：《囊谦县博日寺壁画研究》，硕士学位论文，中国社会科学院研究生院，2018，第13页。

主庙大殿东西墙上绘有两组大型壁画，其中描绘的莲花生大师身姿挺拔，皮肤洁白，脸色红润，面容清秀，耳垂挂小金铃，卷曲的头发呈棕黑色，狭长的黑眼睛注视前方，眉毛翘曲如鲲鹏展翅，耳朵弯曲，口若莲花（象征着清净的言辞），下巴微凸，卷曲黑须展圣人风采，左手拿甘露宝瓶，右手执金刚天杖，杖顶三尖叉三层人头，画面整体生动，画工细致入微。

六、贡觉洞

贡觉洞壁画遗迹位于玉树藏族自治州囊谦县觉拉乡那索尼村，该村山顶处有一处天然石窟洞穴被当地人称为"贡觉普"（即贡觉洞），距地面高约400米，在此洞窟内现存有一系列壁画。

经岁月洗礼，贡觉洞壁画目前受到一定程度的损坏，如南墙主尊面容及颈项受损严重，通过现存图像可辨，主尊左手施禅定印，右手施触地印，裸露右臂与右肩，身覆单层白边橙色袈裟，肉身呈浅褐色；呈跏趺坐于月垫与覆莲狮子宝座之上，头部散发出白色光芒，周身环绕石绿色光晕，左右两侧以白线勾勒卷草纹饰［图2-32］。主尊肩部正后方，可见两层座阶，

图2-32　贡觉洞壁画局部与西夏壁画对比图

右座阶上隐约显现怪兽头像，而左座阶因残损，尚不能确认是否有对称图像。座阶之下，一对狮羊背对背而立，背负小童子，两人昂首相对，其中一只狮羊，一足踏大象背，一足踏大象首。主尊头部的拱形上端，出现手中握蛇的迦楼罗像；主尊右侧，立有一身尊像，头部稍大，戴锥形三叶绿顶、红边宝冠，双耳侧垂红色冠带至双臂，此像亦散发白色头光，双手持莲于胸前，上身裸露，彩裙环绕，双脚"一"字形立于主尊宝座之上，身体亦呈浅褐色。然而主尊左侧立像，因图像残损已无法辨识。

壁画最上部分左侧方格中，一佛双手施法印于胸前，穿着红色袈裟跏趺坐在莲台上，背部散发绿色光芒，肉身呈浅褐色，头部已经受损。左右两侧有半跏趺坐的菩萨面向主佛而坐。同一排中间的长格中，仅可辨认左侧四佛并排站立，右侧有三佛，其余画面因为损毁无法确认。

此洞窟壁画色彩鲜艳，以石青、石绿、红（银朱）色和白色为主。红色填充佛衣棋盘格，石绿描绘树叶和莲瓣佛背光，背龛和莲瓣多用石青填充，佛塔、主尊和菩萨头光及背景填充均采用白色。主尊、菩萨皮肤为褐色，应是受到了西夏绘画艺术的一定影响。

七、普切昂石窟寺

称多县普切昂石窟寺［图2-33］位于玉树藏族自治州称多县拉布乡拉达村东科社境内，是个依托天然岩洞修整而成的石窟，洞窟外高约4.8米，宽约21.85米，进深约3.3米。

2017年，曾有村民在此处发现了两三片极小的壁画残片。2019年，村民在加固该洞窟时，在供台下方发现了倒塌的断壁，并有3块面积较大的壁画残片见于供台前地表上，另散落着4块面积较小、形状不等的壁画碎片，残损情况十分严重[1]。从残缺的壁画碎片可以看出壁画主要有主尊、菩萨等形象，由于仅是残片出现，所以主尊和菩萨的身份难以辨认［图2-34］。但是，通过对残缺的壁画绘画风格进行分析，基本可推断此处壁画与13世

---

[1] 孟之桀：《囊谦东仓日出遗址和称多普切昂石窟寺所出壁画研究》，硕士学位论文，中国社会科学院研究生院，2022，第17页。

纪波罗风格唐卡中常见的样式有诸多相似之处。

八、弥底普石窟

弥底普石窟位于玉树藏族自治州称多县拉布乡拉达村，全长约18米，分为上下两层。上层窟内存有壁画，周围有许多佛塔，壁画残缺受损虽较为严重，但仍有两块较为完整。依据目前保留的图像可辨，其中一块描绘了药师佛及其胁侍日光菩萨，但左胁侍部分已消失；另一块仅可分辨描绘了一身菩萨像，但仅保存了头部，其身份尚不能确定。

九、吉日沟古塔

吉日沟古塔〔图2-35〕位于玉树藏族自治州杂多县昂赛乡吉日沟高半山的峭壁下端。壁画主要分布在五座

图2-33　普切昂石窟寺外观

图2-34　普切昂石窟寺壁画局部

佛塔表面的须弥座和覆钵周围。南面一塔，覆钵从上到下绘有八层，分别为上师坐像和千佛坐像。首层中心为三位噶举派上师坐像，左右两侧各绘有八身和十六身噶举派上师坐像；第二层以下为千佛坐像，造型特征大体相似。西侧一塔覆钵东面残损，壁画保存于覆钵西面、须弥座东面和南面，其中东面保存较好，但壁画保存不好，目前仅隐约可见有壁画痕迹。

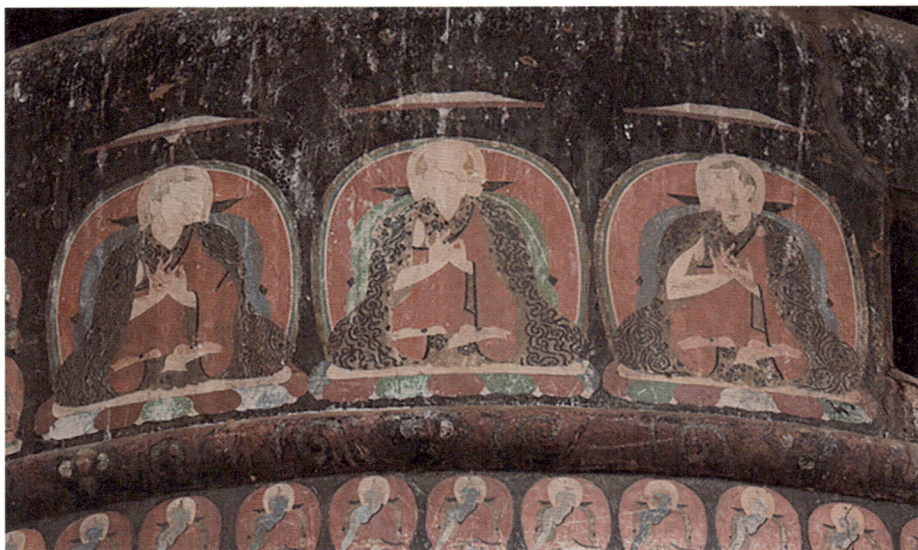

图2-35　吉日沟古塔壁画局部

整体壁画主要描绘噶举派上师，且大部分为四分之三侧面、坐像、外披大氅、内着坎肩、身后装饰马蹄形身光、背光的造型和装束，与西藏昌都类乌齐寺唐卡和内蒙古黑水城出土唐卡中的上师像极为相似。因此，该石窟寺壁画总体具有较明显的波罗风格特征[1]。

十、土登寺

土登寺位于玉树藏族自治州称多县拉布乡，据当地僧人口传，该寺建于元代，八思巴大师曾供奉释迦牟尼佛像于寺内，并更名为"土登寺"。这所寺庙曾因社会动荡而遭到摧毁，1988年，在秋英多杰仁波切主持下进行了重建。

寺内壁画具有典型的"噶玛噶孜"风格［图2-36］，在布局上基本采用中心对称构图，色彩较为浓重且对比强烈，尤其在壁画中较多使用金、银等色，增加了富丽堂皇的画面氛围。

[1]　廖旸：《灵塔与法脉传承——青海玉树杂多吉日沟塔群初探》，《西藏研究》2021年第4期，第47-57页。

图2-36 土登寺壁画局部

十一、贡下寺

贡下寺建于15世纪末，位于玉树藏族自治州囊谦县西南约43公里处的嘉巴扎嘎山西坡，整体建筑坐西北朝东南方向，贡下寺的藏语全称为"嘉贡德钦尼玛鄂赛彭措达杰帖青朗"，意为"嘉大乐日光明丽圆满兴旺大乘洲"。

贡下寺的主体建筑是新修的大经堂，内部四周墙壁白粉涂底，仅北墙绘有600多尊大小不一、造型生动的佛像，在构图和色彩上均展现了典型的玉树地区传统壁画的艺术风格。

十二、拉加寺

拉加寺，亦称"嘉样寺"，坐落在果洛藏族自治州玛沁县东北部黄河北岸的拉加乡。该寺坐东向西，寺内留有众多清代藏式绘画风格的壁画和文物，具有浓郁的藏族传统艺术特色，为研究当地佛教艺术及拉加寺历史沿革提供了重要的实物资料。

该寺各个殿内均有壁画，其中以大殿壁画最为精彩。仅其中的一身菩萨像足以代表全貌［图2-37］，菩萨呈跏趺坐姿，凝视前方，上身披彩色飘带，下身着绿裙，戴珠宝、耳环、项链、手镯等饰品。画面中造像面相圆润、腰部微扭，姿态自然和谐。在色彩的使用上以石青、石绿为主，画面颜色饱和度较高。线条主要用铁丝形状表现硬布料的质感，勾勒的服装纹样线条稠叠下坠，表现出一种圆润敦厚之感。

图2-37　拉加寺壁画局部

此处壁画整体在造像各装饰部位大量使用沥粉堆金技法，加强了画面立体和富丽的效果，呈现出庄重而不失华丽的装饰效果。

十三、白玉寺

白玉寺位于果洛藏族自治州久治县白玉乡达日塘，初建于1857年，距今已有160余年历史。它是青海、四川、甘肃三省边界影响最广的宁玛派寺院。该寺庙规模宏大，建筑独特，有七座经堂、三座佛殿、三座灵塔、八座大型转经房和五间僧舍；各殿堂墙壁上绘有以释迦牟尼故事为主的壁画，各造像神态安详、画面色彩丰富，具有明显的地域绘画特点。

十四、阿柔大寺

阿柔大寺，亦名"噶丹曲派林"，坐落于海北藏族自治州祁连县城东25公里处的阿柔乡，是祁连地区最具影响力的格鲁派寺院。其中建筑主要包括大经堂、护法神殿、八宝如意塔、活佛府邸和僧舍等。

该寺因诸多社会原因多次搬迁，1958年在当地僧侣与民众的支持下修缮了大经堂等。寺中拥有大量文物和壁画［图2-38］，其中壁画主要内容为释迦牟尼、宗喀巴、四大天王、菩萨、度母和护法神等。

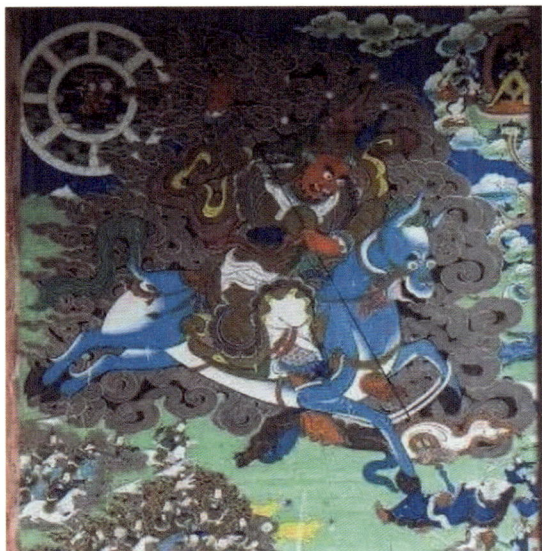

图2-38　阿柔大寺壁画局部

十五、采久寺

采久寺位于玉树藏族自治州囊谦县境内，始建于明末清初年间，由噶举派的分支周巴噶举派大活佛仲通齐切巴命名，属于周巴噶举派寺院。

采久寺最早为当地人拉毛班藏建名为"采久"的经堂，供其儿子诵经，在此基础上逐渐发展成为今采久寺。目前，该寺在藏传佛教噶举派中依然具有较高地位。其各殿均有内容丰富的壁画，壁画虽然是以噶举派教义内容为主，但其线条、赋色等艺术风格与汉地绘画有许多相似之处，绘制中画师更加注重了人物神态的描绘，强调"传神"，整体追求更接近世俗化的美感。

十六、贾贡寺

贾贡寺，藏语称为"阿什姜贾贡显密讲修洲"，坐落在果洛藏族自治州班玛县南江日堂乡的阿什姜村。

据当地人口传，该寺初建于元至正二十七年（1367年），初奉宁玛派上师，后改为觉囊派。1958年，该寺新增了经堂和僧舍，后一度关闭，于1980年又重新开放，并由阿旺旦增嘉措活佛主持重建。目前，寺内有大经堂、神殿和昂欠以及多座塔建筑。该寺有不少历史文物和壁画遗存，壁画整体是以主尊为中心的中心式构图，画面场景宏大、动静结合、色彩柔和，整体呈现出和谐统一的艺术效果。

十七、纳文·拉康仓

纳文·拉康仓位于玉树藏族自治州囊谦县城东南8公里处的能日哇村［图2-39］。该村最初有冷仓、拉康、卓果、玛格四大家族。纳文·拉康仓是拉康家族私人建筑中的经堂，目前只有拉康仓的建筑留存。2019年6月，被列为省级文物保护单位。

纳文·拉康仓为藏式碉楼建筑［图2-40］，经堂处于拉康仓两层，经堂四壁铺满壁画，其中，保留较好的壁画有20余平方米，目前可辨析的有金刚总持、五方佛、84位大成就者及萨迦道果上师等形象。其中，东墙的主佛便是密宗的时轮金刚；西墙从南边开始是噶举派的传承体系，绘制了玛尔巴大师等形象；西墙北边绘制的是净土宗传承的形象；南墙绘制的是萨迦派道果上师传承的主要人物；北墙由于脱落比较严重，具体内容无法辨析。

经堂内壁画面积虽小，但

图2-39　纳文·拉康仓遗址图

图2-40　纳文·拉康仓壁画局部

所描绘的内容包含了藏传佛教四大派系上师，画面中主尊造型端庄；其余还有诸佛像、瑞兽和祥鸟等内容，整体形象朴素、威严。在绘制方法上，线条勾勒方中带圆，多施红褐色，衣纹色彩多采用平涂的方法，肢体局部有晕染痕迹。此壁画无论是艺术风格还是题材内容，都极具特色，颇具艺术和史料价值。

十八、桑周寺

桑周寺，坐落于玉树藏族自治州仲达乡的通天河南岸，其前身是一座苯教古刹，名为"仁真敖赛寺"，于北宋天圣七年（1029年）建成，历史悠久，文化底蕴深厚。

寺内现存珍贵的历史文物及壁画遗迹，其中护法殿中所绘制的《萨迦上师传承图》为布面壁画，年代与作者不详。画面上萨迦上师占据主要位置，面相和善，头戴通人冠，身穿僧衣，双手持说法印，结跏趺坐于仰莲，有顶光和背光。与其他地方的壁画不同，此处萨迦身旁和上方看不到其他造像，最下方有很小的一排供养人。整幅作品构图沉稳、主题突出，人物的肌肤和衣服皆用赭色勾线，线条遒劲有力。色彩上，人物色彩十分清淡，萨迦上师身穿草绿色袈裟，这也有别于其他画作的红色袈裟；背景上，大面积用蓝色、绿色，用来烘托主题形象，也营造出神秘的气氛。

该寺壁画作品，线条凝重而遒劲，背景简略，主题突出，造像五官神态多世俗化；色彩古朴，底色厚重，充实饱满，凸显了玉树地区传统藏传佛教壁画的特点。

十九、卓木齐格秀经堂

卓木齐格秀经堂，位于玉树藏族自治州称多县杂朵乡西南面约20公里处，此处在元代曾为蒙古军队驻扎之地，是由蕃襄雍珠嘉措所建，后由蒙古人格秀丹增秋嘉加固修复。经相关专家认证，该经堂有800至1000年的历史。

该祠庙为里外两间构成,内供奉有六宝:一是蕃襄雍珠嘉措滚来的法鼓;二是能够象征吉凶、兴衰的宝石"朋多勒多囊依";三是在佛殿圣水中的一对黑白青蛙;四是会说话的壁画"多杰森巴"佛像(传说在该佛像前曾堆满杂物,佛像曾开口说话);五是形状如缝制袈裟时留下的针脚一样整齐的祠庙顶棚"求勾拉珍";六是生长在祠庙顶上的吉祥红灌木"泽日紫寿"。

祠庙从外间至内间,四壁都绘满了彩绘壁画[图2-41],壁画的造像造型、色彩渲染等具有一定密教特点,整体基本为单线描绘,色彩鲜明,对比强烈,整体与苯教时期以及后期藏传佛教壁画的特点具有诸多相似之处。因此,有人认为此处壁画是将当地苯教和后期从印度传入的佛教元素融为一体的作品。这对研究玉树地区佛教发展与绘画艺术的传承具有极为重要的意义。

图2-41 卓木齐格秀经堂内壁画

二十、拉康达杰玛与哲杰玛

拉康达杰玛与哲杰玛位于黄南藏族自治州尖扎县昂拉乡。达杰玛与哲杰玛的创建年代目前无记载，据当地人口传，在历史上曾有三次重建。第一次是在元代。第二次是在拉毛仁波切被封为国师时期。1958年，曾被大火烧毁，于2008年开始第三次重建，建起了五座佛堂，里面所供奉的佛菩萨塑像等均复原了以前的规格、次序。目前有珍贵的佛像、佛经、佛塔以及甘珠尔和丹珠尔等文物收藏。

拉康达杰玛与哲杰玛分别位于主建筑的左右两侧，其中在达杰玛内中间供奉三位主佛，右侧所供奉的是燃灯佛祖、龙王、尊者阿底峡、宗喀巴、莲花生大师、近侍八大佛子、六臂怙主、退敌佛母等。在左侧所供奉的是罗睺罗，寺内有众多壁画［图2-42］，其上有广月天王、多闻天王等众神。外墙壁画上有财神和佛子、宗喀巴传、长寿三尊和度母、狮子吼等。

二十一、昂拉赛康

昂拉赛康位于黄南藏族自治州尖扎县南8公里处的昂拉乡西北侧。1349年，由顿珠僧格出资，曲杰东智仁钦创建此寺，相传其用自己鼻血绘制了丹坚护法像。目前，昂拉赛康中间的殿堂内塑有三世佛、佛陀八大近侍弟子；左面经堂内塑有宗喀巴师徒三尊及阿弥陀佛、四臂观音、阎罗王等；右面为弥勒殿。背面密宗殿塑有莲花生大师、莲花生八项、米拉日巴等佛像。各殿内均有壁画，尤其以中间殿堂壁画最

图2-42 拉康达杰玛壁画

为精彩［图 2-43］，这些壁画大部分是由热贡艺术祖师比唐加毛罗桑华丹大师所作。

二十二、东仓日出遗址

东仓日出遗址位于玉树藏族自治州囊谦县香达镇多昌村邦达社东仓日出的后山，该遗址于 2019 年 6 月在修建新寺庙时被偶然发现。

遗址所在山体的平面上可以清晰地看到 5 道石砌墙体，平均高 400～425 厘米，长约 1360 厘米。在第 2 道墙体与第 3 道墙体之间的泥土内发掘出 3 块较为完整的壁画残片，其他地方暂时未发现壁画。熊文彬教授认为，出土的壁画应该是某古代大型寺院中一座佛殿内的壁面［图 2-44］[1]。此壁画的风格，基本遵循了藏传佛教后弘初期卫藏地区的典型绘画样式，即源自东印度的波罗风格，并在此基础上形成了一定个性化特色。比如，菩萨身体的比例更趋纤细、尊神分置于各个独立空间中、背光中大面积使用红色、菩萨造型及其装饰趋于简约。考虑到这些个性化特色的出现，以及艺术风格从中心向四周传播时因距离而存在的时间差等问题，学术界认为东仓日出遗址所出壁画残片绘成于 12 世纪末 13 世纪初的可能性较大[2]。

二十三、尕尔寺

尕尔寺位于玉树藏族自治州囊谦县巴麦村，距县城 76 公里，州府所在地距古镇 250 公里。此寺历史悠久，距今近千年，传说莲花生大师曾在此修行。

1979 年 1 月，经第八世噶尔秋埃尼旦布尼玛主持，寺院修复工作正式启动。1958 年，寺院关闭，1982 年，寺院经政府批准重新开放。在寺内的殿堂两侧均有壁画［图 2-45］，其色彩艳丽明快，具有典型的藏传佛教壁

---

［1］ 熊文彬：《青海玉树新现宋元时期的波罗艺术风格元素绘画遗存及其意义管窥》，《西藏研究》2021 年第 2 期，第 64-68 页。

［2］ 孟之桀：《囊谦东仓日出遗址和称多普切昂石窟寺所出壁画研究》，硕士学位论文，中国社会科学院研究生院，2022，第 17 页。

图 2-43　昂拉赛康壁画

图 2-44　东仓日出遗址所出壁画碎片

图 2-45　尕尔寺壁画局部

画特色。

二十四、藏娘佛塔

藏娘佛塔，又称"藏娘桥丹贝却隆宝"，位于玉树藏族自治州玉树市仲达乡藏娘村，始建于1030年。

这座历史悠久的古建筑，与尼泊尔的巴耶塔、印度的金刚塔并称为世界著名的三座佛塔。藏娘佛塔高28.25米，下部为方形塔座，分四层垒叠而成，底边宽20.85米，上层宽12.1米，采用当地黑褐色片石砌筑，以木制短椽与石板建成。

塔座上有绘制了壁画的覆钵式塔身，藏娘佛塔的建筑和绘画艺术在"五明"中属于"工巧明"，早期弥底大师来到藏娘地区，潜心钻研印藏佛塔的建筑艺术和雕塑绘画艺术，并收徒授技，形成了独具特色的藏娘艺术流派，为后期藏娘文化艺术的成熟发展奠定了基础，开创了藏式佛塔建筑、绘画和雕刻艺术之先河，并形成独具特色的艺术体系。另外，藏娘佛塔腹内环廊保存了宋代壁画，所赋内容为贤劫千佛，是现存最早的藏娘壁画典范。壁画虽年久失修斑驳脱落，但可见部分的佛像惟妙惟肖、线条洗练、构图饱满疏朗、主题鲜明。通过不同色块的精准搭配显得自然协调，使得整幅作品具有强烈的层次感和律动感，为罕见的艺术珍品。

二十五、叶雄寺

叶雄寺位于黄南藏族自治州同仁市羊曲麻村和夏布浪村附近。在1958年之前，此寺主要建有小经堂、弥勒殿、护法殿、叶雄殿和200余间僧舍。其内有诸多大画师所遗留下来的造像和壁画，皆是绝世之作。

寺内壁画整体画风严谨，空间划分清晰，布局合理，所有画面颜料均为矿物质颜料，因此，壁画的色泽鲜亮如新。寺内还存有象牙、石精、犀牛角等诸多文物。在1958年前，此寺是热贡地区文物、绘画作品等最为丰富的寺院。

以上是对三江源文化区内典型寺庙与传统壁画的大致梳理。在考察中，笔者分别对寺庙的分布位置、修建时间、历史背景、布局格式以及壁画状况等进行了基本的统计与分析。由此可知，此区域内藏传佛教壁画的数量占绝大多数，这对研究藏传佛教艺术发展变迁具有不可小觑的作用；此外，在此区域中发现了一定数量的石窟壁画，且基本可对壁画内容大致辨识。在调研中还发现，部分壁画明显吸收了来自其他地区的技法或风格，真实再现了青海当地各族人民普遍的审美情趣和民俗心理，这在很大程度上丰富了青海传统壁画的内容，也标志着青海早期藏传佛教壁画在此区域逐渐走向成熟。

第四节　柴达木文化区典型传统壁画遗存现状

柴达木盆地是中国三大内陆盆地之一，是一个封闭的巨大山间断陷盆地。该盆地西北部与阿尔泰山脉接壤，西南部毗邻昆仑山脉，东北部则以祁连山脉为界，此区域地势较高，资源较为丰富，因此，被誉为"聚宝盆"。

此地承载着丰富的历史文化遗产，其中包括吐谷浑文化、吐蕃文化、蒙古族文化、藏族文化及汉文化。在此区域内有各类宗教文化场所，其间存有内容丰富的壁画，尤其是墓室壁画的出现，是青藏高原首次出土的吐蕃时期壁画，其绘画技艺深受唐代风格熏陶，图像内容彰显了高原游牧民族的独特风貌，是集史料与艺术价值于一身的瑰宝。

为下一步更加清楚地分析青海传统壁画的艺术特征，现将此区域内遗存的传统壁画状况从其所在位置、绘制时间等方面进行大致梳理，具体见下表［表2-4］：

表2-4 柴达木文化区典型寺观壁画遗存一览表

序号	壁画出处	绘制时间	类型	位置
01	泉沟墓地	吐蕃	墓室壁画	乌兰县
02	香日德寺	清代	藏传佛教	都兰县
03	鲁仓寺	清代	藏传佛教	贵南县
04	都兰寺	宋代	藏传佛教	乌兰县
05	贾贡寺	元代	藏传佛教	班玛县
06	北柯柯寺	20世纪50年代	藏传佛教	都兰县
07	茶卡寺	清代	藏传佛教	都兰县
08	阿汉达勒寺	清代	藏传佛教	天峻县
09	扎查寺	待考证	藏传佛教	天峻县
10	巴隆寺	20世纪30年代	藏传佛教	都兰县
11	扎查寺	清代	藏传佛教	天峻县
12	曲布藏寺	清代	藏传佛教	贵南县
13	塔秀寺	清代	藏传佛教	贵南县
14	查那寺	待考证	藏传佛教	贵南县

通过文献资料的查阅，并结合实地田野调查，对此区域内各类壁画进行统计、分析，可见此区域内相比其他几个文化区，壁画数量明显较少，并且与前几个文化区一样，此文化区藏传佛教壁画的数量依旧较多，占此区域壁画总数的47%；民间信仰、道教、汉传佛教和伊斯兰教类型的壁画，在此区域分布较为平均，分别占比为13%、11%、16%、13%。以下将选择本区域内典型壁画进行梳理：

一、泉沟墓地壁画

泉沟墓地，位于海西蒙古族藏族自治州乌兰县。在2018年至2019年的发掘中，首次在青藏高原发现了吐蕃时期的墓室壁画［图2-46］和独特的彩绘棺版画；此外，墓葬内密封暗格的发现，在青藏地区考古史上尚属首例。

图2-46　泉沟墓地壁画"乐舞图"局部

泉沟一号墓为长方形多室墓，包含前室、后室和两个侧室。前室为砖制，后室和侧室则为柏木结构。墓室内有少量壁画，描绘了武士牵马、宴饮舞乐和狩猎放牧等场景。墓顶绘有珍禽异兽、祥龙飞鹤和日月星辰。前后墓室均有一根八棱彩绘莲花纹立柱；后室内出现漆绘棺版画，表面以黑漆为底，绘有骑马人物、兽面、飞鸟和花卉等图案。墓室中整体的绘画技法明显借鉴了浓郁的大唐风格，在题材上客观反映了当地游牧民族民俗的相关内容，因此，具有极高的史料和艺术价值。

二、香日德寺

位于海西蒙古族藏族自治州都兰县的香日德寺，蒙古语称为"代德可克希日格"（意为"香加上草滩"）。据相关文献记载，此寺由东增堪布于1780年主持修建。20世纪初，其建筑群遭遇洪水侵袭，受损严重。为恢复这一重要文化遗产，1924年，政府在原址进行了重建。

目前，整体建筑群呈"回"字形，由外向内依次为僧舍、斋房及正中央的大经堂。大经堂走廊的墙壁上绘有壁画，整体构图分为上、中、下三层［图2-47］，各层又有佛像一字排开，形成了庄严的气氛；每层所绘佛像的大小、比例几乎相同，姿势程式化，皆呈结跏趺坐，唯各自手势略有不同，每尊造像面部传神。该寺在青海、西藏等地享有盛誉，对于促进民族团结、维护社会稳定以及推动藏传佛教艺术文化发展等方面具有积极的影响。

三、都兰寺

都兰寺［图2-48］，又称"都兰寺噶丹桑阿亚佩林"，意为"具喜密宗增长洲"，始建于1264年，距今已有700多年历史，在蒙藏地区享有盛名。1736—1738年间，寺内修建了四合院王府，俗称"供老爷庙"，1786年增设了时轮经院，从此其规模逐渐扩大。在1851年和1896年，此寺两次遭受严重破坏，除大经堂外，大部分建筑和珍贵文物、历史书籍被毁。1917年，八世丹津呼图克图主持修复了其中的建筑。自1955年起，由八世丹津呼图克图主持，进一步扩建了寺庙，建成了拥有30根柱子、上下两层的大殿。

都兰寺内目前有文殊菩萨［图2-49］、释迦牟尼和宗喀巴等鎏金铜像1000尊，还有千手千眼观音卷轴画像及大量壁画。壁画整体仍以各种佛像为主，据当地僧人介绍，在壁画绘制中，工匠尽可能保持了该寺原壁画的风貌，画面用色厚重、饱和度高、对比强烈、画工精细。

四、北柯柯寺

北柯柯寺在海西蒙古族藏族自治州乌兰县赛什克乡，初建于清雍正九年（1731年），为满足信教群众的需要，于雍正十一年（1733年）又增建了1座经堂；乾隆三十九年（1774年），寺内僧人对部分建筑进行了修补且新建了1座经堂；咸丰元年（1851年），该寺遭劫掠，为保护寺院财产和僧侣的安全，将军贝勒将寺院剩余财产及僧侣迁徙至曹尔图，自筹资金兴建1

图 2-47　香日德寺
　　　　 壁画局部

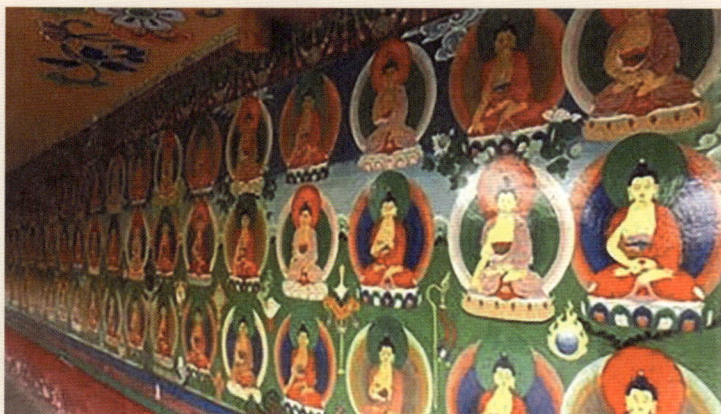

图 2-48　都兰寺建
　　　　 筑外观图

图 2-49　都兰寺鎏
　　　　 金文殊菩
　　　　 萨造像

座12间拥有20根柱子的高大平顶式大殿，供奉主神及部分佛经。民国初年，由于部落纠纷，寺院再次遭到破坏，被迫迁至巴兴图，修建了1座9间拥有16根柱子的普通平顶式小经堂。由于巴兴图地处高寒地区，交通不便，加之寺僧管理不善等原因，20世纪50年代，该寺又迁到今赛什克乡卜浪沟附近，几经搬迁周折的北柯柯寺至此终于固定下来。

北柯柯寺的主要建筑有大殿、茶房、活佛府邸和僧舍。在大殿内供有释迦师徒塑像，两侧的墙壁绘有释迦牟尼像、宗喀巴大师像以及吉祥天女等壁画。壁画整体显得气派、庄严，尤其在吉祥天女、释迦牟尼等各尊像的宝冠、项圈、手镯及衣服装饰上，采用了沥粉贴金的技法，使壁画整体显得璀璨辉煌，也让整座大殿更显金碧辉煌。

五、茶卡寺

茶卡寺，位于海西蒙古族藏族自治州乌兰县东部。据史料记载，该寺创建于16世纪70年代，建成之初规模较小，仅有平顶式经堂3间。由于规模较小且年久失修，住持决意将寺庙迁移至茶卡镇商店院内，并规划建造了5间新式土木结构平顶经堂。1935年，该寺院迁至泉吉乡，并陆续进行扩建，目前有大悲观音卷轴画像、阎罗王塑像以及几幅壁画，整体画工较为粗糙，设色简单，具有汉藏结合的绘画风格。

六、阿汉达勒寺

阿汉达勒寺，在柴达木盆地的东北部，位于海西蒙古族藏族自治州天峻县县城西南60公里外的天峻山下，坐北朝南，布局错落有致。

此寺建于清嘉庆十七年（1812年），后因社会动乱，多次遭到掠夺。后于光绪三十年（1904年）迁至今海西蒙古族藏族自治州乌兰县的下贡艾日盖，但由于周围环境不太理想，于1920年又搬迁；在20世纪60年代末70年代初，寺院遭到严重破坏，殿堂佛塔等建筑被拆毁，佛像丢失，绘制在墙壁上的几大铺壁画也随之消失。1986年，在中央和当地政府的支持下，重新在原址上修建了大经堂和部分僧舍，现寺内壁画虽具有一定数量，但也均为1980年后所绘。

　　以上所述，便是柴达木文化区内传统壁画的大致状况。通过调研发现，此区域内寺庙里存有壁画，在石窟寺和洞窟内也存有少量壁画，且此区域内出现了吐蕃时期的墓室壁画。

　　从以上梳理可知，河湟文化区多元文化交汇，儒、释、道、藏及伊斯兰文化并存，传统壁画类型众多。调研发现，青海大多数清真寺分布在循化撒拉族自治县、化隆回族自治县等，且多存有明显的伊斯兰艺术风格的壁画。通过对青海环湖地区宗教场所的历史背景、壁画遗存、结构布局等分析发现，藏传佛教文化曾对这一地区传统壁画的发展有着重要影响。三江源文化区虽有一些宗教场所，但该地区传统壁画数量较少，柴达木文化区的传统壁画数量更是有限。

第三章

采撷宝象

——青海传统壁画构成元素探析

　　不论是从美术学还是从设计学的角度来看，构成是以基础造型活动为内容，在对作品进行创造性的组合之后体现其创造性的一种行为[1]。因此，一件作品的构成元素是立足于基础造型而展开，作品本身的形式和标准，将与基本的画面构成结合，才能创造出新的形态。

　　在一幅壁画作品中，构成是最本质的元素，而壁画的内容、题材、造型、构图、色彩及装饰等是构成元素的重要组成部分。在青海传统的壁画中，构成元素呈现出与其他地区不同的特色，具有独特的生态美学价值和较高的艺术文化气质。本章将从题材内容、装饰元素、装饰特点等方面分析，尽可能凝练青海传统壁画的整体艺术特点。

第一节　青海传统壁画的题材内容

　　壁画题材是作者在生活和创作过程中，对素材进行选择、提炼、加工和改造，在壁画内容中具体描绘并体现一定主题思想的生活现象[2]。我国传统壁画从宏观上主要分为佛教壁画和道教壁画，从题材内容上大致可分

---

[1] 隋凌燕、赵博编著《设计构成基础》，电子工业出版社，2014，第19页。

[2] 《中国大百科全书》总编辑委员会编《中国大百科全书·美术卷》，中国大百科全书出版社，2002，第625页。

为佛传故事画、经变画、尊像画、装饰画、神话题材画、历史人物故事画和水陆画等。

青海传统壁画在发展过程中受到中原汉地的影响，也吸收了尼泊尔、印度等地的思想和风格。因此，来自不同地域的题材内容，对本地区的壁画发展有着积极的促进作用，本土的藏传佛教艺术更是丰富了传统壁画的基本构成，不少画师在保持前人遗留的粉本的基础上，逐渐对题材内容加以拓展。因此，相较其他地区的壁画而言，青海传统壁画的题材内容则更为广泛。根据其题材内容从宏观层面可分为藏传佛寺壁画、汉化佛寺壁画、道教寺观壁画以及伊斯兰壁画等。从每种类型中的具体呈现而言大致有以下分类：

一是历史事件画、神话传说画。这类壁画以典型的人物和历史故事等为主，主要表现古代圣贤、忠臣、勇士和烈女等内容，反映着青海历史社会中人们的伦理观念和普遍的精神追求。

二是佛教史迹画、经变画、尊神像画。此类壁画用特定的形象表现信仰文化思想，主要包括各种佛造像、菩萨、天王、龙王、飞天、迦楼罗（金翅鸟王）、紧那罗（乐天）等，具有潜移默化的引导教育功能。

三是世俗风情画。此类壁画主要以青海地区人们的生产劳动、家居娱乐、风土人情等内容为主，客观反映了当时社会的各种状态等，对研究青海地区各时代的社会面貌具有重要价值。

四是装饰图案画。青海的清真寺壁画题材内容与其他地区清真寺内的壁画题材内容有所不同，常见丰富多彩的变形植物、几何纹饰与阿拉伯文字等组合表现，其组合构成随时代和创作场所而变，蕴含深奥的哲理性与丰富的想象力。

一、气度壮阔的历史人文

在历史长河中，绘画艺术以丰富的表现语言呈现于不同时代的壁画之中。观察这些传统壁画会发现，多数壁画并不是单纯的审美兴趣的表达，也不仅仅是为了装饰建筑或情感宣泄，而更注重对历史人文的追溯，以及在特定时期和环境中人们对思想情怀的描述[1]。

据文献记载，早在春秋战国时期，历史人物故事图像就已出现在建筑上，在《孔子家语》中就有孔子参观明堂时，看到尧、舜、周公等多位古圣先贤图像时的相关记载；《楚辞章句》中也描述了屈原在被放逐中，于楚国先王的宗庙和楚国公卿的祠堂中见到了绘有天地山川和古圣先贤的壁画。这些说明，早在春秋战国时期就已有将古代圣贤绘于宗庙祠堂等地上建筑的现象[2]。

用壁画创作的手段，传播和弘扬历史文化及人文事件不失为传承中华优秀传统文化的最好手段之一。在青海传统壁画众多的题材内容中，以历史人文事件为蓝本，进行创作的壁画是较为普遍的，对此类壁画的考察、梳理，大致呈现以下几种状况：

（一）历史事件的再现

从人类诞生之日起，就以不同的方式记录着自己的活动痕迹。文字记载了人类文明的发展历史，而绘画则以瞬间的图像记录了历史变迁。青海自古就是一个多民族聚居地区，此地发生过许多重大的历史事件；各种文化思想在此地传播的过程中，也出现了一些著名的人物和事件。因此，对于历史事件的描绘，自然成为青海传统壁画中重要的内容之一。这些壁画客观记录并再现了当时的人物或场景等，不仅具有一定的艺术价值，也具有佐证历史的重要价值。

在青海传统壁画中的此类题材的表现，主要内容为人物、风景、动物、建筑及一些工具等，根据具体事件不同，其内容表现的侧重点也不同，但都是通过一定的人物动态、人物与环境间的关系，展示着一个具有共识性的主题。想要真正地在历史人文事件中完成对事件的叙述及对事件的展示，就要求绘画者对肖像画、山水画、花鸟画等具有较强的驾驭和把控能力，

---

[1]　张炜：《文以画而推陈，画因文而出新——试述传统壁画的历史人文价值和时代意义》，《青年文学家》2009年第13期，第87页。

[2]　胡世成：《汉壁画墓中的历史人物故事图像研究》，《东方收藏》2022年第8期，第108-110页。

需在各自擅长的层面融合事件或故事内容，在画面上呈现出其中的核心，从画面整体层面让观者一目了然。

历史事件题材的壁画虽以人物为主，但还会涉及服饰、环境等，因此，环境的营造在这些壁画中也是不可忽视的，只有在细节和背景的描绘上加以推敲，才能够构成一个较为完整的历史场景。在青海，此类壁画主要集中在佛寺、道观以及民间村庙中，且大多画幅较为宏大，常见的有《文成公主进藏图》《大禹治水图》《舜耕历山图》［图3-1］等，均从不同的视角对历史事件进行了再现，这种形式与现代的漫画或宣传画的表现方式有些相近，描绘叙事性情节是这些壁画的核心。

图3-1　贵德玉皇阁壁画《舜耕历山图》

除了历史故事，还有一些来自神话传说的传统壁画，这些壁画主要以描绘各种传说中的内容为主，其中西王母便是最常见的形象，还有常伴其左右出现的蟾蜍、玉兔，以及被誉为"四灵"的青龙、白虎、朱雀和玄武等瑞兽。这种神话题材内容在壁画中的出现，不仅客观地记录了青海民间艺术文化的发展历程，也成为今天考古学等相关学科的宝贵研究资料。

（二）历史人物的重现

历史人物图像最早出现于先秦时期，汉代的历史人物故事图像早先见于庙墙之上，以求对世人起到警示作用[1]。青海传统壁画中的历史人物，主要是各时代、各地区为汉藏文化发展曾做出过巨大贡献的高僧、大德及译师等。在吾屯下寺就有壁画《蒙古王图》《松赞干布图》《赤松德赞图》《赤热巴津图》《第二十五代法胤图》等，均以历史上真实存在的人物为原型而创作。这些重要的历史人物在壁画中的出现，从另一个层面补充了青海历史人物图像志的空白。

藏传佛教格鲁派创始人宗喀巴大师的形象，多次出现在青海省境内塔尔寺、年都乎寺等格鲁派寺院的壁画上〔图3-2〕。这不仅因为大师享有"第二佛陀"的美誉，而且因为大师的故乡就在青海，通过这些壁画也足以证明青海广大群众对大师的怀念和敬仰之情。

莲花生大师，曾应吐蕃赤松德赞之邀入藏，对俗称"红教"的宁玛派

图3-2　年都乎寺壁画中的宗喀巴大师

[1] 王艳：《魏晋南北朝墓葬中历史人物故事图像研究》，硕士学位论文，西北师范大学，2020，第3页。

的形成与发展具有重要影响，因此，也受到藏族民众的广泛推崇。在青海地区的传统壁画中常见到莲花生大师的画像，其中最具代表性的是喇日寺壁画中的莲花生大师像［图3-3］。此壁画中莲花生大师身穿红蓝相接斜袍，以菩萨姿势坐于莲花宝座上，大耳垂肩，戴金色环状耳环，头部圆润，面露慈祥；右手结期克印持金刚杵，左手端着骷髅碗，其身后有绿色头

图3-3　喇日寺壁画中的莲花生大师

光和蓝金相接的背光，画面生动地再现了大师的形象。

　　而在果洛藏族自治州白玉寺中的《莲花生本生传》壁画，则用20幅组图描绘了莲花生大师的一生事迹，画师在主尊的背景部分，忠实地描绘了当时与大师相关的一些现实场景。这在记录了历史的同时，也为后人的多项研究提供了宝贵的资料。

　　除以上列举之外，青海传统壁画中常见的历史人物还有阿尼夏琼、罗睺罗尊者、苏频陀尊者、迦里迦尊者、罗桑·确吉坚赞、关公及各种祖先像等。这些人物形象，有的是画师根据人物原型而绘制的，有的则是画家通过口传或文学作品中的描述创作形成。它们的存在无疑为我们提供了先贤们具体形象的直观参照，也正是因为有了这类题材的壁画存在，可以让今天的人们有机会一睹这些历史人物的风采，为今天学界人物志和图像志的研究提供了巨大支持。

二、迷离奇幻的神话传说

　　中国的神话文化源远流长，绘画是这些神话故事传播过程中最主要的

形式之一。历史上各个朝代出现了许多关于神话传说的美术作品，它们客观记录了神话的由来、发展及思想等。从这些作品中，可以清晰地感受到神话故事的具体内容及传统绘画思想的变化。

自佛教文化传入中国后，加之本土信仰文化的发展，使得古代神话在青海传统壁画中的表现多样。这类题材内容主要以反映阴阳冥界、格萨尔王事迹、西王母传说等为主，这些壁画的出现，不仅丰富了神话传说的再现形式，也丰富了传统壁画的题材内容。

（一）阴阳冥界题材

阴阳冥界题材的壁画主要集中在青海的各个城隍庙和村庙中，其中以湟源城隍庙的壁画最为典型，且保存较为完整。此处壁画主要分布在正殿和东、西配殿中，其中殿门设两道，第一道门后的两面山墙绘有《十二曹官画像图》，画中人物各持文簿卷轴，上书倒顺有序的劝善经文。配殿两面山墙上半部绘有《冥司审判图》［图3-4］，下半部绘有常见的《十八层地狱图》中的"目连救母""过奈何桥""上刀山、下火海"等故事。中院两侧为十王

图3-4 湟源城隍庙壁画中的阴阳冥界

115

殿，内供奉十殿阎王，每间后壁绘阎君一尊，下部画十八层地狱情节。壁画整体笔墨流畅，人物形象表现具有一定程式化，细节刻画到位，尤其是对人物五官、手、服饰等刻画严谨流畅。壁画完全表现道教的地狱、因果报应等，是传统道教文化在此地区发展的历史产物。这在历史发展中对除恶扬善、净化人心、树立良好的人文道德和地方民俗风气具有重要的作用。

（二）格萨尔王事迹

格萨尔王被藏族人民奉为重要的精神领袖，他的诸多光辉事迹在藏区广泛流传。因此，他的形象也常出现在青海传统壁画中。据了解，在青海地区，其形象最早在塔尔寺出现，随后青海其他寺庙纷纷仿效，逐渐出现与格萨尔王事迹相关的壁画。

在塔尔寺中，格萨尔王形象的壁画［图3-5］出现在大金瓦殿，整体背景呈深蓝色，祥云满布，格萨尔王盘坐在宝座上，基本居于画面中央，其神情自然，脸型丰满，扬眉瞪目，留山羊胡须，与传统国画中的文人形象有几分类似，但其整体又呈武将像，显现出一种镇压邪恶之势的力量感；其服饰方面，内穿绿色衬衣，外穿红地金色叶子法衣，披浅金色叶子纹披风，胸前配有圆光镜和金刚杵；

图3-5　塔尔寺壁画中的格萨尔王形象

右手持珍宝，左手自然下垂；前方供有在木质聚宝盆中的火焰宝，聚宝盆右下角供有海螺，壁画下方有藏文的"格萨尔王"题记[1]。除此之外，在

---

[1] 丹珠昂奔：《藏族英雄史诗〈格萨尔王传〉的形式基础》，《中国藏学》2023年第5期，第133–142页。

玉树藏族自治州囊谦地区，关于格萨尔王的故事更是广为流传，此地各宗教场所中随处可见以格萨尔王及十三位大将为主要内容的壁画。

青海传统壁画中还有西王母传说等神话故事经常出现，画师将这些故事在壁画中以"讲故事"的形式表现，极大促进了这些神话故事在青海地区的流传。在调研中还发现，在同一幅壁画、同一个时空中常常出现多个故事情节相互连贯表现的情况，如连环画般具有较强的叙事性，更易于普通人了解故事内容。

三、壮美意境的佛教故事

随着佛教传入青海境内，佛教题材的壁画随之出现于各宗教活动场所的壁面之上。在此类壁画中，有关佛陀的内容则是最为重要、数量也是最多的，大致以经变故事、佛经故事、佛本生故事、因缘故事为主。画师们借这些壁画内容宣扬佛教经典，倡导众人弃恶扬善，将这些故事融汇于自然景物之中，衬以亭台楼阁、蓝天白云、奇花异草和珍禽走兽，富有极强的生活气息[1]。在青海传统壁画中，佛教故事大致有以下几种：

（一）本生故事

常以释迦牟尼累世修行的事迹为题材，侧面反映了普通人的思想、愿望和追求。在青海传统壁画中，本生故事主要以表现释迦牟尼修道成佛前的经历为主，主要宣扬灵魂不灭、因果报应、轮回转世的思想。在瞿昙寺内的壁画中便绘有释迦牟尼从降生到圆寂的图像［图3-6］，其内容极具代表性，画面中的人物及场景则采用佛教故事壁画中常见的程式化构图，虽为藏传佛教壁画，但此处背景处理与其他不同，背景中飘若似仙的白云与绚丽的山色明显与中原地区常见的壁画背景相似，增添了画面的意境与神秘色彩。

（二）佛传故事

主要是讲述和颂扬佛祖释迦牟尼一生的事迹，其情节内容主要来源于杂藏、律藏和经藏等佛教文献对佛传故事的描述。青海地区此类壁画的描

---

[1] 赵莹：《敦煌艺术美学——敦煌壁画之佛教本生故事画》，《现代装饰》2014年第10期，第189页。

图3-6 瞿昙寺壁画中的《九龙沐浴图》局部

绘大多采用连环画形式，画面布局经过画师精心安排，常用树木、房屋、榜题、云气将释迦成道、说法等事迹串联在一起。虽是佛教题材壁画，由于画师在画面中融入了世俗生活的房屋、楼阁、桥梁、室内摆设等内容，且人物形象和服饰等也多以当时社会的现实为依据而创作，是当时社会状况的真实写照，也为壁画增添了现实主义气息。

(三)因缘故事

《五分律》中说"诸法因缘生，佛陀说法因缘"，因而，因缘故事也是讲述因果报应之理。青海传统壁画中的因缘故事大多描绘信徒对佛因施供养、布施而得到的诸多善报，以劝诫人们行善积德。

青海传统壁画中的佛教故事壁画，除了上述描绘佛陀生平事迹的内容外，还有一些描绘经典和佛教寓言的内容，这些壁画被视为传播佛教文化与思想的重要载体，除了具有较高的艺术价值外，还具有对人们的道德、伦理和价值观等潜移默化的教育作用。

四、质朴纯真的民风风俗

壁画的题材内容从早期单纯的人物、山水和花鸟图像，逐渐扩展到反映各时代社会生产、城市发展、民风民俗等，为今天了解和研究各地区、各时代的社会现象提供了诸多参考。在青海传统壁画中，除了上述已分析的题材内容之外，还有很大一部分表现当地各民族民俗民风、生产活动等题材的壁画。

（一）社会活动

此类题材的壁画在青海境内广泛存在，以各个民族或各种文化属性之中的各种仪式活动为主要呈现内容，真实记录了不同时代青海人民狩猎、宴饮、乐舞、仪式等社会活动。在海北藏族自治州刚察县的释藏林卡寺内就有一些以独立单幅形式描绘的藏族节庆场面的壁画［图3-7］，如吾屯上寺板壁上整壁绘制的壁画《吾屯族源图》。

图3-7　释藏林卡寺传统壁画中的藏族节庆活动场面

其中，最具代表性的是乌兰泉沟墓，前室壁画中出现了《乐舞图》和《仪仗图》。此处的《乐舞图》中央舞伎仅残存上半身，右侧残留的乐队坐于矩形毯上奏乐，分别演奏拍板、琵琶等三种乐器[1]。在前室东壁上所绘

---

[1] 朱建军：《唐风蕃韵：乌兰泉沟一号墓前室壁画初探》，《青海民族大学学报》（社会科学版）2022年第1期，第162—178页。

的《仪仗图》[图3-8]，则为两位"面部涂赭"、身佩"虎钤豹韬"之仪卫和"牵一匹枣红骏马空鞍以待宾客"的人物，以及其他三位人物和三匹"空鞍之马"。壁画中的人马明显代表墓主人的送葬仪仗队，表现出在他们的相送下，墓主人由前室自然可进入后室[1]。此外，此处还有《帐居图》出现，但因漫漶严重而无法辨识具体细节。

（二）生产劳作

青海传统壁画中也有一些反映生产劳作场景的作品。此类题材的壁画大多画面简洁、主题突出，画面的构图、人物的造型富有运动感，呈现出人们在生产生活中的喜悦情节，映射着人民对美好生活的向往。在贵德玉皇阁内便有一幅表现生产劳作场景的壁画［图3-9］，画面中的人物形象淳朴，每人都手持劳动工具；整体场景分为前、中、后三个部分，尤其背景上描绘了雄伟的高山，暗示着劳动的高尚。观赏这类题材的壁画时，不仅可以感受到当时人们对待生活的态度，还可以通过画面了解当时人们的服饰、建筑及居住的环境等。这些形象、素材在壁画中的呈现，也能为后人研究当时的社会文化、经济生产和民风民俗提供一定参考。

五、形神兼备的尊神画像

在佛教文化、道教文化、民间信仰文化中都有归属于各自体系的尊神，遍布于青海地区的各类祠堂、家庙、寺庙以及道观壁画中。尊神像的不同组合出现，也是今天研究传统壁画不可忽视的内容。但由于在青海，各文化体系中出现的尊神像数量众多，并且有如关公等一些尊神并没有严格遵循其文化属性，常被青海地区儒、释、道三家都尊为各自所供奉之神，为此，关公常以不同的形态出现在不同文化属性的壁画之中。因此，在按照文化属性统计分类过程中也具有一定困难，综合各种因素，大致将青海传统壁画中常出现的尊神画像进行统计，如下表所示［表3-1］：

---

[1] 朱建军：《唐风蕃韵：乌兰泉沟一号墓前室壁画初探》，《青海民族大学学报》（社会科学版）2022年第1期，第162-178页。

图3-8　乌兰泉沟一号墓前室壁画中的仪仗图

图3-9　贵德玉皇阁壁画中的生产劳动场面

表3-1　青海传统壁画常出现的尊神画像一览表

佛教	佛像	三世佛、西方三圣、东方三圣、十八佛、五方佛、三十五佛、释迦牟尼、阿弥陀佛、大日如来等
	菩萨	观音、地藏、文殊、普贤、大势至、虚空藏、弥勒、准提、日光、月光等
	护法	四大天王(增长、持国、多闻、广目)、韦驮、大梵天、大鹏金翅鸟、护密天目、吉祥天母、金刚善、喇呼拉等
	罗汉	坐鹿罗汉、欢喜罗汉、举钵罗汉、静坐罗汉、过江罗汉、骑象罗汉、笑狮罗汉、开心罗汉、探手罗汉、沉思罗汉、挖耳罗汉、布袋罗汉、芭蕉罗汉、长眉罗汉、降龙罗汉、伏虎罗汉等,常以十八罗汉、五百罗汉、八百罗汉的组合出现
民间信仰	神	土地公、灶神爷、山神、龙王、钟馗、九天玄女、文昌帝君、十殿阎罗、五路财神(黄、红、白、黑、绿)、武财神关公、文财神比干、财帛星君、福禄寿三星等
	圣贤	黄帝、伏羲、女娲、神农、轩辕、大禹、孔子等
	鬼	无常鬼、水鬼、僵尸、吊死鬼、勾魂鬼、煞神、冤魂等
道教	三清五老	玉清元始天尊、上清灵宝天尊、太清道德天尊、青灵始老苍帝君、丹灵真老赤帝君、元灵元老黄帝君、皓灵皇老白帝君、五灵玄老黑帝君
	天帝	玉皇大帝、紫微大帝、天皇大帝、长生大帝、青华大帝
	三官	天官、地官、水官
	十方天尊	东方玉宝皇上天尊、南方玄真万福天尊、西方太妙至极天尊、北方玄上玉宸天尊、东北方度仙上圣天尊、东南方好生度命天尊、西南方太灵虚皇天尊、西北方无量太华天尊、上方玉虚明皇天尊、下方真皇洞神天尊

　　此处仅选择几类在青海传统壁画中最常出现且具有一定代表性的尊神画像进行大致分析:

（一）佛、菩萨

青海传统壁画中的佛像和菩萨造型基本有两种形式：一是严格依照造像量度规则绘制；二是沿袭前朝遗留的各种粉本底稿进行绘制。

由于佛像的身份较为特殊，在壁画中，其造型基本无太大差异，唯其颜色、装饰等方面具有较大区别，由于各处所出现的具体的佛的不同，或由于其所属文化属性不同，在相同中又存在一定差异。纵观整体壁画中的佛造像，大部分均盘坐于宝座之上，形体呈正三角形结构。其面部圆润，额头饱满，耳厚垂肩，面容慈祥，身着袈裟，但各自手印具有明显差异[图3-10]。在壁画中，菩萨有一面多臂式，也有一面双臂式，且常以女性形象出现，并戴有宝冠、耳环、项链、手镯等饰品，但各处的菩萨装束具有明显差异；手臂姿态各异，有的自然下垂放于腿上，有的手持法器置于胸前。除此之外，佛像与菩萨的头光与背光多呈圆形或椭圆形两种形式，绘制手法较其他造像细腻，色彩饱满，无不体现佛与菩萨的庄严神秘。

（二）上师像

上师像一般是为了纪念具有突出成就和贡献的高僧大德而绘制，通常需根据上师本人的容貌、身材绘制，其造型与表现更接近于常人，因此，上师像的绘制并没有如佛像绘制那样局限。在青海各藏传佛教寺庙，绘制上师像的现象尤为普遍[图3-11]，不同场景中的上师像姿态、服饰等常出现雷同，具有一定的程式化，大部分结跏趺坐姿，动态变化较小，色彩也不及其他造像艳丽。因此，壁画中上师的身份通常需要结合其所属的派别、着装、法器及周边组合和铭文等方面综合辨识。

（三）护法神

青海传统壁画中常见的护法神构成较为多元，有来源于印度佛教、蒙古神话传说的，有一些来自汉地民间信仰，还有一些是某教派的专属护法，有些则是某地区或某寺的保护神。常见的护法神，由于其功能、出处不同，其形象也有巨大区别。总体而言，壁画上的护法神大体可分为善相和怒相两类：善相护法多为女性形象，象征和平与宁静，造型相对简单，常为一面二臂的形式；怒相护法造型较复杂[图3-12]，有多面多臂的不同造型，

①拉加寺壁画佛像；②喇日寺壁画菩萨像；③年都乎寺壁画佛像；④法幢寺壁画佛像

图3-10　青海传统壁画中的佛与菩萨造型

①贡萨寺上师形象；②年都乎寺上师形象；③合然寺上师形象；④郭麻日寺上师形象

图3-11　青海传统壁画中的上师像

①贡萨寺金刚像；②拉加寺金刚像；③佑宁寺金刚像；④年都乎寺金刚像

图3-12　青海传统壁画中的金刚力士形象

124

有坐立、飞舞等不同姿势，有红、黄、蓝、白等不同颜色，另外还有手印、执物、衣饰等复杂变化[1]。为了凸显形象特征，画师常会绘制夸张的表情，在其背景或者形象周围常以火焰纹为衬托，以增加画面的形象感，其手中经常持有不同的法器，增加了画面整体的神秘性[2]。

（四）鬼怪

鬼怪多在民间故事和神话中出现，是具有超自然力量、形态奇异的臆想的形象。鬼怪的形象在青海各个类型的传统壁画中均有频繁出现［图3-13］，但鲜见独立现身的场面，它们往往以故事情节为依据，作为众神的随从出现。画师们在绘制中巧妙地运用各异的形态展现它们的内在特点，有的跪伏在地，有的抱头痛哭，有的深陷悔过之中，有的身着华服，有的则裸身无衣。整体表情呈狰狞恐怖状，设色无论是明度、纯度，还是对比度均不及佛、菩萨像，既展现出其原始的粗犷特性，又衬托了与之相伴出现的形象的庄严感。

图3-13　青海传统壁画中的鬼怪形象

---

[1] 陈阿曼：《云冈石窟窟顶护法神祇图像研究》，硕士学位论文，东南大学，2020，第27页。

[2] 韩成惠：《佛教造像艺术研究》，硕士学位论文，鲁迅美术学院，2021，第35页。

六、华美精致的装饰图案画

装饰图案画是指将某种物象，按照形式美的规律进行具象、抽象，或对称，或均衡，或单立的表现，使之具有一定秩序感的形式出现；其具有一定文化内涵，常有含蓄、谐音、假托和转喻等文化寓意。青海地区各族人民的交往、交融及其文化信仰，深深影响着本地区传统壁画中装饰图案画的形成，具有极强的地域特色，反映着当时人们的思想、意志和情趣等。总结各处壁画中的图案画，大致有以下几类：

（一）植物装饰图案画

植物装饰图案画以植物为主题，暗含人们当时贴近自然、体悟自然之美的思想认知，象征着人们认为天人合一的和谐心态[1]。在青海传统壁画中，植物装饰图案画常分布于各建筑的侧壁及墙围中，多为圆形或椭圆形，整体呈轴对称结构出现［图3-14］。常在外部结构中绘相对抽象的组合图案，中间绘具有一定写实性的莲花、牡丹等各种花卉，四周饰卷草纹；有时卷草纹、花朵也会均匀分布在外部结构之外。整体图案画具有疏密有致、密而不乱的特点，具有增加壁画庄严、繁华的作用，常见的有忍冬纹、菊花纹、梅花纹、宝相花、莲花纹等。

（二）动物装饰图案画

在历史发展过程中，中华民族根据动物性格特征将各种寓意赋予其身，称某些动物为"瑞兽"或"神兽"。在青海地区，动物图案画通常将动物原型经过夸张、变形等艺术处理，并在其周围搭配固定的装饰纹样，常以板壁、壁画的形式表现，此类图案画在青海各地传统壁画中频繁出现。如湟源城隍庙殿内顶部绘有以狮子、大象、龙、凤等动物为主的图案画［图3-15］，且每个动物图案均以单幅独立形式出现。青海传统壁画中的动物画，整体都是在经过了艺术化处理的基础上，呈现出构图饱满、造型稚拙的特点，设色参照动物又不拘泥于动物原有的颜色，并在其周围搭配不同色彩

---

[1] 沈缙琦：《植物的图腾意象在设计装饰中的运用研究》，硕士学位论文，西南交通大学，2014，第27页。

的纹饰组合，使得画面具有一定的空间感和装饰性。

（三）文字装饰图案画

在青海传统壁画中，文字装饰图案画几乎遍布各处，基本是从经典或传统文学中提炼而来，蕴含着诸多深邃而复杂的含义，使文字图案简洁而美观，有着一定的象征意义和广义的宣传形式。其中最典型的则是清真寺中的文字装饰画，画师们将阿拉伯文字或汉字中常见的"福""禄""寿""喜"等字，以变形、组合等形式出现，展现出特有的吉祥寓意，同时成为广大穆斯林群众与汉族群众之间沟通的桥梁。如科哇清真寺内侧壁的"福""寿"二字［图3-16］，文字的形态呈曲线式，韵律感十足，不仅具有较强

图3-14 青海传统壁画中的植物装饰图案画

图3-15 青海传统壁画中的动物装饰图案画

图3-16 青海传统壁画中的
文字装饰图案画

的装饰效果，又符合伊斯兰艺术的审美风格。

除了上述常见的文字装饰图案画之外，还有含义深奥、形式复杂的藏文图案画，如"六字箴言""长寿佛心咒"等。

七、其他题材内容

青海传统壁画中，除了上述比较典型的题材内容之外，还有古拙大气的山石出现［图3-17］，其中部分山石继承了汉地的画法，利用皴法来表现强烈的体积感与空间感，以拉深画面的层次感；还有一部分山石是以粗墨线描绘出轮廓，再以平涂的方式赋色，这类山石经常出现在青海地区的道教壁画中，增加了壁画整体雄浑、质朴的韵味。

通常在提到壁画内容的时候，会忽视树在画面中的作用，在青海传统壁画中，树也是重要的内容之一，并且有点叶法、夹叶法等多种表现方法。在一些特定的壁画中，树还带有一定的特殊寓意，是某一地方的神灵载体，成为以山神信仰为中心的自然崇拜中的构成部分。

在藏传佛教文化中，山林中的种种神迹又与"森林修行者"（以84位大成就者为中心）集合在一起，成为佛教冥想与修行的圆满空间；树木可以被用来比喻佛与菩萨的身体，柔美的树木是女性神灵的象征，而挺拔苍青的树木则是上师的缩影。因此，各种类型的树木在青海传统壁画中出现，呈现各种不同的形式［图3-18］。有些树与特定的文化信仰息息相关，代表着某种精神的存在；有些则是为了更加恰如其分地渲染山林环境，作为配景出现[1]。

在青海传统壁画中，还有许多表现楼台亭阁等建筑的内容［图3-19］，生动地衬托着画面的祥瑞意境。整体看，壁画中的建筑有的精巧华丽、金碧辉煌，富有皇家气派；有的勾线均匀规整，设色为平涂，遵循透视法则，稳重大气，使壁画整体呈现出一种传统山水画的意象特征。最为常见的便是在叙事性壁画中，建筑在画面中起到了很好的连接或分割的作用。在这

---

[1] 刘芊：《古龟兹国石窟壁画树木图像地域艺术特色的形成与发展》，《艺术探索》2020年第2期，第61-78页。

①贵德玉皇阁壁画中的山;②刚察木寺壁画中的山;③释藏林卡寺壁画中的山;④张尕清真寺壁画中的山;
⑤贵德玉皇阁壁画中的石;⑥湟源东科寺壁画中的石;⑦德令哈阿力腾寺院壁画中的石;⑧瞿昙寺壁画中的石

3-17 青海传统壁画中的山石

①年都乎寺壁画中的树;②瞿昙寺壁画中的树;③释藏林卡寺壁画中的树;④贵德玉皇阁壁画中的树

3-18 青海传统壁画中的树

①湟源东科寺壁画中的建筑;②张尕清真寺壁画中的建筑;③贵德玉皇阁壁画中的建筑;④瞿昙寺壁画中
的建筑。

3-19 青海传统壁画中的建筑

些壁画中，不同朝代绘制的建筑各有时代特色，也为今天地方建筑史研究等提供了丰富的资料。

通过分类梳理可以发现，在青海传统壁画中，尊神佛像题材内容的壁画是数量最多的一类，然后是反映当地民族民俗题材内容的壁画，再就是装饰图案一类的壁画，反映历史题材的壁画数量最少。作为壁画首要功能的文化思想功能，在这些壁画题材内容绘制过程中得到了充分发挥，风俗、装饰题材的壁画以表达现实生活和寄托人们美好向往为主，历史题材的壁画则以记录一些重大的历史事件为主；而在文化思想功能之外，壁画的装饰功能最为明显。不同的题材在完成教育、文化思想承载的任务后，其装饰功能被画师进行了刻意的延伸，为青海传统壁画艺术增添了更多风采。

第二节　青海传统壁画的装饰纹样

中华传统装饰纹样是中华文明孕育下产生的独特瑰宝，其中蕴含着深刻的文化内涵和历史意义。在青海传统壁画中，传统装饰纹样是画面与装饰的最重要元素，这些纹样不仅丰富了壁画的内容，而且具有独特的艺术价值。

依照纹样各自的属性特点，对青海传统壁画中出现的纹样大致分类，基本可以将其分为植物、几何、动物等纹样；根据纹样的构成形式，可将其分为二方连续纹样、适合纹样、单独纹样等。这些纹样不仅仅表达了社会普遍的审美观，也承载着人民群众对美好生活的向往与憧憬。

一、和而不同的动物纹样

《史记》中载"神灵之休，佑福兆祥"[1]，这充分说明了我国传统文化

---

[1]　司马迁：《史记》，中华书局，2016，第164页。

中"万物有灵"的观念。动物纹样便是在这种思想引导之下，结合现实生活和传统文学所产生的一种具有象征意义的纹样。青海地区的动物纹饰出现的历史较早，新石器时代的陶器上就出现了大量的动物图案，其中包括鱼纹、鹿纹、狗纹等，多数较为抽象[1]。然而，青海传统壁画中常出现的动物纹饰有龙、凤、麒麟、狮子等，基本以写实和抽象的两种形态表现。果洛白玉寺的壁画《莲花生本生传》，其中有一幅画面中间为手持法器端坐于莲花宝座之上的莲花生大师，身前有一圆形小岛，岛四周为湖泊，湖内鱼鸭戏游，空中仙鹤飞翔，湖周围大象、老虎、狮子、鹿、兔、熊等各种动物自由分布，众多动物在壁画中的出现让整幅壁画内容更加丰富，画面呈现生机盎然的景象，打破了常见的壁画只有上师像的沉闷和呆板，以点窥面，足见动物纹样在壁画中具有的重要作用。以下将对青海传统壁画中主要的动物纹样进行梳理、分析：

（一）独具风姿的马纹

马，自古以来被视为勇气、自信和智慧的象征。在古代，马往往与人同生共死、荣辱与共，被视为有坚强意志并令人精神奋进的动物。在青海传统壁画中，马的形象也是多种多样［图3-20］，常在出行、射猎、丧葬等画面中出现。在壁画中，也常依据壁画内容需求和马所具有的象征意义而呈现出马的走、跑、奔、卧等形态。例如，在瞿昙寺主殿壁画中，马作为宝生佛的坐骑出现，暗含着其忠诚的寓意；再如，塔尔寺就有一幅以独立形式出现的马的壁画，直观展现出原始、质朴的场景氛围。

青海传统壁画中具有一定代表性的马的形象，基本均是以马的原形进行写实模仿或抽象概括的艺术化再现，画师们通过不同场景、不同描绘手法将其呈现在青海的佛教、道教和民间信仰几类传统壁画中。

（二）质朴无华的牛纹

牛，寓意着诚恳真实、朴实善良，是我国古代一种具有图腾象征和神性的动物，也是生产劳动中不可缺少的重要动物之一。然而，在佛教中，

---

[1] 王莹：《瞿昙寺壁画中动物图像研究》，硕士学位论文，西北大学，2018年，第7页。

牛作为高贵的动物，代表着神秘力量的化身和财富。

在青海传统壁画中，牛常作为惩罚恶灵的神兽出现，画师通过精湛的技艺，不仅表现出牛的各种不同特点，在画面中也表达着惩恶扬善的思想。牦牛被誉为"高原之舟"，是高原人民用来拉犁和驮运货物的主要动物，也是当地人们最普遍接触的一种牛，因此，牦牛在壁画中［图3-21］出现的频率相比其他品种的牛更高。在藏传佛教壁画中，画师多绘黑色或深棕色的牛，这明显是画师对青海常见的牦牛的真实再现；还有部分壁画，牛的形象常在生产场景中出现，常见的就有一人引牛耕作或牛身驮重物等画面。这些足见画师对生活有着深刻的体验与观察，也体现了本地多民族和谐共存的历史。

经过对青海传统壁画中牛的形象的统计和分析，发现牛在壁画中较其他动物出现的频率高，在表现形式上主要以中华传统绘画形式和平面化装饰绘画为主。无论是哪种表现手法，整体表现出牛外形的圆润、饱满，甚至有些壁画中牛四肢的肌肉也是隐约可见，充满了力量感。

（三）形意相生的龙纹

自古以来，龙作为中华民族的象征，是权威或势力的代表，通常被认为是代表吉祥的动物。在我国各类艺术品中，龙纹是表现最为广泛的纹样之一，在历朝历代壁画中更是频繁出现。

在青海传统壁画中，龙的图案［图3-22］内容和装饰功能体现着其神奇与无神性的特征。龙常伴祥云等纹样出现，不仅寓意深远，在壁画中还具有极强的装饰作用；而且龙身的扭转、缠绕在壁画构图中也具有积极的辅助作用。在青海传统壁画中常出现的龙，可分为汉式和藏式两种，其中藏式的龙除造型与汉式的龙有差异外，其寓意也不同于汉族文化中代表着权力或是行云布雨的神物，而是寓意跟人的关系更亲密，更平等、和谐与美满等等。

龙在道教中有帮助道士上天入地、沟通鬼神的作用，被认为是"三骄"之一。因此，龙的形象在青海道观壁画中也常有出现，如北山寺、贵德城隍庙等。另外，龙的形象常与虎相伴在山门两侧的墙壁上，且常为壁画的

①郭麻日寺壁画中的马形象；②瞿昙寺壁画中的马形象；③塔尔寺壁画中的马形象；④阿柔大寺壁画中的马形象；⑤拉康哲杰玛壁画中的马形象；⑥湟中博物馆壁画中的马形象；⑦昂拉赛康壁画中的马形象；⑧东科寺壁画中的马形象

3-20 青海传统壁画中的马形象

①昂拉赛康壁画中的牛形象；②合然寺壁画中的牛形象；③城隍庙壁画中的牛形象；④瞿昙寺壁画中的牛形象

3-21 青海传统壁画中的牛形象

①合然寺壁画中的龙形象；②贡萨寺壁画中的龙形象；③城隍庙壁画中的龙形象；④贵德玉皇阁壁画中的龙形象

3-22 青海传统壁画中的龙形象

主体物，壁画场面一般壮阔宏大。

由此可见，由于各文化属性的不同，龙的形象在青海壁画中的呈现也明显不同，画师在绘制时常会根据文化属性和壁画风格来选择适当的表现形式。整体而言，画面中龙的造型不仅相对于其他物象的描绘较为简洁，而且其造型夸张、富有节奏。也正因如此，龙这一古老的装饰纹样在青海传统壁画中呈现出了一些新的面貌，具有巨大的研究价值。

（四）欢逸祥和的狮子纹

狮子在佛教文化中，有着辟邪护法的寓意，又常被喻为智慧和力量的化身，象征着地位、尊严和平安。随着佛教的传播和兴盛，狮子逐渐进入佛教艺术中，随之逐渐出现在各类壁画之中。

青海传统壁画中的狮子纹样［图3-23］常以坐骑或者独立装饰图案两种形式出现，由于所处的背景不同，两种狮子纹的造型发生着较为明显的变化。作为坐骑出现在传统壁画中的狮子，其造型通常比较强壮，有时还会面露獠牙，具有一定的气势，这主要是为了烘托主尊威严的形象，暗示主尊的智慧与威猛等，其背景常是祥云、卷草、花卉等纹饰衬托；而作为装饰图案的狮子，画师常利用夸张、变形等手法，将其描绘为具有极强装饰意味的造型，常用平面化处理，且色彩基本以对比性较强的纯色为主。

青海传统壁画中的狮子形态多样，表现手法不同，在壁画中承载的功能与起到的作用也各不相同。整体来看，狮子纹虽在壁画中不占主体位置，

① 释藏林卡寺壁画中的狮子形象；② 年都乎寺壁画中的狮子形象；③ 城隍庙壁画中的狮子形象；④ 寺壁画中的狮子形象

图3-23 青海传统壁画中的狮子形象

但它作为传统壁画构成的重要动物纹饰之一，在青海地区多数传统壁画中均有出现。

（五）浑厚圆润的大象纹

大象常给人威武雄壮的印象，自古就被认为有灵，被视为瑞兽并一直被人们尊崇。在汉语里，"象"与"祥"字谐音；在佛教中，佛陀又被喻为"象王"。因此，在很多艺术装饰中，大象常作为吉祥的纹样出现，寓意吉祥如意等。

在青海传统壁画中，大象有时以坐骑的形象伴随主尊出现，有时也会在生产劳动场景中出现［图3-24］。在佛寺壁画中所出现的大象，整体比例协调，形体丰满圆润，动作柔和自然，呈现出憨态可掬、诚实忠厚的形象。在当地一些道观壁画中也偶有大象出现，其与佛寺壁画中的形象有所不同，基本是以线描的形式呈现，并很少进行设色，与背景融合在一起，更具古朴、稚拙的感觉。

在青海传统壁画中所出现的大象纹饰，整体造型比较精准，呈现的特征与所处的壁画风格完全协调，大多造型不是完全写实，而是具有一定的意象表现性。

（六）其他动物纹样

除了上述罗列的动物纹样外，还有如摩羯、蝙蝠、孔雀、鹿、骆驼、老虎与燕子等其他动物纹样［图3-25］，在青海传统壁画中也偶尔出现。

①萨寺壁画中的大象形象；②合然寺壁画中的大象形象；③城隍庙壁画中的大象形象；④贵德玉皇阁中的大象形象

图3-24 青海传统壁画中的大象形象

① 瞿昙寺壁画中的凤鸟形象；② 德令哈阿力腾寺壁画中的鹿形象；③ 德令哈阿力腾寺壁画中的狗形
④ 贵德玉皇阁壁画中的燕子形象；⑤ 贵德玉皇阁壁画中的老虎形象；⑥ 年都乎寺壁画中的孔雀形象
瞿昙寺壁画中的骆驼形象；⑧ 年都乎寺壁画中的羊形象

图 3-25　青海传统壁画中其他动物形象

它们常伴随画面内容需求作为点缀而出现，也有的代表某种特殊的寓意单
独出现在壁画中。这些极具创造性的动物纹样，整体形象生动，为壁画增
添了韵律。

在青海传统壁画中，还出现了不同动物局部组合而成的动物纹样，如
在海北藏族自治州刚察县释藏林卡寺中所出现的动物纹样［图 3-26］。根
据该图像可以清楚地看到，左图的动物身为豹，而头部明显较小，且带有
两道毛须，不知是何种动物；右图的动物整体像一头狮子，但是又有鸟的
嘴巴、翅膀以及牛或鹿的角，其具体的名称也无从可知。但这类具有创造
性的“组合型”动物纹样，必定与某种思想或文化有着密切的关联，碍于
笔者学识有限，目前无法解析其缘由。

青海传统壁画中的动物纹样丰富多样，各自在画面中扮演着不同的角
色，也具有各自不同的功能，不仅为壁画的装饰起到了积极作用，而且向
世人传达着本地区特有的思想与艺术特征。经大致统计，这些动物纹样中，
马出现的次数最多，占比为 19%；其次是占比为 17% 左右的龙；牛与狮子
出现的频率差不多，均为 15%；大象出现的频率为 14%；其他动物纹样占
比为 14%；特殊的“组合型”动物纹样仅占 6%。

图3-26   释藏林卡寺壁画中的"组合型"动物

二、绚丽多姿的植物纹样

中华传统纹样中的植物纹样大部分是从现实元素中提取，经过人们主观的艺术处理之后形成，可以说在建筑、壁画和服饰等与生活相关的方方面面均可见到。

在青海传统壁画中，植物纹样的使用异常频繁，常见的有忍冬、莲花、宝相花等各种寓意吉祥的植物纹样。这些植物纹样在壁画中出现，不仅起到装饰和丰富壁画内容的作用，也表现出一定的文化寓意。

（一）莲花纹

在佛教中，莲花常代表"净土"；而在民间，莲花象征"纯洁"，寓意"吉祥"等。莲花不仅是一种高级精神状态的追求，也代表着佛陀帮助众生实现完美愿望。因其高洁的形象与深刻的象征意义，莲花纹样作为一种自然美好的图案自古就被广泛使用。

莲花纹在青海传统壁画中是出现最早且使用最多的植物纹样，遍布此地区各类壁画之中。在各类壁画中，此纹样有众多的表现形式［图3-27］，有类似于国画形式的表现，这类基本上是以单幅形式呈现，常出现在诸佛、菩萨的周围或一些博古图中；而作为装饰图案出现的，则常与一些缠枝纹搭配，通常作为大幅壁画的边饰；还有一种画法特殊的莲花纹样，常在清真寺壁画中出现，这种画法与印度的细密画有些许相似，整体以单色细线勾勒，不施色彩，使得壁画整体呈现出文雅而又质朴的气息。

在青海传统壁画中，莲花纹样的表现形式尤为多样，主要包括节奏鲜明、灵活多变的转枝表现，栩栩如生的国画工笔式描绘，层次丰富而不杂乱的重叠式展现，以及简约而质朴的平面图案化呈现等。这些莲花纹样的出现，不仅丰富了壁画的画面效果，也为壁画增添了深厚的文化内涵。

（二）宝相花纹

宝相花又称"宝仙花""宝花花"，具有吉祥美满的寓意，盛行于隋唐时期，在青海传统壁画中应用较广泛［图3-28］，尤其在藏族壁画中随处可见，常以对称形式出现在主尊两侧。此地壁画中，宝相花的绘制较为讲究，有几分类似工笔重彩画的画法；在对其进行设色时，大部分借鉴了唐代宝相花流行的设色方法——"退晕法"，造型则采用多面对称放射状的样式，呈现出精致、繁复的风格特点。

在青海传统壁画中的宝相花纹，构成形式多采用对称，并多以正面形象出现，其茎和叶的组织比较繁密，用以衬托花朵的形态，更好地丰富了壁画内容与构成。

（三）卷草纹

卷草纹是我国历代艺术作品中极为普遍的一种装饰纹样，其形状多呈"S"形，再饰以花叶，在壁画、器物、染织、建筑等装饰中常以二方连续或四方连续的形式出现。在青海传统壁画装饰中，卷草纹的使用也较为频繁［图3-29］，均以"S"形连续曲线为骨架，重复翻卷连续，整体形似翻滚的浪花。

据统计分析，青海壁画中的卷草纹依据壁画题材的不同，其表现形式也出现差异，大致可分为单支卷草纹和多支卷草纹。单支卷草纹的特点为：枝蔓主干为"S"形状，枝蔓分枝回卷与花叶呈"C"形。多支卷草纹的特点为：主干由多条枝蔓构成，枝蔓常常被茂盛的花叶遮盖，并且多条枝蔓

①孟达清真寺壁画中的莲花纹饰；②拉加寺壁画中的莲花纹饰；③东科寺壁画中的莲花纹饰；④科垂清真寺壁画中的莲花纹饰

图3-27　青海传统壁画中的莲花纹饰

①合然寺壁画中的宝相花纹饰；②贡萨寺壁画中的宝相花纹饰；③拉加寺壁画中的宝相花纹饰；④喇日寺壁画中的宝相花纹饰

图3-28　青海传统壁画中的宝相花纹饰

①东科寺壁画中的卷草纹饰；②兴海文昌庙壁画中的卷草纹饰；③拉加寺壁画中的卷草纹饰；④孟达清真寺壁画中的卷草纹饰

图3-29　青海传统壁画中的卷草纹饰

连接着花叶；两条主干呈对波状，图案整体呈对称形[1]。

在青海传统壁画中，卷草纹饰经常作为画面的补充或连接画面图像的载体出现，有些会出现在壁画下方的墙壁上用以装饰，有些会出现在画面的四角，具有很强的装饰性和功能性特点。

(四)组合纹

组合纹是由不同的纹样组合而成的装饰性图案，这种纹饰在伊斯兰艺术中被广泛应用，纹饰形态种类繁多、变化丰富，在形式上具有抽象、连贯、灵动与密集等特点，既能增加其美观性和艺术价值，也是传播伊斯兰艺术文化的独特符号。

这种组合纹饰在青海清真寺的壁画中［图3-30］较为常见，常由具有象征或寓意性的植物纹样构成，常见的有缠枝葡萄纹、平面化石榴纹，还有各种卷草纹与阿拉伯文字组合成一个多元抽象的图案。这种纹饰具有其特殊的文化意义，同时具有极强的装饰作用，由于其形式和构成以及设色等，往往具有较强的视觉冲击效果。

在青海传统壁画中，组合纹饰的广泛使用，主要呈现以非具体抽象、波纹曲线以及阿拉伯书法作为创作元素而进行再加工的装饰纹样，是遵循伊斯兰审美规则的良好体现，是多元艺术文化在此地结合的具体表现。

① 科哇清真寺壁画中的组合图案纹饰；② 孟达清真寺壁画中的组合图案纹饰

图3-30 青海传统壁画中的组合纹饰

---

[1] 王磊：《探究敦煌唐代壁画中的卷草纹饰》，《现代装饰》2014年第8期，第120页。

壁画中的植物纹样源于自然，其内容丰富、造型多样，不仅具有较强的艺术效果，而且富有精神内涵。据统计，青海传统壁画中，宝相花出现频率最多，约占整体植物纹样的34%；莲花纹次之，占比为27%；卷草纹再次之，约占22%；出现频率最少的是组合纹饰，仅为17%。

三、灵动多变的几何纹样

几何纹是由基本的几何形状经过重复、旋转、缩放或组合而形成的纹样。在青海传统壁画中，几何纹饰随处可见，常出现于壁画的局部，具有分割和连接画面的作用。通过对青海各类壁画中的几何纹样分析发现，壁画中几何纹样多以菱形纹、回纹、"卍"字纹、圆形纹等纹饰为主。

（一）菱形纹

"菱形纹是由带有夹角的直线相交而成的几何纹样，其重复连续组成网状"[1]，可分为实体菱形纹、菱形花叶纹两种类型。在青海地区的传统壁画中，常以实体菱形纹为主［图3-31］，由直线相互交错而组成菱形图案，以二方连续或四方连续的方式排列，这种形式经常出现在壁画边框区域；也有部分壁画中所呈现出的由四个小菱形组合而成的形式，造型上棱角分明，菱形纹内部整体平涂颜色，并以白色进行描边，用来强化外形，叠晕技法使用较少；在壁画中，常与平棋图案搭配，整体呈现出简单大方的装饰效果。

（二）回纹

回纹是线条在其边缘区域以横竖交错、回环交织的方式形成的图案，呈现出类似于汉字"回"的形态。由于其结构重复翻转，象征着连绵不断、吉祥长久，其构成可分为立体式回纹与平面式回纹两种。

由于回纹独特的构成形式，在青海也被称为"富贵不断头"，在传统壁画边饰或底纹处装饰多采用平面式回纹［图3-32］，边饰区域内部平涂颜色，再用线条勾勒出回纹造型，线条粗细均匀，反复转折，使得整个边饰

---

[1]　李启色：《敦煌装饰图案的审美文化意味》，《艺术教育》2004年第5期，第22-23页。

区域更加精致，给人一种朴拙的自然美感。部分壁画中还出现了反"S"形回纹，相较于平面式回纹呈现效果更加立体。

（三）"卍"字纹

"卍"字纹，又称"万字纹"，最初源自梵文，音译为"室利踞蹉洛刹那"。随着文化的纵深交流，逐渐成为我国传统装饰纹样，寓意为"吉祥之所集"。"卍"字纹在藏语中被读作"雍仲"，有驱魔辟邪之意。此纹样在藏地艺术中有着极为普遍的运用，几乎出现在藏族群众的屋宇、门窗、灶房、帐篷、家具、服饰等一切与日常生活相关的各处。

青海传统壁画中的"卍"字纹，分为单独纹样和连续纹样两种，一般为四方连续形式，形成各种连锁样式的花纹出现在壁画中，体现出对称与均衡、韵律与节奏，以及统一中求变化的法则。因其特殊的文化寓意，在壁画中，"卍"字纹的出现，也表达了人们对光明和美好的向往。另外，在青海，"卍"字纹还有不同的旋转方向，相应意义也各不相同，顺时针"卐"则为佛教使用，逆时针"卍"只有苯教使用。因此，我们也可以根据它在壁画中的旋转方向来判断壁画所属的文化类型。

（四）圆形纹

"圆"的寓意为圆满，在佛教中是一个较为重要的图案纹样。圆形纹也是青海各类壁画中较为常见的装饰纹样［图3-33］，尤其在清真寺壁画中表现最为突出，常以多个圆形图案组合为主。其中有部分圆形纹会作为壁画的主体图案单独出现，周围会伴有一些变形的阿拉伯文字，这种表现形式与藏传佛教壁画中的背光有几分相似。由此可见，在青海地区的清真寺壁画风格也曾受到藏族艺术文化的影响，逐渐形成了这种意义特殊的纹样。

青海各类传统壁画中的几何纹样，整体风格简约，常通过设色来表现纹样的变化、层次，不仅具有装饰壁画的功能，也承担了画面分割等重要的结构功能。几何纹饰类型繁多，将上述罗列的纹饰样本进行具体的统计分析，其中，菱形纹饰占比为36%；圆形纹饰次之，约占22%；回纹较少，占18%；而"卍"字纹虽然是一种较为典型的纹饰，但其出现在壁画的频率仅为14%；还有一些其他几何纹饰，总体仅占10%。

①贵德玉皇阁壁画中的菱形纹纹饰；②孟达清真寺壁画中的菱形纹纹饰；③科哇清真寺壁画中的菱形纹纹饰

3-31　青海传统壁画中的菱形纹纹饰

①塔沙坡清真寺壁画中的回纹纹饰；②科哇清真寺壁画中的回纹纹饰；③贵德玉皇阁壁画中的回纹纹饰

3-32　青海传统壁画中的回纹纹饰

①科哇清真寺壁画中的圆形纹饰；②孟达清真寺壁画中的圆形纹饰；③塔沙坡清真寺壁画中的圆形纹饰

3-33　青海传统壁画中的圆形纹饰

143

四、多元幻化的自然天象纹样

(一)火焰纹

火焰纹是以自然界中的火为载体形成的纹样，在藏传佛教中具有佛法的象征意义，也作为光明的代表，寓意可驱除妖邪，以让人免遭厄运。通常由波形线条构成，线条弯曲向上，每层呈现不同的形态，层次分明，彼此呼应。

在青海传统壁画中，火焰纹多出现于佛像、菩萨和各主尊的背光、华盖以及供奉的宝物外围，其形式多样［图3-34］。其中最典型的是出现在各种人物形象的背光中的火焰纹，这些火焰纹以一圈圈带状套叠的形式呈现，色彩和纹样结构相互融合，主尊在火焰纹的衬托之下，增加了其高大威严的形象，给人一种镇压一切邪魔、护佑众生的感觉。

(二)云纹

云纹是将自然界的云朵转化为纹样图像，人们主观上赋予云纹意义，将其视作预示如意吉祥的符号。云纹以其线条的优美与动感，加上交错回旋的结构特征，展现了人们普遍的审美心理和追求。云纹在发展中不断创新，出现了形式多样的纹样，其形式从抽象到具体，线条从单纯到繁缛，构图从简单到复杂，图形从单一到丰富。作为青海传统壁画装饰元素中重要的云纹，主要有如意云纹和卷云纹两种类型。

1.如意云纹

如意云纹也称"云头纹"，由两个内旋勾卷形和一条波形曲线组成，按照特定的结构模式以不同的组合方式在壁画中出现［图3-35］，其表现形式多样，有的用单线勾勒外轮廓，有的用双线勾勒外轮廓，还有的直接用颜色表现。此纹样常出现在壁画的背景中，绘制时强调对称感，主要衬托画面中的主尊，也彰显美好的寓意。

2.卷云纹

卷云纹是各种卷曲样式云纹的总称。青海地区壁画中的卷云纹常以蜿蜒盘旋的形式呈现，线条简洁流畅［图3-36］。纹路弯曲基本按照顺时针

①贡萨寺壁画中的火焰纹纹饰；②拉加寺壁画中的火焰纹纹饰；③文昌庙壁画中的火焰纹纹饰；④阿力寺壁画中的火焰纹纹饰

3-34　青海传统壁画中的火焰纹纹饰

①拉加寺壁画中的如意云纹纹饰；②喇日寺壁画中的如意云纹纹饰；③湟源城隍庙壁画中的如意云纹纹饰；④贵德玉皇阁壁画中的如意云纹纹饰

3-35　青海传统壁画中的云纹纹饰

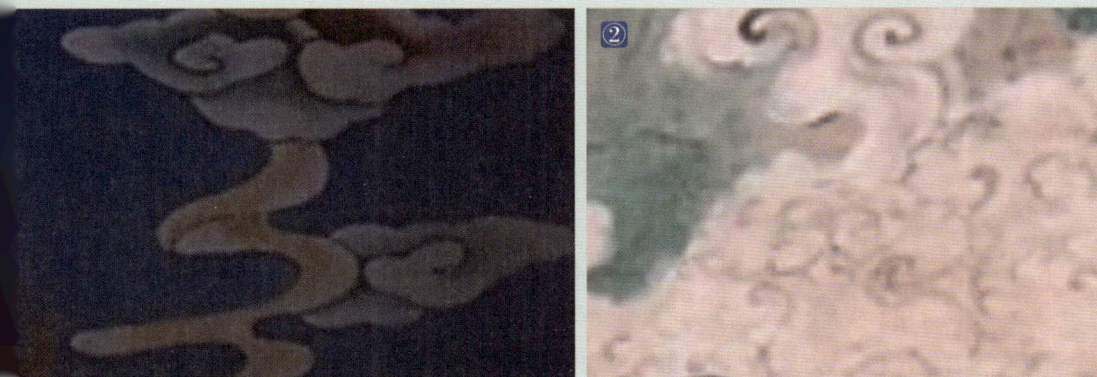

①释藏林卡寺壁画中的卷云纹纹饰；②瞿昙寺壁画中的卷云纹纹饰。

3-36　青海传统壁画中的卷云纹纹饰

145

的方向布置，平缓间有变幻，突出了纹样的动感。其结构主要由云头、云身和云尾三部分构成。在云身部分还绘有一些面积较小的云头，达到纹样整体相互连接的效果。此纹样在壁画中具有协调画面、提升壁画整体气韵的重要作用。

（三）水波纹

水波纹的出现是因人们对自然中水流的观察，通过艺术化加工凝练而形成的装饰纹样，与道家"上善若水，水善利万物而不争"的思想有着紧密联系。水波纹在壁画中作为装饰元素出现，具有齐心、坚忍、博大、灵活、公平等寓意和象征。

青海传统壁画中的水波纹常由一组或数组波状连弧的形式出现，似云似水，具有朦胧的美感［图3-37］；也有部分壁画有小场景的专门以表现水流、湖水为主的水波纹，与周围的山与树融合，增加了叙事性壁画构图的氛围与效果。

以上出现在青海传统壁画中的自然天象纹都是经过画师对实物的提炼或夸张、变形等绘制而成。通过对这些纹样的分析与统计，其中云纹占比为40%，火焰纹占比为31%，水波纹占比仅为18%左右。除此之外，还有星星、月亮等其他纹样也偶有出现，占11%。这些自然天象纹样在壁画中与其他元素搭配，烘托着壁画整体的气氛，为画面增添了更多情趣。

五、沉稳朴实的器物纹样

（一）博古纹

博古纹[1]是传统装饰中的一种纹样，常出现在历代工艺品上，具有清雅高洁的寓意。青海传统壁画中的博古纹主要集中在道观、民间信仰和部分清真寺的壁画中［图3-38］，这些博古纹在吸收了常见的博古纹形式与内容的基础上，又将许多带有地域特色的元素融入，形成自己独特的面貌。其中尤为重要的是对许多本地区特有的具有一定象征意义的传统符号的吸

---

[1] "博古"的意思即为"通晓古事古物"。北宋徽宗命编绘宣和殿所藏古器，成《宣和博古图》三十卷。后人将图绘瓷、铜、玉、石等各种古器物的画，称为"博古"。

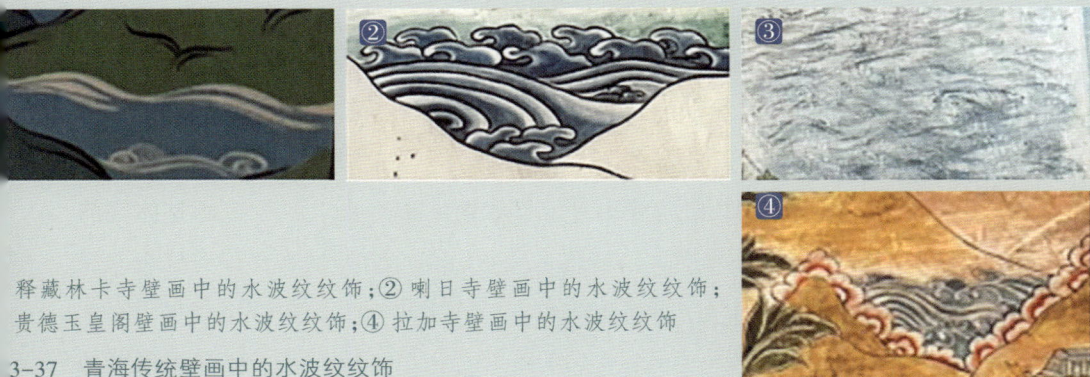

①释藏林卡寺壁画中的水波纹纹饰；②喇日寺壁画中的水波纹纹饰；
③贵德玉皇阁壁画中的水波纹纹饰；④拉加寺壁画中的水波纹纹饰

3-37　青海传统壁画中的水波纹纹饰

①湟源城隍庙壁画中的博古纹纹饰；②湟源东科寺壁画中的博古纹纹饰；③贵德玉皇阁壁画中的博古
纹饰

3-38　青海传统壁画中的博古纹纹饰

收，使之与场景和地域完全呼应，这种方式不仅对纹样形式的丰富具有重要贡献，而且对当地传统文化的传承具有积极作用。

（二）法器

法器为重要的宗教文化用具，其最早源于生产生活工具、兵器及自然界的动物、植物等。在佛教壁画中，可依据主尊手持法器判断其身份与地位。因此，在提及青海传统壁画的器物纹饰时，法器是必不可少的。

纵观当地各类传统壁画，其中最常见的法器有代表着空性和智慧的金刚铃、暗含妙音吉祥之意的法螺、僧侣用来接受布施或置于佛前供养的钵盂等［图3-39］。

（三）璎珞纹饰

璎珞通常是菩萨、力士等冠、服饰中的装饰品，具有供养、装饰等功能，因此，在壁画中也是随处可见。但如果从画面装饰元素层面看待璎珞，它也是装饰中的重要元素。以往很多关于装饰纹饰的成果很少关注璎珞纹饰，忽视了其在画面当中的重要地位。在本节中，专门将璎珞纹饰进行大致分析。

在青海传统壁画中，每一尊菩萨、力士都戴有璎珞纹饰［图3-40］，甚至在非佛教文化属性下的其他壁画中也常见璎珞纹饰。经考察发现，青海传统壁画中的璎珞纹饰运用成熟且稳定，其头饰、耳饰、项圈等基本都以盘状、连珠形式呈现，它们常由宝珠串在一起，环绕在主尊的脖、臂或是腰等部位。有的壁画中，主尊下身着裙，裙上还会垂挂连珠纹璎珞；还有一种为通身长的璎珞，通常分为两段，上段从颈部垂挂于胸前部位，下段从腰部至脚踝处，虽然这类璎珞看似复杂，但仔细分析其结构，基本呈竖直结构。

（四）家具元素

许多传统壁画的主尊周围会有如宝座、案桌等家具出现，与璎珞纹饰一样，家具元素在壁画装饰中同其他纹饰一样是很重要的元素，但遗憾的是，这类元素一直没有被足够重视。其实家具元素在壁画中不仅是画面内容之一，最重要的是，家具元素在整铺壁画中起到了其他元素无法比拟的装饰效果。因此，我们在研究壁画过程中不应忽视其在画面中具有的重要作用。

出现在青海传统壁画中的家具元素［图3-41］，造型不仅朴实、庄重，而且具有浓郁的地方特色，体现着不同文化属性、艺术装饰的审美意识与本地区特有的审美情趣。这些元素基本是对家具真实的描摹，也是画师根据画面需求精心设计的结果，对于画面的装饰具有积极的功能性作用。

综上所述，青海传统壁画中的器物纹饰类型多样，造型有的精美华丽，有的古拙质朴，在画面中形成了强烈的装饰效果，增强了壁画浓郁的地域风格和特色。据大致统计，在所有器物纹饰中，各种法器纹饰出现得最多，占比为34%；占比为27%的璎珞纹饰次之；占比为22%的博古纹再次之，

①贡萨寺壁画中的法器;②拉加寺壁画中的法器;③兴海文昌庙壁画中的法器;④佑宁寺壁画中的法器

3-39　青海传统壁画中的法器

①兴海文昌庙壁画中的璎珞纹饰;②拉加寺壁画中的璎珞纹饰;③喇日寺壁画中的璎珞纹饰;④年都乎寺壁画中的璎珞纹饰

3-40　青海传统壁画中的璎珞纹饰

①湟源东科寺壁画中的家具;②贵德玉皇阁壁画中的家具;③湟源城隍庙壁画中的家具;④孟达清真寺壁画中的家具

3-41　青海传统壁画中的家具元素

尤其在伊斯兰文化属性下的传统壁画中，其使用频率较高；家具纹饰在青海传统壁画中属于小众纹饰，占比仅为17%。除了上述器物之外，还有一些其他的器物纹饰也常在传统壁画中出现，但因偶尔出现，故而没有对其进行具体统计分析。

六、独具特色的吉祥纹样

所谓吉祥纹饰，通常是一种极具传统文化特色的具有吉祥含义的装饰纹样，其构成形式和传统文化的内涵紧密结合，可以说是具有特殊意义的艺术符号。

此处所提及的吉祥纹饰，主要是指在青海地区特有的（不排除周边一些地区也有使用），主要依附于当地各种文化属性中的、传统壁画上普遍使用的、相对稳定的组合纹饰。比如，由老人、仙鹤、鹿、树木、河水、岩石组成的《六长寿图》；由大象、猴子、兔子、鹧鸪鸟组成的《和睦四瑞图》；由游方僧牵着满载珍珠宝贝的大象，象征着招财进宝的《财神牵象图》；有身着蒙古族装束的勇士用铁链牵着猛虎的《蒙人驭虎图》；有轮宝、珠宝等七宝组成的《轮王七宝图》。

这些纹饰在历史发展中早已与特殊的文化符号相牵连，如青海传统壁画中常见的"曼荼罗"，以圆形、正方形和三角形等元素构成，在古印度教中被用于冥想或召唤神的力量；再如"十相自在"，由七个梵文字母和日、月、圆圈等十个符号组成，在藏传佛教中被赋予了神奇的力量。

青海传统壁画中出现的这些元素，不仅包含着重要的思想文化含义，而且在壁画中具有装饰画面的重要作用。青海地区很多"曼荼罗"的构成形式、色彩搭配等，就深受尼泊尔、印度等艺术风格的影响而形成了自己的特点，为壁画增添了华丽典雅的气质。"十相自在"也同样如此，图案中代表水、火、风、地、空的五种元素分别由五种色彩构成，在壁画中具有装饰、美化的重要作用。

除了上述装饰纹样外，还有"吉祥八宝"等众多吉祥纹饰在壁画中出现，它们的出现，使得青海传统壁画通过有序的装饰图案形成独特的内容，并赋予其独特的文化意义[1]。经调研得知，许多图案有其专属的使用环境，如《财神牵象图》和《蒙人驭虎图》通常绘制在活佛府邸门道两侧，而《圣僧图》则多绘制在大经堂门两边。

经大致统计，其中植物纹和几何纹分别约占28%和21%；动物、器物纹饰出现的频率与几何纹、植物纹相比较少，分别占23%和19%；出现频率最少的是组合吉祥纹饰，仅占9%。这些具有规律性的图案纹饰不仅增加了壁画的和谐之美，也更加契合当地人民的精神追求，为壁画注入了更加深刻的文化内涵。

第三节　青海传统壁画的装饰特点

装饰特点是指艺术家在绘画作品中使用各种元素和技巧，增强了作品的美学价值和表现力，而壁画中的装饰语言能够进一步提升壁画的艺术性。青海传统壁画中的装饰元素，其构图、色彩、线条等均与其他地区有所不同，体现着浓郁的地域特点。本节将从三个方面对青海传统壁画进行分析并与其他地区壁画进行对比，分析其具体特点。

一、灵动和谐的色彩表现

色彩是壁画中最直接、最鲜明的装饰语言，可以极大地丰富壁画创作中形态的表象，引导观者的情绪交流与联想[2]。

壁画中的色彩主要服务于壁画的主题、形式以及周围环境等，不同的色彩呈现表达着不同的情感，而不同的情感又影响着壁画不同色彩的组合呈现，还决定着画面色调定位与色相变化等。在青海传统壁画中，如果其主题

---

[1] 潘汶汛：《唐及唐以前敦煌壁画设色研究及其在现代绘画中的影响》，博士学位论文，中国美术学院，2010，第65页。

[2] 冯佳惠：《壁画创作中的构成语言研究》，硕士学位论文，西北民族大学，2020，第31页。

有表达炽热情感的内容，色彩运用则通常偏于浓艳、热烈；如果是表现祥和宁静的内容，则会运用纯度相对较低或色相相近的颜色。可以说，色彩是青海地区壁画中最具艺术特色且最能体现地域魅力的装饰元素。青海传统壁画的色彩，主要呈现鲜明浓郁、质朴素雅、多元朴实三个方面的特征。

（一）鲜明浓郁的色彩

藏族绘画艺术中，色彩具有严格的象征意义，如蓝、白、红、绿、黄五色分别寓意蓝天、白云、火焰、绿水和大地。同时，色彩也被赋予了特定的象征意义。例如，白色象征和平，代表观音；蓝色象征勇猛，代表金刚手菩萨；红色象征智慧，代表文殊菩萨；等等。这些无不凸显着颜色在宗教和文化中的重要地位，直接影响着藏族绘画的用色习惯和用色规律。然而，青海藏族传统壁画中的色彩运用也是秉承这样的传统而进行，加上长期生活在青海的人们，本身就对色彩比较敏感，普遍喜欢艳丽且对比强烈的色彩搭配，促使较其他地区而言，青海传统壁画的色彩总体呈现艳丽、浓郁的特征。

在整体壁画中，色彩纯度、浓度和对比度相比其他地区壁画较高，且多以大块色彩呈现，大面积等量的对比色块或互补色块相互交织在壁画中，使得画面粗犷、艳丽而又不失灵动、和谐。综合这些壁画来看，画面主要以红、绿、白、黄等几种高纯度的颜色为主题色，常给人强烈的视觉冲击；在一些局部还会出现金、银等色点缀，使得壁画色彩更加丰富，但整体繁而不乱，营造出一种辉煌璀璨、浓重艳丽的画面效果。这种用色表现的壁画主要以香日德寺、佑宁寺、仙米寺等藏传佛教文化属性中的壁画为典型。例如，仙米寺内的《绿度母》壁画，度母通体为绿色，下身穿蓝色裙子，背光外圈为黄色，内圈为深蓝色，顶光外圈为粉红色，内圈为大红色，仰莲座上部为白色，用色上完全贯穿了红、黄、蓝、绿、白五色，具有极强的代表性。由于文化间的相互交融，这种用色习惯在贵德玉皇阁、文昌庙等道教和汉传佛教场所的壁画中也有出现［图3-42］。

也有部分整体色调较为统一的壁画，这类壁画常以一种色调作为主体色，其他几种较为接近的颜色则作为辅助色出现在画面中，而且在构图上极其讲究，构图与统一的色调使得壁画整体的协调性和稳定性有所增强。

图3-42　色彩浓郁的青海传统壁画

这些壁画虽然色彩构成相对简单，但是纯度、明度依旧较高，整体的画面生动而和谐。例如，拉加寺壁画是以橙黄色为主色调，其中的主尊，背景的水、山与树等元素的色彩也均呈偏黄色，偶尔出现的蓝色、白色、红色等小块的颜色是作为点缀出现，加强了整幅壁画色彩的协调与稳定。

青海传统壁画整体画面的色调运用别具匠心，有同类色中求变化、异类色中求对比的特别效果，尤其是画面中金、银的采用是其独到之处，装饰性极强。如瞿昙寺回廊壁画《善财童子五十三参图》，整体色调以浓烈的暖红色为主，除了人物服饰呈现红色之外，还用红色在云纹和建筑上晕染，其中搭配暗绿和青灰等色，间以璀璨的金色块面。虽然整体用色较简单，但画面中红色和青灰色明度相对降低，使青灰色和谐融入了炽热的红色之中，有效避免了两种颜色的对比，使画面整体既和谐统一又具有光彩明亮的效果［图3-43］。

在一些道教文化属性的壁画中，常出现主尊的头冠、头盔、头饰等部位色彩艳丽，面部颜色会有光影转折关系，服装颜色艳丽。这类画面中通常涂金量不大，却成为醒目、亮眼的点睛之笔，产生明亮如灯、闪烁跳动的画面效果。

整体来看，色彩浓郁明亮、用色纯度高是青海传统壁画的一大特点，具有丰富多彩、色调和谐的特点。除此之外，这类壁画还有冷暖色调结合、虚实对比等表现，整体壁画具有极强的视觉美感，给观者以强烈的视觉冲击力。

图 3-43　色调统一的青海传统壁画

（二）质朴素雅的色彩

在传统造物观念中，素朴之美一直以来被诸家推崇，对后世艺术的发展影响至深。青海当地的人们在与外界长期交往的过程中，接受并理解、运用素朴的风格，将其运用于各种传统艺术作品中。

在青海传统壁画中，也有一部分呈现出古拙素雅的色彩效果。画师常根据画面内容和自身理解，考虑壁画文化属性和周围群众的审美喜好进行壁画的色彩搭配，从而出现了一批色彩质朴素雅的传统壁画。另外，壁画中的色彩随着时间的流逝，出现褪色、灰尘蒙蔽等现象，也使部分壁画呈现出另一种素雅的色彩效果。

湟源城隍庙壁画《城隍出行图》和《十殿阎王图》便是此类风格的典型，设色简单且有大量灰色变化，画面颜色虽有冷暖及对比，但纯度不高，色调统一且细节极具装饰性。这些壁画中整体纯度较高的小色块较多，辅以较其纯度较低的同类色，整体形成纯度和明度较低的色彩效果。此种简单的色彩也偶然表现在一些藏传佛教壁画中，东科寺便是较典型的代表，壁画中人物、动物以及器物等均以线描的形式表现，有部分内容用比较单纯的颜色赋色，大部分面积用调配过的同类灰色绘制，整体呈现淡雅的画面效果；另外，经过长时间的风化和灰尘的遮盖，在原本简单质朴的基础上又增添了一抹沧桑感，使整个画面呈现出质朴素雅的色彩效果［图3-44］。

图 3-44　设色质朴素雅的青海传统壁画

在青海部分寺庙道观中还出现了类似传统山水画的壁画，其设色遵循了传统山水画的赋色方式，仅对个别物象进行浅浅施色，主要用线条来对其塑造，整体呈现出质朴大气的画面效果［图 3-45］。例如，张尕清真寺中的壁画，画面中的山、树和塔各种物体，先用线勾勒出轮廓，然后进行简单的设色，山石基本用石青赋色，建筑部分多用黑色、淡黄色与酒红色表现，采用少许亮色作为点缀，给人以朴素内敛的视觉感受，整体呈现质朴自然的艺术效果。青海传统壁画中还有一些模仿写意山水画形式的壁画，

图 3-45　青海传统壁画山水画色彩

这类壁画基本不对其设色，只是利用墨色、皴法塑造山石树木，以线描形式绘制小路、房屋，画面整体以墨色的浓淡表现画面关系；甚至还有一些壁画只用线勾，画面大量留白，只有树木和山石简单设色，但只是在墨色中少量加入其他颜色。

在青海传统壁画中，还可以看到来自青绿山水的色调。壁画中的山体通常使用不同层次的石绿色，山脚常以赭石罩染，天空则是以重石青或墨色为底色，为洁白的祥云提供了完美的映衬，这样的处理使画面呈现出更加深邃的感觉，壁画整体呈现出极强的色彩节奏。

在藏传佛教文化属性下的壁画也常出现此类设色，最具代表性的便是玉树桑周寺护法殿的《萨迦上师传承图》。画面中，上师端坐于仰莲座之上，莲花由蓝、绿、土红、白色相间绘制，上师身着土黄色袈裟，头戴赭红帽，上有黄色花纹，顶光为土绿色，背光圈边为土红色，圈内有蓝色；背景大量出现蓝、绿等冷色，因为整幅壁画又用赭红色勾线，其整体色调仍保持以客观色为主，因此，整幅壁画并不显得过度艳丽，而是在素雅中透着质朴。

通过以上分析可以看出，这类传统壁画的色彩，在饱和度、纯度及明度上较前一类型的壁画大大降低；其中不乏单纯以黑、白、灰、褐等低饱和度颜色进行绘制的作品，色彩对比较弱，显得沉静和谐，画面整体具有稳定、平缓、素雅、质朴的色彩特征。

（三）多元朴实的色彩

青海地区独特的地理环境、民族文化等，使绘画在色彩运用上形成了独特的地域特色，也呈现在青海传统的壁画色彩运用中[1]。这些独特的色彩体系源自自然，又高于自然，呈现出地域之美，在壁画中常常营造出灿烂、单纯的色彩氛围。

这种类型的设色主要出现在清真寺壁画中［图3-46］。这类壁画颜色整体单纯质朴，画面中很少有混杂的颜色出现，画师常采用较主观的颜色

---

［1］ 刘丽雅：《中国西部清真寺装饰纹样研究》，硕士学位论文，西安工程大学，2014，第28页。

图3-46　具有地域民族特色的青海传统壁画色彩

表现内容。例如，孟达清真寺壁画中的色彩，尽管整体颜色较为丰富，其中纯色虽然有出现，但是使用面积较小，因此，壁画整体风格依旧质朴。在青海清真寺壁画中，还有一种以蓝色为主基调的表现。例如，科哇清真寺内的壁画，壁画通体色调为蓝色，其中有少量绿色和红色植物。在这里，尤其是绿色，代表着希望和生命力的顽强不屈，也继承了伊斯兰文化早期用色的习惯，象征着民众崇高的精神境界，充分体现了青海清真寺壁画在色彩表现上的独特思想。

　　以上分析的这些青海传统壁画的设色，较为注重色彩的整体性，画师在进行色彩搭配时，还关注到色彩与人的内心契合度；在色彩运用上，夹杂着特有的民族精神和个人喜好。正因为如此，逐渐形成了本地区在传统壁画色彩表现上的又一大特征。

二、纵横自由的构图形式

　　南齐谢赫在其所著的《古画品录》中强调了"经营位置"的重要性，"经营位置"实际上就是画面的构图。构图是对画面内容和形式整体的考虑和安排，而巧妙的构图可以赋予画面强烈的视觉吸引力[1]，构图在绘画创作中具有至关重要的地位。

青海传统壁画中的构图，大致都遵循着审美规律与形式法则，但在具体布局上又突破了时空观念的约束，在继承传统的同时拓展了新的形式，形成了整体具有时代特征的构图特点。综合这些构图形式，大致有对称构图、中心构图、散点构图、叙事性构图等，这些构图形式在突出了题材内容的同时，也体现了当地人们的审美倾向。

（一）对称均衡式构图

对称均衡式构图，通常以点、线为中心，使得两个面在排列上的形状、大小趋于一致且呈现对称的特征。此类构图讲究横平、竖直，但易产生呆板且缺乏变化。因此，在此类壁画的构图中，画师要善于组织画面，充分运用大小、远近的合理搭配，使画面语言更加丰富。

在青海传统壁画中，此类构图居多，如湟源城隍庙壁画［图3-47］，其构图形式就是典型的对称均衡式构图，画面的正中心人物面积占比较大，成为画面的视觉中心，旁边五位侍从的位置以中心人物为中心，形成左右均衡对称的形式，背景以现实生活的场景为基础展开，同样采用左右对称的形式，尤其是以屏风上简单勾勒的水墨山水进行装饰，打破了这种构图的呆板，为画面增添了统一中求变化的视觉效果。

又如，吉日沟石窟壁画局部［图3-48］，画面中的佛像端坐，上层主佛大小相似，下方均衡排列众多小佛。主佛头部为中心点，左右均衡对称分布，左右两边的侧佛望向主佛形成视觉中心。下方的小佛均呈正面像，肃穆庄重，整个画面上层占比最大，成为壁画构图中的主体。因此，此幅壁画在具有对称均衡的基础上还营造了一种平视构图的视觉感受。

对称均衡式的构图不仅是释、道寺观壁画的主要构图形式，也常出现于清真寺内的板壁壁画上。如循化科哇清真寺的板壁壁画［图3-49］，画面中的构图主要为正方形，四周有边框，框内图案在圆形的基础上变形，

---

[1] 熊文彬：《中世纪藏传佛教艺术——白居寺壁画艺术研究》，中国藏学出版社，1996，第67页。

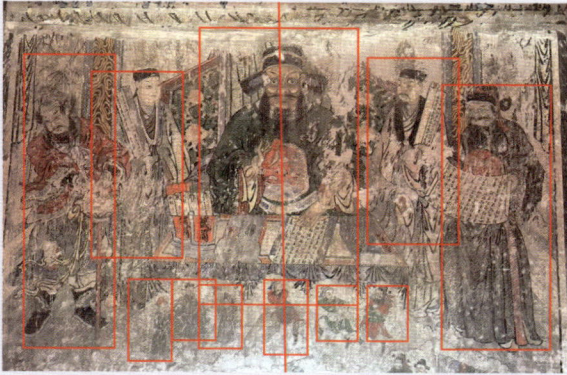

图 3-47 湟源城隍庙壁画中的
对称均衡式构图

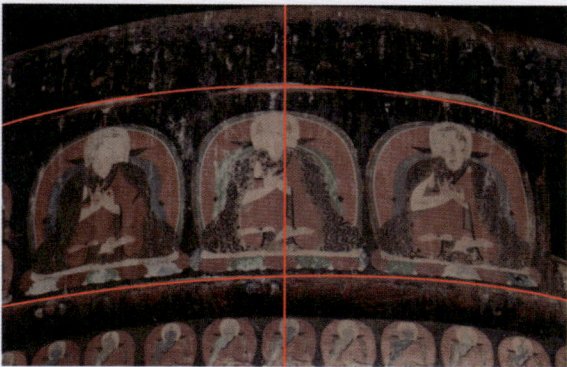

图 3-48 吉日沟石窟壁画中的
对称均衡式构图

图 3-49 科哇清真寺壁画中的
对称均衡式构图

变形后的形状更像是一朵盛开的花朵，内部呈现镂空的形式；在外框内，有似正方形的纹饰，加上其内部黑色线性的文字符号点缀，整幅呈现出均衡对称的形式，美观大方。

对称能产生规律整齐的形式美，但过度的对称也会导致画面过于呆板。在青海传统壁画中，画师们巧妙地运用对称均衡的手法，但又会对画面进行一定的调整与变换。这种在统一中的变化，既可以满足人们在心理上渴望建立秩序的需要，又不至于让画面显得呆板、单调，也是对对称均衡构图的一种拓展，使壁画更具艺术性和吸引力。

（二）中心式构图

纵观传统绘画，中心构图是众多构图形式中最为常见的，其特点是能够很好地凸显和强调画面中心和其地位，注重画面的协调，主次分明[1]。在青海传统壁画中，中心构图也是常见的构图方式，在这类构图中，诸佛与菩萨为画面主体，占据着画面中心位置，周围其他次要部分则紧紧围绕着主体展开，整体画面呈现完整、严谨的状态。

在瞿昙寺壁画中便有很多这样的构图，各主尊周围分布着弟子和侍从［图 3-50］，主尊周围的弟子、高僧等，均以四分之三侧面坐姿造型，朝向中心的主尊，并且这部分人物身形较小，与主尊巨大的身形形成鲜明对比。整个画面布置紧凑、规整有序、对称协调，主要人物突出，更能体现出整幅画面的艺术效果和文化思想。从整铺壁画而言，在构图上，画师"通过侧壁构图中采用的多样的表现形式，使得构图变得更加丰富，打破了过去单一和雷同的构图模式，体现出在统一中求变化、在变化中求统一的构图原则"[2]。

喇日寺的壁画构图［图 3-51］，也是中心式构图。壁画中的主尊形象占据中心位置，使画面重心全部集中在主尊身上，四周出现有规律的装饰性纹样。然而，中心的位置也是整幅壁画中色彩纯度最高的位置，从构图

[1] 熊文彬：《西藏艺术》，五洲传播出版社，2002，第58页。
[2] 熊文彬：《中世纪藏传佛教艺术——白居寺壁画艺术研究》，中国藏学出版社，1996，第32页。

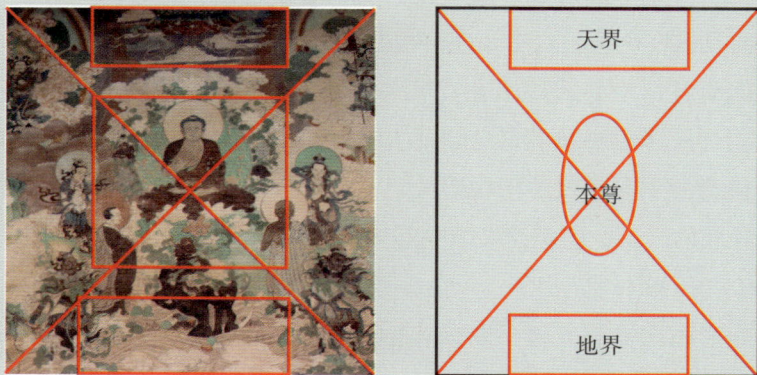

图3-50　瞿昙寺壁画中的中心式构图

图3-51　喇日寺壁画中的中心式构图

的角度来说，色彩在其中的位置也会引导观者的目光走向，使观者一眼就可以看到中心主尊的形象。画师在这里，不仅遵循了物象构图的原则布置物象，而且讲究色彩的构图，使整幅壁画主题更加明确。

整体而言，中心式构图在青海传统的佛教壁画绘制中出现频率较高，这种构图形式下的壁画相较于其他构图更加直观，具有一定视觉冲击力。画面中描绘的主尊佛像由于构图位置，其形象更加突出、鲜明，增加了画面宁静祥和的气氛，但画面又不失整体的视觉冲击力。

（三）"S"形构图

"S"形构图类似太极"负阴而抱阳"，即阴阳二气"刚柔相推而生变化"，它是既对立又统一的。"一阴一阳"谓之道，相生而抱则融于顾盼之间[1]。因而"S"形构图与构图关系中的"呼应顾盼"存在一定的关联，通过顾盼关联，画面从整体到局部呈现出各自"浑圆"的特点而构成一个整体，使得画面既统一又不显凌乱。这种构图形式使绘画保持生机和活力，追求图幅各个部分的完整和表现，多见于"置陈"内容多的情境下[2]。

在青海传统壁画中，也有"S"形构图的形式，常常表现在与中国写意山水画相似的壁画中，如张尕清真寺的壁画［图3-52］。画师利用蜿蜒的小路分割画面构图，沿途布置大小山川，山川高低起伏、前后连贯，以小路带动整幅壁画的"S"形走势。观者可以更加清晰地识别画面中的景点脉络，使画面更具灵动性。

"S"形构图是所有构图形式中最取巧的一种，意图表现更多的内容，在青海贵德玉皇阁壁画中［图3-53］，也大量采用了"S"形构图[3]。该壁画内容虽然简单，但画师利用"S"形的河流，将画面近、中、远景贯通，使得画面在气势流动中又不断纵深，景色彼此呼应又相映生辉，整幅壁画

［1］ 陆鑫婷、梁珂：《中国画留白手法在新中式风格中的应用研究》，《设计》2017年第19期，第156-157页。

［2］ 崔一文：《中西绘画构图形式探索及研究》，硕士学位论文，大连工业大学，2014，第10页。

［3］ 许佳伟：《论"S"形构图在当代山水画创作中的应用》，硕士学位论文，曲阜师范大学，2022，第4页。

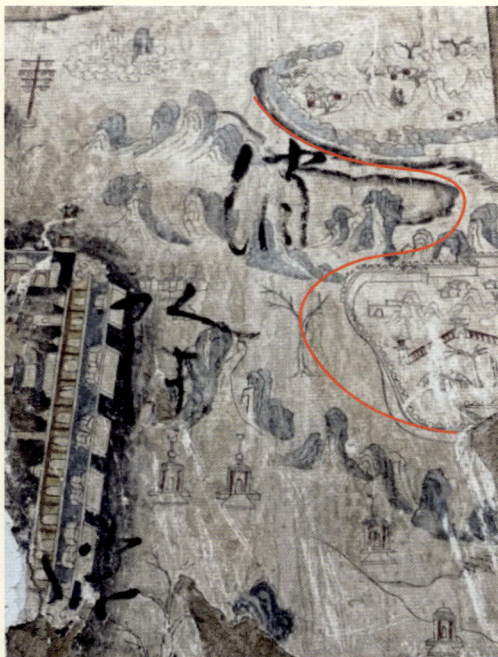

图3-52　张尕清真寺壁画中的"S"形构图　　　图3-53　贵德玉皇阁壁画中的"S"形构图

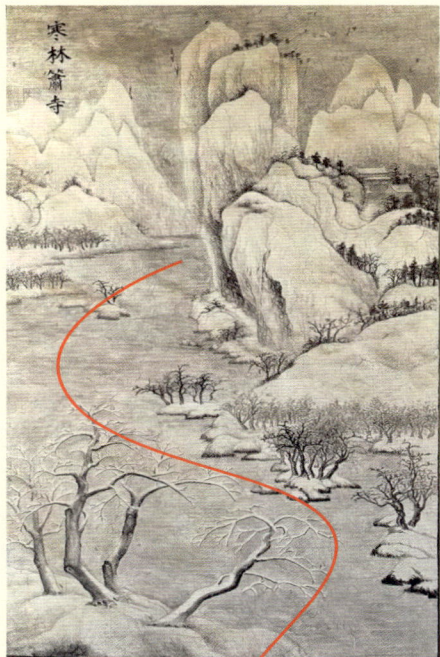

气息绵延不绝，在突出了河流气势的基础之上，又利用构图特点，用树木、房屋等元素增加了画面内容的丰富性。

　　除此之外，在青海地区部分长卷式壁画中也常采用"S"形构图，使故事情节有效连贯，画师利用此构图形式，更好地突出了壁画的情节和内容。

（四）叙事性构图

　　叙事性构图是通过图像的排列和组合，来讲述一个故事或表达一个主题的构图形式。这样的构图形式呈现了单幅壁画情节的特征，而长卷式构图形式也具备了这一特征[1]。它通常通过一系列图片的组合，呈现给观者

---

[1]　冯坤：《从敦煌壁画的构图浅谈叙事的时间与空间》，《文学教育》，2014年第5期，第77页。

一个完整的故事情节，此种构图形式可以让观者较为直观地了解壁画的故事情节，容易引起观者情感上的共鸣。

在青海传统壁画中，叙事性构图主要分为单幅式叙事性构图和长卷式叙事性构图两种，其中，单幅式叙事性构图占据绝大部分。在塔尔寺壁画中［图3-54］，左图的这幅画面展现出汉藏一家亲的故事内容，汉族使者手持珊瑚，带着神兽麒麟驮着宝物，藏族人民紧随其后。行走的人物注视着前方，画面构图充实，少有留白，汉族使者形象最为高大，藏族人民次之。藏族人民身形重叠，更凸显了整幅画面的空间感。又如右图的画面中，也是麒麟驮着珊瑚、象牙等宝物跟随两名拿元宝和如意的童子前行。这两幅壁画都不受焦点透视的束缚，视野宽阔，构图以叙事性形式展开，冲破了时空的局限；此类构图画面的视点并不固定，而是随情节任意延展，常运用山川、草地等作为背景，完美地与画面情节相融合，整体画面犹如连环画故事一样表现壁画的内容，这是青海地区传统壁画叙事性构图中较为典型的一类。

而长卷式叙事性构图最明显的特点是每个情节之间通过山川、树林等分隔或用线条分割，每部分内容、情节通常会标有榜题，方便观者区分。在青海传统壁画中，这种构图形式蕴含着较强的结构秩序，也赋予整幅画面更为深刻的感染力。在瞿昙寺回廊的壁画中，画师根据故事情节的推移发

图3-54　塔尔寺壁画中的叙事性构图

展对壁面容量进行构图处理，使得画面伴随情节具有一种自然的流动感。造成这种流动感的原因，其实就是画面中画师利用构图对现实中自然景观的引入，尤其是背景纵深处绘制连绵不断的锥形山峦，带动观者的视线不断向前，从而将相邻壁画的内容自然而然地串联了起来，使壁画情节和谐完整，叙事自然连贯，让每幅壁画既可以独立成幅，又能相互衔接构成完整情节。

叙事性构图通常出现在表现比较宏大的场景的青海壁画中，通过在一幅画面上展现不同的场景、图像内容来传递信息和情感，进而突出壁画的主题和情节，产生令人难忘的视觉效果，可以让观者深入了解壁画所反映的故事主题。

（五）独立性构图

独立性构图是指在图像中，物体相对独立，没有明显的联系或干扰，能够突出主题的构图方式[1]。独立性构图在青海传统壁画中经常有所体现，使得画面整体布局严谨、气氛庄严。

青海各地几乎均有独立性构图的壁画，如在塔尔寺、瞿昙寺壁画中均有［图 3-55］。右侧这幅壁画，便在瞿昙寺中，画面中的主尊位于中央，占据画面的大部分位置，周边描绘着眷属神像，主尊与属从之间的安排疏密有致；画师还利用画面中的色彩明暗，让主尊与其他装饰元素或眷属神像产生强烈对比，从而突出主尊的形象。左侧这幅壁画则是塔尔寺壁画中采用独立性构图的典型代表，主体人物呈椭圆形出现在壁画的中心位置，画面下方的莲花座被云气环绕，仿佛向上升腾；画师通过对服饰、头顶佛光、下方远山等装饰元素的组织，完美地利用构图突出了主尊的气势和形象。

除了以上分析的几种构图形式外，在青海传统壁画中还出现了散点式、同心圆式等构图形式。但无论是何种构图形式，画师都较注重画面整体的布局效果，通过物象间的重叠、穿插突出画面的空间感，从而使整体画面达到情景交融、层次分明的艺术效果。

---

[1] 崔虎杰：《浅谈壁画构图与建筑空间环境》，《黑龙江科技信息》2012 年第 30 期，第 265-267 页。

图3-55　塔尔寺、瞿昙寺壁画中的独立性构图

三、承采多姿的线条运用

作为承载绘画的重要表现，线条不仅是一种简单的直观表达，也是构成画面最基本的元素。从古至今，无论是东方还是西方的美术作品，线条在画面当中都具有极其重要的作用。可以说，绘画作品中的线条就是画面造型构成的基础。

早期青海地区的部分壁画艺术受到当地其他民间艺术以及印度、尼泊尔等地的影响，倾向于色彩块面的造型，线条在这里只是辅助；在不断发展中，部分壁画线条的绘制吸收了中国传统线条的特点技巧，两种风格的线条相互结合形成了青海壁画中线条独特的韵律特点。

（一）文人画中写意性的线条

文人画中写意性的线条是中国传统绘画中的特殊表现形式，其主要是以线条的形式塑造形体，具有细腻流畅、自然质朴的情趣和韵味。这种线条通常在青海传统道教壁画中出现最多，这也与道教文化中的"天人合一"等思想紧密联系。

在贵德玉皇阁壁画［图3-56］中，就有大量参照文人画的写意性线条表现，尤其该壁画画面中的松树与李唐的《万壑松风图》中树的画法有些许相似。《万壑松风图》中松树的塑造，在现实的基础上注重对结构线的提炼，在运笔中讲究提按变化，利用线条的粗细表现树的结构。而在贵德玉皇阁的壁画中，松树的表现用线也是如此。细心观察可以发现从上至下的线条变化，呈现先细后粗的走势，当画师的画笔落到树干上的疤痕位置时，线条再次变细，线条整体呈现抑扬顿挫的节奏变化；尤其在树枝的结构转折等处可以清晰地看到，画师在画小的枝头时，往往用的是"重下轻收"的手法，即粗线下笔、细线收笔。这样既能体现出树木结构，又成为此处壁画中线条处理的重要特色。

中国文人画极讲求意境美，意境是中华传统绘画美学的本质，而线的合理表达，则是体现中国画意境的一种有效方式。在青海传统壁画的部分壁画中，画师便运用了逸笔挥洒的技法描绘画面，加强了壁画整体的意境之美。这部分壁画中的线条展现出强烈的笔墨韵味，明显融合了传统中国文人画写意性的线条表现特点，在壁画中呈现出独特的线条意境。

在贵德玉皇阁壁画中，也有这种形式的线条出现，画师用类似书写的、饱含笔墨的线条描绘着挺拔的山势、古朴的树木，使整个画面富有生动的韵律，物象更加立体。也有部分画师采用了国画中常用的皴法线条来表现

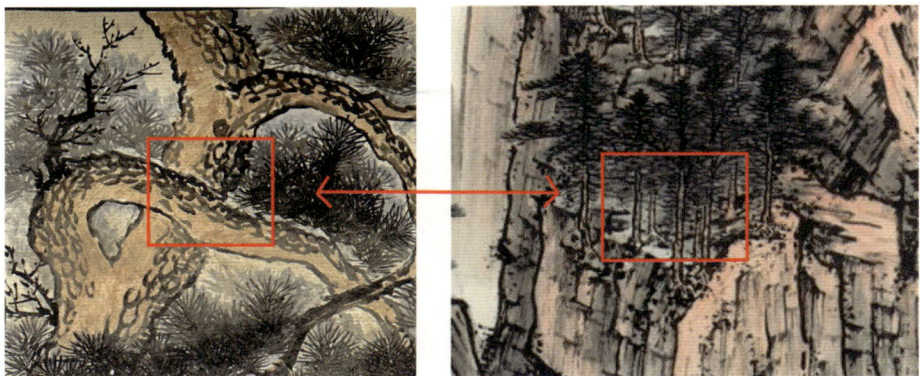

图3-56　青海传统壁画中的线条与《万壑松风图》中的线条对比图

物象，这类线条常用于表现较为突出的树木、山石等，与画面中点缀的房屋、小桥等物象形成对比，苍劲的线条更加凸显了画面的古拙之气。有些壁画中的线条表现［图3-57］与王蒙的《夏日山居图》中的线条表现如出一辙，或许画师曾悉心学习过《夏日山居图》等作品，可以很好地利用干湿分明的皴法线条来表现画面中山石的空间、体面关系。不难看出，此类壁画中山体阴阳相背的线条变化多端，还有类似"屋漏痕"的枯笔线条出现，加强了壁画整体的层次感和厚重感。

众所周知，线条与绘画的造型、审美境界和艺术风格是密切相关的。在绘画中，线条不仅是造型的基本语言，而且在一定程度上具有"传神"的独特功能。宋代著名画家李公麟的《五马图》，仅用白描线条生动地表现出了马的性格特点，可以说画面中线的运用已到了极致。与此相类似的线条在湟源东科寺壁画中［图3-58］也有出现，此处壁画也是单纯利用线条塑造物象，其中所表现的马，虽不及李公麟的作品传神，但是可以清晰感

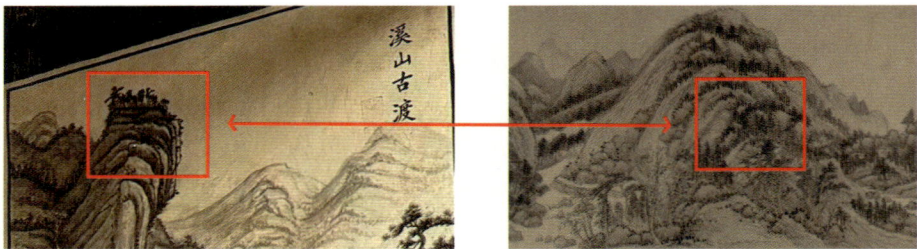

图3-57　青海传统壁画中的线条与《夏日山居图》中的线条对比图

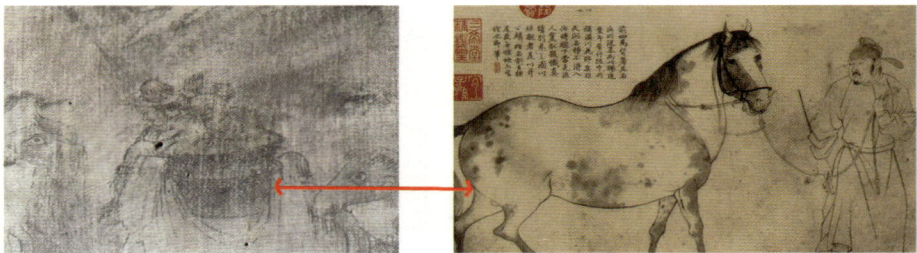

图3-58　青海传统壁画中的线条与《五马图》中的线条对比图

受到画师在线条运用中的心思，也是努力在凝练线条的质感，尽可能用线条表现马的形态和性情。

　　整体看来，虽然青海传统壁画中采用文人画的笔墨线条来绘制的壁画数量并不多，但这一现象的出现，足以证明画师在进行壁画绘制时对传统国画画法的学习与借鉴。正是因为这类线条的表现，使得青海传统壁画整体具有苍茫悠远的感觉，同时带给世人清朗高远的意境。

（二）形式多样的线条

　　线条对于壁画艺术的创作与传播，一直以来具有不可替代的重要作用，我们常常可以看到，为了更准确地表现壁画中人物的精神气质和画面的宏伟场景，画师常选择不同的线条刻画人物和景观。青海地区的壁画线条表现吸收了诸多绘画作品中的技法，这些线条或长或短、粗细各异，或轻重、曲直不同，画师常利用不同的手法和墨色，尽可能展现壁画中人物与景观的独特风貌。

　　在青海传统壁画中，佛教或道教的人物形象描绘用线是最为讲究的，由于这些形象具有较为多样的风格特征，在其形象塑造中常可见钉头鼠尾描（运用略有提按顿挫的前部较粗厚、后部较锐利的描线条手法）、兰叶描等多种技法。以湟源城隍庙壁画为例［图3-59］，画面中的判官、阎王

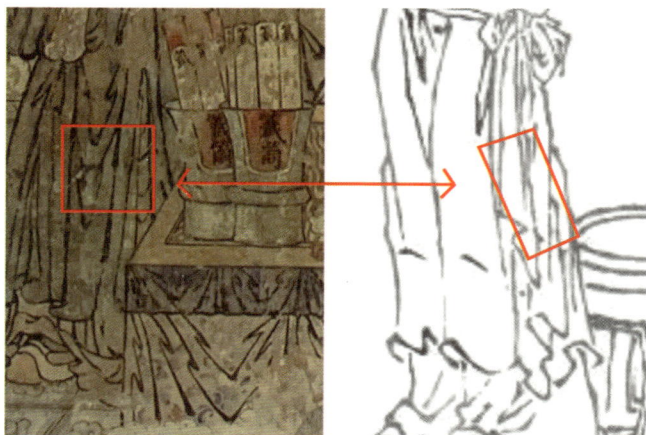

图3-59　青海传统壁画中的线条与钉头鼠尾描对比图

等人物衣饰的线条流畅、刚劲有力，在肢体转折处有明显的提按变化，线条由粗厚迅速转为锐利，但又不失线条的厚度，恰当地显现了壁画中人物衣着的质地和形制上的差异。

（三）拙朴的地域特色线条

部分青海传统壁画中也保留着较为拙朴的线条，具有较强的装饰效果，这种线条前后粗细一致，勾勒着物象的边缘轮廓，与本土农民画中的线条较为相似。如称多普切昂石窟寺的壁画［图3-60］线条，初看有些粗糙，但在整体画面中具有重要的作用，此壁画整体线条以不同色阶的黑色线条勾勒物象边缘，没有粗细变化且线条简单，充满生活气息[1]。值得一提的是，当细看原作时，可以看到壁画表面至今留有浅浅的痕迹，其粗细和轨迹与实际绘制的墨线相似，但并不完全重合，这些痕迹很可能是画师在起稿时用硬笔勾勒的大致轮廓，而恰恰是这些痕迹为壁画增添了更好的视觉感受，为我们研究青海传统壁画绘制工艺提供了现实依据。

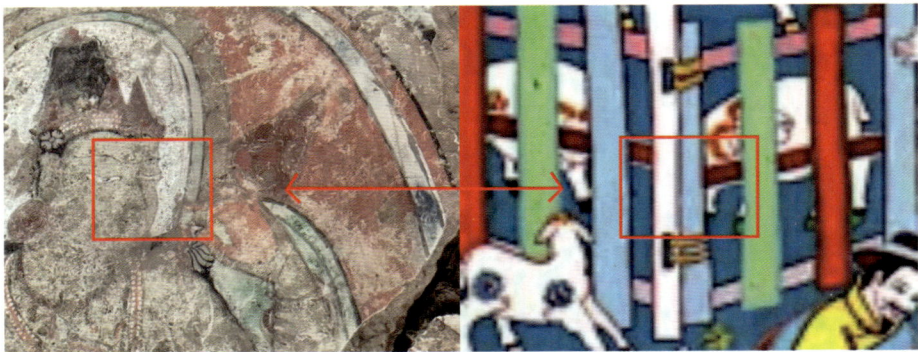

图3-60　青海传统壁画中的线条与青海农民画的线条对比图

除以上三种线条之外，在青海传统壁画中还有一种特别精细的线条，深受"热贡艺术"影响。在年都乎寺、郭麻日寺等黄南地区的壁画中，这

---

[1]　孟之桀：《囊谦东仓日出遗址和称多普切昂石窟寺所出壁画研究》，硕士学位论文，中国社会科学院研究生院，2022，第18页。

些线条形式几乎与热贡唐卡中的线条一致，其勾描较为精细均匀，没有大的粗细变化。即使是利用金线勾勒，也是淡淡的一条线，注重线条在画面中的装饰性，将这种形式的线条与明亮的色彩组合在一起，形成了装饰感极强的壁画艺术[1]。在孟达清真寺等壁画中，出现了类似细密画形式的壁画，画师利用精细的线条勾勒出物体的结构，单纯采用细密画中的线条进行勾勒并不设色，整体画面在工整细腻中透着几分柔美。

除了上述几种线条类型之外，在藏传佛教壁画主尊身后会有多种色彩组合成的线条表现其背光，这类线条也会出现在部分清真寺壁画中。总体来看，青海传统壁画中线条形式多种多样，其形态不一，粗细、长度、间距等在不同情境下能够自由地排列组合，始终在为画面整体服务，体现了一定的地域特色。

---

[1] 谢志卉：《唐卡艺术形式在壁画创作中的运用》，硕士学位论文，天津美术学院，2022，第10页。

第四章

盛光寄情

——青海传统壁画的美学价值与风格特征

美学风格从审美角度来看具有本位之美与个性之美[1]。传统壁画所展现出的美学风格，常有通过组合、构成及色调而呈现的装饰性壁画；也有从传统题材、造型和色彩的客观写照中呈现的写实性壁画；还有通过夸张、变形和色彩融合而形成的抽象性壁画。

青海传统壁画熔古铸今，在发展过程中融合了东西方不同的绘画技法与表现形式，创造了具有本地地域特色的艺术形式，从而成为西部乃至全国壁画中的一枝奇葩。其中，各种文化属性下的壁画又呈现出崇高与优雅、对称与和谐、阴柔与阳刚、悲壮与英勇、庄严与浪漫等各自不同的美学风格。青海壁画的审美特征与其他地区有明显不同，大体在内容与题材上呈现出超越世俗的慈悲之美，从造型与构图中折射出韵律之美，又在线条与色彩等形式上展现着和谐之美，整体呈现着多元艺术文化互鉴、交融的审美思想与艺术特色。

第一节　青海传统壁画的美学价值

中国各朝代、各地区的艺术家，常利用其独特的绘画语言形式展示其

---

[1]　李泽厚：《美学论集》，上海文艺出版社，1980，第23页。

崇尚自然与和谐的精神状态[1]。在传统绘画中，常强调精神魅力的重要性，艺术家在作品中不仅关注着现实中的苦难，也注重在画面中表现自己的精神境界。在青海传统壁画中，这种规律表现得淋漓尽致，在内容与形式等方面均呈现出其独特的美学风格。以下是对壁画中的几种典型美学风格的大致分析：

一、庄严神秘的藏传佛教壁画

青海传统壁画无不承载着当时民众的情感，在藏传佛教内容的壁画中，画师通过对具体形象的描绘阐释藏传佛教的思想内涵。在这里，绘画和信仰是人类对客观世界积极能动的、主观的思考反映，是通过丰富的幻想和情感升华而创造的"具象"的精神产物。

藏传佛教壁画常以宏大的场面表现特定历史背景下的故事情境，整体呈现浓厚的本土文化气息与民族美学特征。在以各种人物故事为主的壁画中，由于常出现身份较为特殊的人物，在多数壁画中不仅只限于表现这些特殊人物的外貌特征，而且画师会尽可能在画面上表现出人物的精神思想。被称为"文殊三尊"的宗喀巴、萨迦班智达贡噶坚参及隆钦饶绛巴，以历代高僧上师的形象常出现在壁画中［图4-1］，在广大民众心中，他们具有文殊菩萨一样

图4-1　瞿昙寺西壁上师像

[1] 麻可：《"甘肃敦煌莫高窟"壁画的美学阐释》，《黑河学院学报》2022年第8期，第177-180页。

的品格与智慧，并寄托了广大民众拥有其广博智慧的夙愿。在壁画中，画师会尽可能将他们的形象描绘得慈祥、庄严，其本质是借助其形象，宣扬"发心为一切众生之解脱而努力成佛"的思想。

青海传统壁画中的大部分题材与当地民众的这种崇拜具有紧密的联系，在藏族佛教壁画中，便常绘有阿尼玛卿山神等形象。在塔尔寺祈寿殿外门的墙壁上也有阿尼玛卿山神像［图4-2］，整幅壁画以蓝色为主色调，山神绘于画面的中心部位，其穿袍戴盔，骑着飞驰的白马，左脚在云雾中蹬起，露出脚底的蝙蝠，周围点缀着鹿和树木。画面的左右上方各有两尊神像，其中一位身穿宽袖的交领袍，披着白色披风，骑白马；另一位为蓝面，骑

图4-2　塔尔寺阿尼玛卿山神像

龙驾云。这些形象超越了时间和空间的限制，出现在同一幅壁画中，是对地域文化最好的继承表现，也让整幅壁画呈现出庄严神圣的美学特征。

青海传统壁画中的藏传佛教壁画常以佛陀为核心，展现出佛光普照、信仰虔诚的宏大场景。这类壁画常以五方佛、三世佛、三生佛等佛陀形象为主要内容，其造像表情生动、形态各异，体现了画师高超的技艺，更呈现出庄严神秘的画面意蕴。除此之外，还有一些表现佛陀及十六罗汉、十二圆觉的壁画，这些壁画在构图、色彩及线条等方面独具地域特色，并以其创造性和神秘性引发人们的思考，表达着灵魂不灭、因果报应、向善从事等哲学思想[1]。

这类壁画以神秘的造型和生动的表现手法呈现出了藏传佛教的主题内容，展现了宗教文化的庄严神秘并具有强烈的地域特征。

二、平淡质朴的汉传佛教壁画

艺术形象源于生活又高于生活，艺术在于表现而非再现，创作时必须适度夸张和变形[2]。青海汉传佛教壁画也常采取夸张变形的手法，创造出耐人寻味的艺术形象，从而呈现出其独特的美学风格。

在众多的传统壁画中，各种样式的佛造像是普遍的表现对象，千百年来在人们心目中赋予其不同的情感色彩。纵观中原汉传佛寺中的佛造像，基本是按照固定的样式描绘，只在手印、肉髻和螺髻上有所区别，可以说基本是千佛一面。而在青海，对佛像的刻画较为讲究，为了更好地传递佛教文化与思想，画师常将自我感受，通过夸张、变形等技法进行创作，以此突出佛陀鲜明的性格特征，从而实现民众对佛陀精神的崇尚感。佛教文化中的"十二因缘""四谛""涅槃"等，在传统壁画中被反映得尤为具体，各处壁画中均以独特的人物形态，竭力展现着释尊崇高的精神，让观者从中获得极大的心理安慰，又有具体的审美体验。

---

[1] 张文燕：《关于藏传佛教寺院建筑及壁画艺术的调研报告》，硕士学位论文，辽宁师范大学，2018，第13页。

[2] 佟辰子：《云南现代重彩画变形语言研究》，硕士学位论文，云南大学，2021，第5页。

在瞿昙寺壁画中，就有一些没有遵照传统神仙画样本进行的绘画，画师在描绘过程中将神佛的慈悲、护法的威严、菩萨的优雅，甚至世俗人［图4-3］中男性的阳刚、女性的阴柔等特征放大，有效地提升了壁画的审美情趣。

谢赫六法中的"传移摹写"即"传神移情、摹真写实"，被认为是对中华传统艺术中"形""神"关系的极佳表达。传神即描绘对象的本质精神，在诸多青海传统壁画中常出现的上师像便遵照了这一特点。瞿昙寺宝光殿东西壁每尊佛像券拱的左右侧交界处，绘有持转法轮印的上师，其两两相对，均穿红、白两色衣袍，坐姿和莲座形式与殿内其他上师一致，造型上也大同小异，呈现出程式化的规律；观察各上师造型，在其面部形象、头部动态、衣着搭配和结手印等处各有差异，可以看出画师在尽可能表达上师形象真实性的基础上欲达到"应物象形"，并且在具体描绘中画师又把个人情感灌注到上师像的描绘中，使壁画既系于物又系于情，达到了一种人画合一的境界。

在青海汉传佛寺壁画中常会出现同一画面不同时空、事件组合表现的形式，这种组合均是在有序的前提下展开。菩萨和侍女的形象在壁画中出现频率也较高，菩萨因其善良慈悲、普度众生之缘而深受人们的爱戴，画

图4-3 瞿昙寺壁画中的世俗人

师则常会通过其神格配置信息，通过有序的组合，体现出菩萨和侍女等造型特点。画师还秉承了宋元以来客观、严谨、写实的风格，在对物象造型进行把握时，对人物造型也进行些许的变形表现[1]。壁画中的菩萨［图4-4］通常头戴花冠，穿天衣，系长裙，肩披长巾，胸前挂璎珞，手臂饰钏镯等，面容安详端庄，身材丰满圆润，展现出婀娜多姿、温柔善良、雍容华贵的特点；而侍女的形象虽也是温柔优雅，但与菩萨又

图4-4 青海传统壁画中的菩萨形象

有所区别，一般是面颊丰厚、肤色白皙、体态丰腴、神情自然，眉眼神态和举手投足之间尽显世俗女子的柔美之态且动态刻画得细致。除此之外，壁画中偶尔出现的伎乐、飞天等也集中体现了理性之美，并传达出对生命的赞美。

　　整体来看，青海传统壁画中的汉传佛教壁画在演变中已形成了自己独特的艺术表现方式。画师通过壁画中"三位一体"的理念将领悟到的自然之道与生命、文化、信仰合二为一；对形象的塑造没有停留在"似"与"不似"的追求上，而是对"象"进行更深层次的探讨，即注重对"象"与"自然""精神"之间的探索。

三、平淡写实的道教壁画

　　道教思想认为"虚静、恬淡、寂漠、无为者，万物之本也"[2]，表明

[1] 陈宁：《唐墓壁画女性图像风格研究》，《时代报告》2021年第12期，第54-55页。
[2] 孙海通：《庄子》，中华书局，2007，第211页。

宇宙万物的本质是虚静、空寂、恬淡、顺其自然。《老子想尔注》上说："道至尊，微而隐，无状形象也；但可以从其诚，不可见知也。"可见，道教修行需要借助有形之物来体悟无形之"道"，因此，道教的神仙造像在其思想传承中具有重要的作用。

　　绘画作品比文字说明更加直观，它可以透过生动具体的形象来感染教育人们，达到"恶以戒世，善以示后"的效果。在青海诸多城隍庙中出现的《十八层地狱审判图》和《十殿阎王出行图》中，画师就利用不同的主题内容完美地表现了这一效果。《十八层地狱审判图》《冥界审判图》中既有悲壮的场面，也有比较豪迈的情节。《十八层地狱审判图》常表现阎王审判的场面，如"拔舌地狱""剪刀地狱""铁树地狱"等画面比较惨烈[图4-5]，这些是以悲壮的画面故事来警告人们在世间弃恶从善的道教思想[1]。

图4-5　湟源城隍庙壁画

---

[1]　于娟娟：《浅析道教壁画的审美思想》，硕士学位论文，陕西师范大学，2010，第29页。

清代黄钺在《二十四画品》中说："澹远，白云在空，好风不收。瑶琴罢挥，寒漪细流。偶尔坐对，啸歌悠悠。遇简以静，若疾乍瘳。望之心移，即知销忧。于诗为陶，于时为秋。"在青海道教壁画中，画师们以精湛的技艺表现出层次丰富、充满纵深感的画面，他们用写实的色彩、粗细得当的线条有序地组织画面，并巧妙地利用树木、河流、云雾等自然元素分隔画面，还采用散点透视的方法使得画面呈现出一种天然的完整感。这凸显了画师独特的构思和精湛的技艺，也使画面呈现出一种平淡写实的审美特征。

清代方亨咸在《邰村论画》中说："逸者，轶也，轶于寻常范围之外，如天马行空，不事羁络为也。"亦是讲走出固定的艺术程式，在绘画时讲究平淡天真不受任何约束，并非有意刻画而达"物我两忘"的境界。在青海道教壁画中，"逸"得到了极真实的体现，诸多壁画中的辅景均是画师直抒胸中"逸气"，很少纠结形体的似与不似、树叶的繁与疏、枝干的斜与直等。壁画中常见对形象草草描绘的现象，以至于今天欣赏这些壁画时，出现无法具体辨别的树木、花草的品种。这种情况无疑体现出画师对现实的超越，形似在画中已不是关键，画师创作时胸中"逸气"的宣泄才是至关重要的。

清和祖师曾言："道家之像，要见视听于外，而存内观之意，此所以为难。"所谓"内观之意"，很难用具象的形式来表达。又如唐代张彦远所云："夫画者，成教化，助人伦，穷神变，探幽奥，与六籍同功，四时并运。"由此可见，优秀的绘画作品能使人畅神，给人以心灵上的享受。像湟源城隍庙中的《十殿阎王出行图》，两面壁画中十个阎王虽呈现出一定的程式化，但其服装各不相同，体态、神态及手中的持物也不尽相同，从色彩上可以感受壁画整体受时代和情感的影响，让观者能够获得独特的审美体验。

纵观青海传统道教壁画，其中既有六朝的传神，又可窥见唐画的以气见胜、宋画的形简意繁，更有明画的枯硬和清画的柔靡，其见证了不同壁画所呈现出的独特的艺术面貌，即庄严神秘，又平淡质朴，展现了画师自身对艺术的理解与表达。这有助于我们深研壁画中蕴含的美学思想，从而更深切地体会青海传统壁画对道教思想的继承与审美的追求。

四、神秘莫测的伊斯兰壁画

伊斯兰艺术的重要理念是和谐，不同地区的伊斯兰艺术在其发展中都会吸收该地区的本土艺术。在伊斯兰绘画中，几何图案是其永恒的经典，自8世纪以来，穆斯林艺术家就一直用几何化的图案和书法作品来进行各种装饰。

青海众多清真寺建筑充分吸收了诸多本土建筑装饰文化，均为典型的中式建筑，还会装饰雕梁彩檐等，壁画随之也成为其中主要的装饰元素。这些壁画整体具有特殊的美学风格，画师严格继承伊斯兰艺术中对几何化纹样的关注，将青海地区的各种植物及阿拉伯文字经过自己的加工改造呈现于壁画之中。这些纹样形式既有鲜明的阿拉伯绘画风格，又明显具有当地的乡土气息。在伊斯兰绘画中，通常不会使用人物、动物等偶像崇拜的图像，但在青海地区的建筑装饰中，除了礼拜殿不用动物图像外，其他地方会采用动物图像装饰，这也使得伊斯兰绘画内容的构成发生了丰富的变化，体现了其艺术文化在发展中的包容性。

纵观这些壁画，整体始终强调主、客统一的意识与"全""满"的美学观念，这其实是对"万物和谐共生"理念的实际践行，因而画师们在壁画绘制中始终坚持"以整为美""以满为美"的思想理念。因此，众多伊斯兰壁画在构图上多采用"密不透风"的布局方式，具体又呈现出对称平稳、富有节奏感和规律的特点。有些壁画即使整铺画面看似对称，但细节处又存在一定变化，整体呈现出大方、庄重的艺术风格。

在青海清真寺壁画中，画师还会巧妙地将阿拉伯文字与植物纹饰相结合 [图4-6]，形成一种抽象化文字图案，具有浓郁的浪漫主义色彩和浓厚的生活气息。这些元素常以圆形和方形为基础框架，在基本结构上将花卉、文字不断穿插循环，使之成为新的组合，形成新的兼容两者的图案，这种图案又有别于单纯的几何图案。

这类壁画中还会出现单独的文字图像。这些图像通过点、线的巧妙组

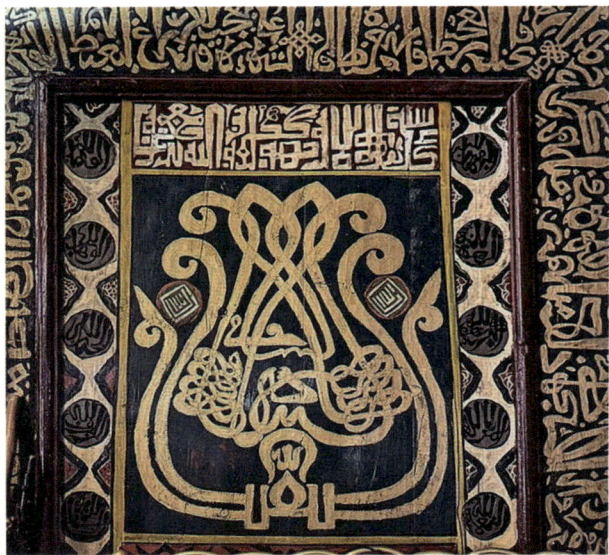

图4-6 阿拉伯文字与植物纹饰几何化组合的壁画

合，其笔画长短错落有致，直线与曲线相辅相成，具有极强的动感和装饰性。同时，这些文字图像往往以现实与浪漫相结合的表现手法，营造出情景交融、神韵多姿的艺术氛围，增添了壁画整体的韵律感和秩序感。

植物图像在这类壁画中占有绝对的主体地位，其由牡丹、菊花、松柏、梅花等常见的植物元素构成。这些植物元素经画师利用谐音或提取美好寓意，运用设计学思路，将理性与感性、抽象与具象完美结合，创造出一幅全新的装饰性图像。这种图像造型饱满，不同的植物纹样通过重合套叠，形成包含特殊文化寓意的图像，具有浪漫的情调，不仅充分承载着本民族的艺术文化观念，也符合中华传统审美特质。

在色彩的运用上，则更接近阿拉伯绘画的华美典雅风格，又对当地其他兄弟民族的色彩观有一定借鉴。因此，多采用同类色系或者邻近色赋色，整体用色较为丰富，色彩间层次感较强，形成了有规律和秩序的色域空间，给观者丰富、明快的视觉感受，呈现出独特的地域民族风貌。

整体看青海清真寺的壁画，其画面中物象大小比例各不相同，图像对称中有变化，变化中又求统一，注重整体的艺术效果，具有高度的抽象性和象征意义。无论在美学层面，还是艺术性方面都具有极其鲜明的特色，是中华传统美学思想和青海地方美学思想完美结合的极佳表现。

第二节　青海传统壁画的风格特征

一、藏传佛教壁画艺术特征

在历史时代的洪流中，青海藏传佛教壁画承载着本土众多民族的审美追求，并呈现着浓郁的地域特色，彰显着自身独特的艺术风貌与文化内涵。以下将对这些壁画的艺术特征进行简要分析，以便更深入地感受这些壁画与当地社会政治、文化的相互作用，继而更加明晰青海藏传佛教壁画的风采。

（一）不教之教的文化情感

青海藏传佛教壁画除对建筑具有装饰功能外，还有传递信息、感知世界及表达情感等功能。佛教经典中有许多教义高深、晦涩、不易理解，佛教徒为了广敷佛惠、阐扬圣教，则运用直观生动的图像形式表现经典中的文化，将藏传佛教文化中的理论、哲学观点具象化、明确化，进一步使信众深入了解藏传佛教所要表现的思想文化和艺术情感，从而接受更多的教诲[1]。

因此，诸佛、菩萨以及莲花生大师、宗喀巴大师等形象，便会以塑像或绘画的形式出现，利用这种表现方式来呈现晦涩难懂的经典，以启发人们的思想，提高其文化认知与艺术情感。

也有很多壁画在有限的画面中，画师最大限度地表现着时空，把不同历史故事和事件呈现在有限的面积中，营造出可望、可游、可思的境界。"藏传佛教的精华即密法和性空正见"[2]，由于人们对"空"的本质认识有限，所以挣扎于现实之中。壁画《六道轮回图》[图4-7]中的"三毒""六道"

---

[1]　孔斌：《炳灵寺3号窟壁画艺术特色研究》，硕士学位论文，西北师范大学，2019，第5页。

[2]　多识仁波切：《爱心中爆发的智慧》，民族出版社，1996，第137页。

"十二因缘"等内容就在讲述这一思想核心。此外,《六道轮回图》其形式呈圆轮形,从内到外分四层,常与须弥山分布图配合出现,可以有效促使观众的视线中心聚焦于画境,避免目光游离于画面的其他地方,这也与藏族人民崇尚"圆"的生活习惯密切关联。

此外,"白度母"被称为观世音菩萨的化身,她温柔善良且天资聪颖,藏族中普遍流传有事都要求助于她的习俗。因此,青海各地壁画中常可见到"白度母"的形象,且构图饱满完整,尤其对于其细节的描绘明显比其他菩萨精致。这一现象,完全是人们利用壁画表达着其文化中"明教化,助人伦"的思想,也提升了壁画本身的艺术价值。

藏传佛教壁画中常绘制释迦牟尼、莲花生大师、宗喀巴[图4-8]等形象,这其实是世人对这些贤哲伟大精神的怀念与追寻,也是一种普遍的自我关怀与对生命真谛的维护、追求,是对理想人格的肯定和重

图4-7 吾屯下寺《六道轮回图》

图4-8 年都乎寺壁画宗喀巴大师局部

新塑造[1]。这种关怀的前提首先就是壁画绘制者自身的思考，基于思考，让画师更好地把情感与精神在画面中表现出来。这一现象在青海藏传佛教壁画的每一幅画面中均有不同程度的体现，也成为这些壁画独特的美学特征，并且具有艺术情感与思想文化等层面的教化作用。

由此可以看出，青海地区的藏传佛教壁画中，外在的图像与思想文化、艺术情感和文化精神是紧密结合的；其审美取向也常会从静穆空灵向质朴世俗转变，从崇高庄严向真实亲切转变，对观者具有精神意境层面的引导，可以帮助信徒们在壁画前享受心灵的平静与安宁，并从中领会深奥的思想文化及艺术情感，从而促使艺术的魅力得以更好的展示和升华。

（二）丰富多彩的表现形式

在历史变迁中，青海藏传佛教壁画不论是创作手法，还是对人物内心世界及人物内涵的表达方式都发生了改变[2]。其画风不仅受到本土艺术风格的影响，还受到"噶玛噶举风格""热贡风格""波罗风格"等的影响，呈现出了丰富杂糅的表现形式。以下就不同表现形式的壁画所具有的艺术特色进行具体分析。

整体看，这些壁画在保持本土特色的同时，又吸收了印度、尼泊尔以及汉地绘画风格，也吸收了著名的噶玛嘎孜画派、勉唐画派、青孜画派和新勉唐派的表现形式及技法。其中，以噶玛噶举画派风格最为突出，其色彩层次丰富而轻薄，又呈现出浓烈的色调对比，大胆地运用金银色使整个画面呈现出宏伟而庄严的美丽。

对汉地绘画技法的借鉴，在这些壁画中较为明显，甚至有些壁画中明显有汉地人文画的影子［图4-9］，壁画整体充满儒雅恬静的韵味，其线条的轻重粗细、参差错落、抑扬顿挫，均体现出画师深厚的绘画功底；整体造型又追求意象化，或体态优美、富于韵律，或神情沉稳肃穆，具有强大的感染力。还有一部分壁画明显具有汉地传统工笔画的表现特点，从人物到花卉、山水，均力求写实，且背景常与主尊穿插有序，呈现出以景传情、

---

[1] 周喜增：《藏传佛教壁画》，《文艺争鸣》2010年第20期，第153-154页。
[2] 周喜增：《藏传佛教壁画》，《文艺争鸣》2010年第20期，第153-154页。

以景托人的思想，同时衬托了主尊图像的生动细致，画面整体呈现出高雅且不失灵动的艺术效果。

　　"热贡"是对青海黄南地区的旧称，"热贡艺术"通常指的是这一地区产生的以唐卡为代表的艺术风格，此地区内的壁画艺术也受到"热贡艺术"的影响，并体现在具体的画面绘制中[1]。这一风格的壁画在布局、设色等方面具有较为鲜明的特色，主尊通常在画面的中心位置，且比例较大，其他形象有次序地排列在主尊的周边，主次分明。与其他风格不同的是，画面中会有大量的植物作为装饰围绕主尊，给人一种"花团锦簇"的感觉，以"有象"的表达形式体现出主尊悲天悯人、佛力无边、功德无量的"无象"世界，这种观念也成为青海藏传佛教壁画美学思想的重要体现[图4-10]。

图4-9　兴海县文昌庙壁画

图4-10　热贡地区的壁画

---

[1]　王博涵：《青海热贡唐卡艺术的特征研究》，硕士学位论文，山东建筑大学，2015，第3页。

千百年来，青海各民族在不同程度上均或多或少吸收了一些汉文化，在其艺术文化中具有明显的汉文化印记。这种融合在部分藏传佛教壁画中也得以完美体现，这些壁画在构图上与唐卡相似，但具体形象塑造和绘制技法则大多呈现出汉地绘画的特点。尤其是壁画中的人物，穿着华丽衣裙，不再像唐卡中常见的那样裸露；通常用色浓郁，与传统重彩画相似，还会大量采用沥粉堆金技艺，营造出画面整体富丽堂皇的视觉效果；在线条运用上，也与常见的唐卡用线不同，勾线行笔中明显借鉴了其他绘画的用线特点，展现了粗细有别、沉稳有力的笔势特点。这些壁画的绘制和设色借鉴了多种元素而呈现出多元的艺术特征，确立了普世之美、生活之美与意境之美的艺术精神，这也成为青海传统壁画的又一独特美学风格。

在青海地区还保存了部分受波罗艺术风格影响的壁画，这些波罗艺术风格的壁画可能受到河西走廊和黑水城等地波罗艺术的影响，也有可能受到西藏地区波罗艺术风格的影响[1]。但从艺术特征的层面审视这些壁画，无论是构图、色彩还是人物形象的刻画，都缺少了西藏等地区传统壁画的意蕴。壁画常将不同的尊神分隔在独立的空间中，互相之间没有叠压关系，呈两两相邻的形式出现，而西藏地区早期的波罗风格壁画却没有这种构图形式；从技法上与西藏地区早期的波罗风格壁画相比，青海壁画明显不够重视细节的表现，且装饰也较简单。但在人物形象的绘制、服饰的表现和色彩的运用等方面，两地有明显的关联性［图4-11］。总体来看，这些壁画是在借鉴或参考同时期其他地区波罗艺术风格特点的基础上，又加入了本地区的审美需求，具有极强的地域性特色，在我国壁画艺术中具有特殊的意义和价值。

除上述几种艺术风格外，还有一种极具地方特色的风格表现，这类壁画明显受到18—19世纪青海地区格鲁派绘画的影响。这个时期藏传佛教格鲁派正在甘青地区稳步发展，高僧大德辈出，为此，青海兴建了众多格鲁

---

[1] 胡筱琳：《囊谦县博日寺壁画研究》，硕士学位论文，中国社会科学院研究生院，2018，第18页。

图4-11 青、藏两地波罗艺术风格壁画对比图

派寺院，使格鲁派在青海地区迅速发展[1]，并很快形成了具有明显特征的艺术风格，因此，受格鲁派绘画影响的佛教壁画艺术也随之兴起。

在整体壁画中，受格鲁派绘画影响的作品相对较多，据不完全统计，仅河湟地区保存的12000多幅壁画中，一半以上均为此类作品。其中最具代表性的有：塔尔寺的《金刚怖畏本尊护法神图》，瞿昙寺的《释迦牟尼从降生到圆寂图》《大持金刚神、金刚萨如意金刚图》《山石林木、渔夫牧民佛萨神龙凤狮像图》《16组宫殿建筑图》等。这些壁画在构图、色彩和人物造型等方面，不仅与甘肃和新疆地区的作品有所不同，而且与西藏出现的格鲁派绘画影响下的壁画风格也有显著差异。西藏的这类壁画通常满壁绘制，色彩和造型古朴稚拙，给人以沉实厚重的感觉；而在青海则采用较强的色彩对比，画面中所有元素均以主尊为核心展开。

---

[1] 多杰才旦：《18—19世纪河湟流域藏传佛教壁画艺术及其历史文化考——以合然寺壁画为例》，《青海民族大学学报》（社会科学版）2022年第4期，第144-155页。

（三）匠心独具的地域特色

青海传统藏传壁画的构图和色彩，最常见的就是中心构图和主辅色搭配，这虽与西藏、四川等地的壁画艺术特征大体相近，但又有许多不同之处［图4-12］，因此，也体现了独特的地域特色。

西藏的藏传佛教壁画呈现着古典风格的美学特征，更多地融合了印度、尼泊尔等艺术特点，以饱满、富丽的视觉效果为主张，常用冷暖对比的色调，凸显主尊的形象；在造型上尽量避免过于程式化的同时，保持了造型的统一性，具有鲜明的西藏特色。相比之下，青海的壁画中，虽也吸收了其他地区的艺术元素，但更加凸显了本土艺术特色和地域特征。画师们常通过画面中的装饰元素巧妙地突出主尊，呈现出清晰的主次关系；在色彩上通常采用统一的色调辅以其他颜色，在增强画面层次的同时，又追求和谐统一的画面效果。

图4-12　青海壁画与西藏壁画色彩对比图

这种和谐统一与四川地区的壁画相比，就显得更为绝妙［图4-13］。四川地区常见以工笔重彩的技法绘制的壁画，通常用色较为丰富，画师们需要充分理解色彩并予以掌握，才能使壁画色彩变得和谐统一，这一点与

图4-13　四川地区壁画与青海地区壁画对比图

青海地区相比还是略有差距[1]。在上文中提到，青海黄南地区也有与之相似的画风，虽然两地绘制技法相似，但是相比四川地区的壁画，无论在构图，还是色彩上，均具有高度的和谐统一性，其丰富性也并不亚于四川，并呈现出极好的艺术效果。

青海藏传佛教壁画在发展中，虽然积极吸纳外来艺术文化元素，但在很大程度上保留了本土艺术特色。它们以和谐的色彩搭配、对称的构图以及和谐统一的画面为特色，展示着自己的独有魅力。虽然由于地区、派别的不同，壁画的绘制也有各种不同的手法，呈现出不同的艺术风格，但整体始终是在传达当地藏传佛教的文化和哲理，真实地反映着藏传佛教美学中关于真、善、美的哲学思想。

二、汉传佛教壁画艺术特征

早在印度佛教艺术大规模涌入之前，青海汉传佛教寺庙中已有绘制壁画的历史，后期又在此基础上吸收了来自其他民族的优秀文化，最终形成了具有独特地域特色的艺术风格。因此，青海汉传佛教壁画无论在内容还是形式方面，均体现着多元艺术文化交流、交融的印记。这种交融的方式不仅体现在艺术风格的简单结合上，还体现在汉藏艺术与印度等多种文化

---

[1]　康·格桑益西：《藏族美术史》，四川民族出版社，2005，第219页。

在不停地吸纳、修正、包容的过程中[1]促成的独具特点的青海汉传佛教壁画艺术发展历程上。

（一）别具一格的艺术形式

"线为骨，色为辅"的赋色方法是这类壁画在绘制过程中最常采用的方式。也就是说，在这些壁画中，赋色不是以造型为主要目的，没有色彩，线条同样可以独立地表现出完美的形体[2]。由此，我们常会看到，这些壁画中的赋色就不会要求必须以线条表现的转折、凹凸来进行，尤其是表现明暗变化、结构起伏等，画师常会运用本地常见的晕染法（将色块边缘用清水晕开，形成由浓及淡的色彩层次）进行，整个画面常呈现明快且淡雅、自然的色彩效果。

这类壁画中的人物造型及装饰元素，多以墨色勾勒内外轮廓，然后平涂色彩，形成不同色块，增强了画面的统一和美感［图4-14］。在装饰元素的描绘中，虽对汉地很多绘画作品有所借鉴，但画师并没有完全照搬其技法，本土民间的凹凸晕染法使用更为频繁，这种方法与勾勒的线条相结合，既令物象具有较强的立体效果，又保留了传统绘画中以线为骨的审美习惯。因此，线条运用和色彩表现是此类画最大的特点，也最具青海地域特色。

青海汉传佛教在与西域文化融合的过程中，出现了强烈的本土化演变。就壁画而言，它吸收了印度壁画中以时间为主线的空间排序形式，其中包括圆形空间排序和按时间发展顺序进行由上至下的分层表现，其他的就是完全汉化的对称式空间分割形式，在印度绘画艺术中则是最具代表性的印度式的绘画叙事方式[3]。这种方式随佛教壁画传入青海，改变了当地汉族人民早期以独幅的形式表现佛经故事的局面，一幅完整的壁画常会依据内容变化在几面墙壁上进行绘制。例如，在瞿昙寺回廊壁画中［图4-15］，

---

[1] 张文燕：《关于藏传佛教寺院建筑及壁画艺术的调研报告》，硕士学位论文，辽宁师范大学，2018，第3页。

[2] 金蕾：《试论汉传佛教壁画色彩的本土化演变》，《艺术教育》2017年第15期，第129-131页。

[3] 李思婷：《明代瞿昙寺壁画中山水画探析》，硕士学位论文，云南大学，2021，第13页。

图4-14　青海汉传佛教壁画中的人物和装饰元素

图4-15　瞿昙寺回廊壁画局部

画师将连续叙事方式与横幅分层式空间分割相结合，使得壁画中所能表现的内容有更大的呈现空间，其情节的描绘也更加具体、细致。

因此，青海地区汉传佛教壁画艺术的表现形式，不仅具有汉藏艺术交融的特点，还有来自西域和印度的诸多表现形式，真正体现了在文化融合中的认同和接受，呈现出"你中有我、我中有你"的多元一体特征[1]。这些壁画在多元文化与艺术的交流、融合之下，催生出当地的新艺术风格，在当地壁画艺术发展中具有更加深远的意义。

（二）卓尔不群的内容表达

通过大量美术史资料可以看出，汉传佛教壁画的发展一直深受中华传统文人画的影响，也正因如此，我们今天欣赏这些壁画，似乎更加"人性化"，更加符合汉地民众的审美观念。同时，画面中也更加注重人物神态的描绘，强调人物形象的"传神"，这无疑与南齐谢赫所提出的"气韵生动"有共通之处。在青海壁画中塑造不同人物性格时，画师所采取的手法也会不同。例如，藏传佛教壁画更注重人物与整体氛围之间的关系营造，而汉传佛教壁画则更注重人物造型线条的韵律和整体气质的表达。

青海汉传佛教寺庙壁画与中原地区有明显差异。青海大多数汉传佛教寺庙中，偶尔也会出现藏传佛教的内容，且其大多受当地藏族绘画影响，色彩艳丽、装饰性强，无形中增强了造像的威严感和神秘感。例如，文昌庙中的壁画 ［图4-16］，壁画整体图式明显受到格鲁派绘画风格的影响，主尊佛像安置于画面中间，以主尊为中心，四周按照等级的顺序依次排列千佛开来，尤其是主尊四周完全采用藏传壁画的形式表现背光和身光，为当地汉传佛教壁画增添了新的表现形式。

在青海汉传佛教壁画中，还有一类从构图到设色有很多大面积留白的处理，更注重画面的意境表现。在这些壁画中，画师会严格遵循固定的规则和造像比例，描绘壁画中的各神祇，对其服饰的描绘也会非常细致；而在背景中却尽量进行简化，只用简单的云纹等进行装饰，甚至有些背景只

---

[1] 殷超：《瞿昙寺壁画中的汉藏艺术交融研究》，硕士学位论文，西北民族大学，2021，第27页。

是用单纯的颜色平涂。这
类壁画在造像绘制上还有
一个共同的特点，即通常
造像头部上宽下窄、眼睛
位置较低，四肢修长，加
上单纯的背景，更加显现
了主尊的神圣。

　　青海汉传佛教壁画中
也有一类，借鉴了西域壁画
的特点而形成自己独特的面
貌，但这类壁画数量有限，
并且是基于当地民众审美及
文化信仰而展开；它们只是
将一些技法、风格与本土表
现形式融合，主要体现在色
彩、线条等方面，尤其凸
显了画师在美学层面的造
诣。这些壁画的出现，从

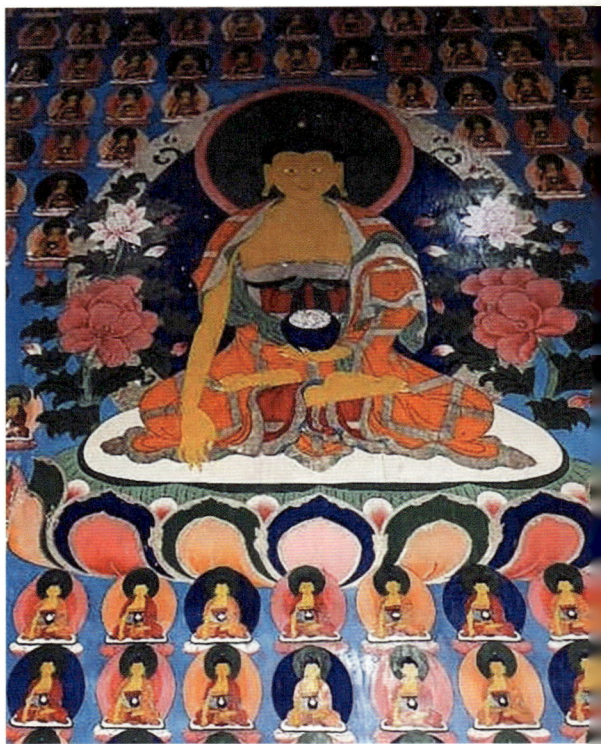

图4-16　青海文昌庙壁画局部

一个侧面反映了在青海壁画发展中，画师们始终具有的包容性，他们将不
同文化背景下产生的艺术形式与统一的美学风格完美融合在一起，使多元
的艺术在壁画与民众之间得到了平衡发展。

三、道教壁画艺术特征

　　道教壁画以道教文化为基础展开，继承历史艺术传统，结合时代特征，
以道教思想中宇宙万物、个体生命与宇宙生命和谐统一为生命宗旨，体现
其追求天人合一的民族绘画形式[1]。青海传统道教壁画主要以本土道教文

---

[1]　程群、涂敏华：《道教壁画之传统文化意蕴寻踪》，《新疆艺术学院学报》2011年第1期，
　　　第30-35页。

化为核心并兼有其他地区的内容，以道教中诸神、仙道、地域和鬼神等形象为主体，生动展现了道教文化中的诸多内容；以形象化的艺术手法体现出以道为主的核心思想、万物归元的生命宇宙之哲理以及艺术特征的多样性[1]。

（一）形式多样的内容表现

青海道教壁画独特之处在于其内容与形式等，并深受画师个人因素的影响而形成自己独有的特点。这些画师在特定区域长期居住，其性格、心理和审美观念都受到了当地文化的深刻影响，形成了各自独特的审美理念和表现手法，由他们创作的道教壁画展现出了丰富多样的主题与风格。

在技法上，部分青海道教壁画采用了传统的写实技法，常见表现细腻的人物形象，画师常用遒劲有力的线条细致入微地描绘人物的五官、神态、服饰等。这些壁画不仅展现了本土道教的历史文化传统，也为研究青海道教文化提供了珍贵资料。例如，湟源城隍庙［图4-17］的壁画中，便有一些画面生动地展现了"十殿阎王出行"和"十八层地狱"的审判场景，画中无论是判官、小鬼还是侍从官，都栩栩如生，各具特色，真实地反映了道教文化中阎罗、地狱等文化思想在青海当地的传播。

图4-17　湟源城隍庙壁画

[1]　耿纪朋、郑小红：《元代道教壁画考略》，《佳木斯教育学院学报》2014年第2期，第115-117页。

　　青海的画师们常喜欢用精神观照物象，并通过主观改造、重构自然物象，创造出具有感染力的艺术形象。在这些壁画中，就有部分内容是画师运用文人画的技法表现，使整幅壁画中具有一种"天人相通"的境界。在道教文化中，常把鹤看作仙的化身，有长寿的象征；龙与虎又被认为是道教的护法神，其中龙具有帮助道士修行、沟通鬼神的功能。因此，在本土道教壁画中不可避免地会出现这三种动物形象。贵德玉皇阁内便有传统文人画样式的鹤、龙和虎的形象［图4-18］，画面中虎和鹤呈"C"形，整体构图具有一定的相似性；唯一不同的是，带有鹤的这幅壁画是由左上方入画，而带有虎的这幅壁画是由右上方入画，这两铺壁画都绘有松树，枝叶聚散分布，展现了一种坚韧不拔的姿态，也把画面的气势引到了下方，突出了画面中的主角[1]。而龙在壁画中呈现出"S"形，周围为云雾元素，在

图4-18　贵德玉皇阁壁画

[1]　苏宁：《道教神仙谱系与道教壁画（一）》，《神话研究集刊》2019年第1期，第206-218页。

一定程度上也暗示了龙可上天入地的能力，在壁画的整体构成及思想表达中起着至关重要的作用，反映了画师在绘制壁画过程中对"形神统一""天人合一"思想的追求。

（二）世俗沉浮的场景表现

"世俗化"是西方社会学提出来的理论概念，指不同文化的地位逐渐被无处不在的现实生活所影响。壁画中的"世俗性"和"文化性"对立，可以理解为普遍性、平凡性、通俗性[1]。壁画中世俗性的场景会映射出现实社会和真实生活的场景，青海道教寺观壁画中也常出现以现实生活为原型，并将壁画内容与其结合具有一定世俗性的场景，呈现出画师对现实的关注。

西宁北山寺土楼观现为当地最有影响的道观，其中有三清殿、魁星楼等诸多建筑。此处最有名的便是"九窟十八洞"，但经过多年的侵蚀和风化，其壁画大面积残损。其他各建筑内有明清时期的壁画，具有很高的艺术价值，其中不乏充满浓厚世俗气息的壁画，画师以巧妙的构成方式将很多现实生活场景与山石、树木、花草等连接，整体具有连续性和叙事感，极富时代和地方特色。

其中一铺就是与关羽有关的内容［图4-19］，壁画整体以《三国演义》中关羽的突出事迹作为创作背景，

图4-19　西宁北山寺土楼观壁画

---

[1] 郭玲：《山西宋元时期寺庙壁画的世俗性体现及其成因研究》，《五台山研究》2022年第3期，第20-25页。

突出了关羽这一历史人物的英雄气概和战功。壁画被画师有机地分割为四个部分，每个部分表现不同的情节。右上角展示了关羽单刀赴会的场景，右下角描绘了关羽温酒斩华雄的英勇壮举，左上角展现了关公计斩蔡阳的故事，而左下角则是三英战吕布的豪壮场面。各场景之间又以云气相隔，形成了一个既连贯又独立的叙事画卷，展现了浓厚的世俗性和社会性。

在青海道教壁画中，还有描绘"大禹治水""后稷教民稼穑"等故事的壁画，也是融入了大量当地风土人情、自然风景等，使得这类题材的壁画更加真实质朴。虽然壁画中所表现的题材或许不是来自当地社会生活，但其中的场景、人物等均参照了当时真实的世俗生活景象，可以使观者深刻感受到当时社会背景下青海的民俗风情。

（三）淳朴稚拙的艺术特点

青海道教壁画的绘画语言有很大一部分借鉴了中华传统文人绘画的特征，即以线条为造型并以色彩为表现，但是相比中原地区的壁画又具有一定的地域特点。

在青海道教壁画中，淳朴稚拙也是其艺术特点中的重要一种，湟源城隍庙内的壁画便最具代表性。这里的壁画人物形象大部分为四分之三侧面像，脸部的线条细致绵密，无明显的粗细变化。尤其是其五官线条高度概括，书法用笔特征明显。仔细观察还可以发现，《十殿阎王出行图》所使用的线条与铁线描非常类似［图4-20］，粗细较均匀又富有弹性。山西永乐宫的《朝元图》可谓汉地道教壁画中的代表，其中人物的服饰造型、飘逸的头发与吹动的胡须被刻画得无比精细，各个人物形象通过线的表现，其形象更加生动，画面更具张力，这都是铁线描技法的应用与表达[1]。

湟源城隍庙壁画与永乐宫壁画中的线条，虽然都使用了铁线描技法，但是城隍庙壁画中的线条略显粗犷，呈现出稚拙的美，而永乐宫壁画中的线条则更加精致，两者技法虽然相似，但是在表现上有差异，最终视觉效

---

[1] 郭海璇：《〈朝元图〉色彩语言对当代工笔人物画创作的借鉴意义》，硕士学位论文，中央民族大学，2020，第6页。

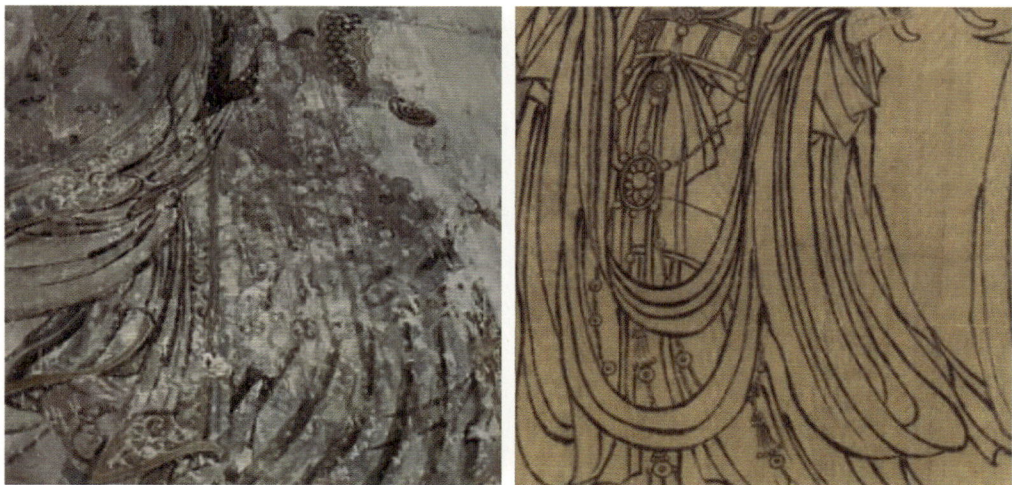

图4-20　城隍庙壁画与《朝元仙仗图》的线条对比图

果也截然不同。

在色彩上，城隍庙壁画整体色调较为统一，设色简洁且多平涂，并且经过岁月的洗礼，色调变得有些灰暗，呈现出一种高级灰的色感，倒也为壁画增添了一份历史的厚重感。而永乐宫壁画色调则整体以青绿为主，赭红色调为辅，物象表现多采用了重彩勾填画法，人物富有较强的立体感和层次感；尤其是颜色也保持得比城隍庙壁画好，直到今天依旧具有绚丽、庄重的艺术效果。

四、伊斯兰教壁画艺术特征

伊斯兰文化对宇宙、人类、数学等有诸多探索，并将这些思想渗透到穆斯林社会的各种文化活动中[1]，在其艺术作品中也必然遵循伊斯兰思想文化的审美原则，深刻反映着凸显本文化特征的美学风格与价值。青海地区清真寺内的壁画艺术，便是与伊斯兰文化融合而形成的，与其他地区的

---

[1] 刘丽雅：《中国西部清真寺装饰纹样研究》，硕士学位论文，西安工程大学，2014，第10页。

同类作品相比，具有显著区别，是伊斯兰文化在青海传播过程中本土化的鲜明代表。

（一）千变万化的几何形态

几何纹饰完美地融合了科学与艺术思想，这是伊斯兰绘画中最常用的装饰性纹样，充分体现着穆斯林群众对信仰与文化的追求。

在青海地区的清真寺中，几何化图像主要以圆形、方形［图4-21］和三角形结构较为普遍。这些几何化图像具有清晰简洁、符号性强的共同特征，同时各自蕴含着独特的文化寓意。圆形在阿拉伯数字中代表"1"，有着不可分割的整体和广阔无垠的宇宙的寓意，具有完美永恒的文化象征；正方形代表着四季、四方和美德等，而三角形的三条边分别代表着真主、时间与空间。

此外，这些壁画中还出现了以这三种结构为基础而创造的新图像，画师将这些基本的结构，通过交叉组合、旋转、复制、循环等方式，并在不断重复中构成连续的结构；或将这些结构通过简化、变形等，演变成多角形、星形、放射形、涡卷形、格子形等结构的图像。这些图像在壁画中出现，除了具有装饰的效果外，还有启发人们思考生命的循环、领悟生命之美、理解创造力和生命力的无限可能性的功能。

图4-21　圆形、方形结构的壁画图像

（二）形意融合的图案形式

在我国大部分的清真寺中，基本是以单纯的阿拉伯文字或者单纯的植物图案来出现[1]；但在青海清真寺壁画内容中，则出现了与其他地区不同的组合形式。

阿拉伯文字在中国的流传受中国书法的影响，根据中国书法的艺术特点进行夸张和变形，而形成了独特的"中国体"，进而在我国穆斯林的装饰中普遍出现；与此同时，出现在一些相关的壁画中，整体有序、洒脱，极具装饰性。植物纹饰也是穆斯林装饰中常见的形式，其中最具代表性的是藤蔓纹饰，也称"抽象卷草纹"。这种纹饰传入中国后，受中国文化影响，表现手法介于写实和抽象之间，经过不断改造和发展，最终形成了具有本土特色的装饰纹样[2]。

在青海地区的清真寺壁画中出现了一种比较独特的图像，是阿拉伯文字与植物图案相结合的表现［图4-22］，充分体现了伊斯兰文化在地化发展与当地民众的艺术文化追求。这些画面通常以变形的阿拉伯文字为主体，

图4-22　青海清真寺壁画中的植物图案和变形的阿拉伯文字

---

[1] 马通：《临夏伊斯兰装饰艺术探究》，硕士学位论文，西北师范大学，2016，第10页。

[2] 马中良：《甘肃临夏穆斯林装饰艺术研究》，硕士学位论文，西北民族大学，2006，第30页。

变形的植物藤蔓为外围，旋转的线条周而复始，充满流动性、节奏感与韵律之美，具有强烈的浪漫主义色彩。这些图案在壁画中形意融合，形成了当地清真寺独具特色的壁画风格。

通过以上分析可见，同样的信仰在各个不同的区域中往往有着不尽相同的表达方式，壁画所呈现的艺术风格与所处地区民众的生存环境、社会状况以及民俗文化等具有紧密的联系[1]。虽然青海传统壁画艺术呈现出多元的艺术风格，但整体拥有庄重、质朴的气质，又充满强烈的地域特色和美学价值。

第三节 青海传统壁画的工艺材料

通过对青海传统壁画的田野调查发现：首先，有一些未完成的壁画，也有一些出现变色或是表层脱落的壁画，这可以使我们清楚地观察到不同时期壁画制作过程中的诸多信息；其次，通过对画师的采访，以及实地观摩，帮助我们了解到青海传统壁画绘制的大致过程以及所使用的材料。以下将具体介绍壁画的绘制过程和绘制材料，揭示青海传统壁画的工艺手法。

一、绘制壁画前的准备

（一）工具

1. 毛笔

壁画绘制的主要工具便是各种类型的毛笔，其中勾线笔多用于壁画中各种图像的轮廓勾勒；壁画中颜色的晕染常用纯羊毫的笔，底色笔也是羊毛制成，常用于背景等大面积的涂色。在青海，有许多画师也会根据长期经验自制毛笔，按照画师的话说，自制的笔在表现一些细节或局部时用起来更加得心应手，有时会出现意想不到的效果［图4-23］。

---

[1] ［美］杨庆堃：《中国社会中的宗教：宗教的现代社会功能与其历史因素之研究》，范丽珠等译，上海人民出版社，2007，第152页。

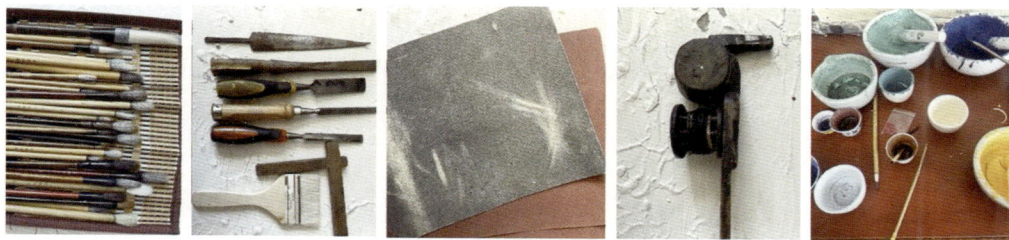

图4-23　壁画绘制常用工具

2.炭条

在壁画定稿、起形阶段主要使用炭条，传统的艺人会根据当地的条件就地取材，按各自的方式制作。其制作过程较为讲究，当地一般会选用质柔且不易碎的柳木，取皮、分段后装进当地生产的土罐中，放在火堆里烧制10小时左右，便形成可以用来绘画的炭条。

3.色线包

在壁画绘制中，构图时，定位、弹线就用色线包，与木匠使用的线尺具有同样功能。当地画师使用的色线包基本是自制而成，用布缝制小布袋，内装细红土，再用一根细绳穿袋而过。

4.碗盆和石臼

用于研制、盛放颜料。

5.其他

研磨机、画线尺、铅笔、砂纸、刷子、批灰刀、画布等。

（二）粉本

粉本是绘制壁画时所参考的范本，是经过历代画师总结并且传承下来的画稿。据记载，古人在绘画时，先施粉上样，然后根据样本落墨，因此，也将画稿或底稿叫作粉本[1]。据画师口述，壁画因其画幅庞大，所涉及内容庞杂，通常情况下是参照流传于画师中的粉本进行构图布局；为了便于保存，青海地区壁画的粉本最早是用羊皮，后有画师用布，目前一般使用牛皮纸等较厚的纸。粉本的创作者们往往严格根据经典描述以及他们理解

---

[1] 董春玲：《西藏传统壁画绘制工艺研究》，《西部皮革》2020年第5期，第53—54页。

的经典图式来进行画样绘制，是在尊重当地民众普遍信仰和客观事物的普遍性构思的基础上综合而成，各宗教门类的壁画粉本既具有一定关联性，又存在相对独立性。粉本形成的过程一般也会经过较长时间，有多位画师共同商议完成，粉本一旦形成就很少会有改变。

我们可以看到在青海许多壁画中，出现的一些图案与敦煌壁画中的图案有相似特征，可见一千多年来粉本未曾改变过[1]。在调研中得知，随着时代不断发展，有些画师在绘制壁画时也会依据自身风格改变粉本中的一些内容，但这也仅限于局部装饰纹样等。随着时间的推移，这些变化也可能成为新的粉本。因此，青海传统壁画绘制的粉本也并不是一成不变的。

（三）墙面处理

墙面的质量会影响壁画的绘制与保存时间，在绘制壁画前需要对墙体、墙面进行严格处理，青海各地对墙面的处理会存在一定差异，但大体的工艺流程具有一定共同性，具体可分为以下几步［图4-24］：

第一步，在将墙面平整的基础上，先做壁画的支撑体，即将钉子均匀地插入墙体15毫米左右，然后把麻绳、铁丝等在泥浆中浸湿后捆绑到外露的钉头上，以便泥层与墙整体的牢固连接。

第二步，铺粗泥层，即在天然土料中加入棉花、羊毛和麦草等纤维，后加水拌成软泥，然后分层涂抹在墙面之上，此时要防止墙面出现裂缝。粗泥层旨在将墙体与泥层之间联结，便于下一步工作开展。

第三步，敷细泥层，先将过筛后的细土与石灰等进行混合，再次涂抹墙面，细泥层的厚度约为粗泥层的一半，第二步和第三步均是壁画地仗层制作的步骤。调研中，有些画师介绍，以前青海地区物资比较匮乏，细泥层基本不加胶，随着社会经济的发展，后期逐渐会有画师在细泥层中加入少量动物胶，这样更有利于泥土之间的连接。

第四步，打磨，在等到细泥层完全干透后，画师会将墙面打磨平整，但这种平整并非今天室内装修要求的平整，而是让墙面整体呈现起伏感的

[1] 胡素馨、唐莉芸：《模式的形成——粉本在寺院壁画构图中的应用》，《敦煌研究》2001年第4期，第50-55页。

① 支撑体；② 地仗层；③ 封面打磨；④ 画面基层

图4-24　墙面处理工序流程

波浪形式，这样的墙面才便于后期更好地赋彩。

第五步，对墙面进行壁画底层处理，画师通常会选取少量的红土或颜色，加入清水与胶液混合，调出淡淡的颜色水，均匀地涂刷墙面。青海地区的画师使用的胶通常是牛骨胶，这种胶质地纯净、无异味，对人体安全无害，对后期壁画的色彩也有一定保护作用，可以延长壁画色彩的保存时间，且不易脱落。此层墙面的处理，还能够起到墙面的保护作用，防止墙面出现黑斑、裂纹等现象[1]。

二、青海传统壁画的绘制工艺

青海传统壁画的绘制工艺大致分为白描起稿、上色晕染、勾线、沥粉堆金与描金、开眼、画面保护处理等几个步骤，如下图所示［图4-25］：

白描起稿 → 上色晕染 → 勾线 → 沥粉堆金与描金 → 开眼 → 画面保护处理

图4-25　青海传统壁画绘制工艺步骤图

（一）白描起稿

起稿阶段，画师会使用尺子精确测量整幅壁画的中间点，画出顶线与

---

[1]　贡嘎·加措：《论绘制藏传艺术壁画的程序》，《上海商业》2015年第9期，第50-54页。

中线，并以此为基准绘制圆形和格子，以确保后期对物象的造型描绘比例准确。首先，会确定画面中主尊的位置和尺寸，并根据度量比例来确定其他内容的位置。如画面中有佛造像，画师会严格遵守造像度量的尺寸比例进行绘制。

完成主体定位后，画师将根据整体布局的需要，对周围装饰物、背景等进行定位，然后再对所有图像进行细节勾勒，这一系列步骤确保了整个绘画过程的准确性和艺术性，充分体现着画师对艺术的尊重和对传统的传承［图4-26］。

图4-26　起稿

草稿部分完成后需要改进之处会用铅笔进行调整和补充，当整个画面协调、调整完成之后，画师会用淡墨勾线，在草图的基础上精准描摹细部最终定稿，白描稿的勾勒还会强调线条的张力与柔韧。

（二）上色晕染

在白描基础上先大面积铺底色，在此基础上，画师会依次对画面中的物象进行晕染。在着色中，画师会根据画面需要选择设色的方式，在当地壁画中最普遍的一种是采用"凹凸晕染法"，这种设色方法是在轮廓的凹处用重色做叠染，然后逐渐加白粉，向轮廓的凸起部位过渡。但随着技艺的发展，"凹凸晕染法"后期也被一些画师改良，他们借鉴汉地工笔画的晕染方法，逐渐形成了一种有别于传统方法的新晕染法。还需说明的一点是，在绘制时，有些画师会按照由次入主的方式，从主体图像和四周图像开始依次进行，如遇到佛像，那么，开眼（即眼睛的描绘）会在最后进行。

在青海壁画传统上色中还有点染、渲染、通染等染色方法，画师会根据所描绘的物象不同而选择适合的表现方法，如在表现云朵、鲜花、烟雾等时常会采用点染，笔尖与颜色随性多变，可依据颜色的深浅更好地表现物象的层次；在描绘头发、光线、水纹、火焰等时，为呈现线性物态的流畅自然，多数情况下使用梳染法，梳染时始终以唾液润笔，这样擦染过渡的效果会更加柔和细腻[1]。

（三）勾线

线条在艺术形象的塑造中具有至关重要的地位，可以传递艺术家对客观物象形态的认识。我国自古就对线条的作用有深入的认识，南齐谢赫在《古画品录》中便提出"骨法用笔"；唐代张彦远也曾提出"夫象物必在于形似，形似须全其骨气，骨气形似，皆本于立意而归乎用笔"等，深刻阐明了线条在传统绘画中诠释内容、塑造形象的重要性。

壁画中的线条是其最基础的绘画语言，线条既可以呈现物象的形态，又可以塑造不同物象的质感，调节画面的色彩关系。青海传统壁画中的勾线大致可分为平勾法、浊勾法、衣勾法、叶勾法、云勾法五种。

平勾法常用于勾描人体肌肉和骨骼形态，线条需流畅且自然；浊勾法的特点是从前至后变化多端似枣核状，画师一般在表现山峦、花瓣等时常会采取此方法；衣勾法线条表现为中间粗、两头细，尤其在勾画衣纹时，会出现起笔细、衣纹褶皱处粗的效果；叶勾法适合勾勒细而繁密的叶脉，在树叶和宽叶草中常可看到；云勾法所呈现的是一种根色浓、外色淡的粗线，主要用来勾描云边和建筑等。

画师在勾线时特别讲究一笔绘制，线条在运行过程中基本保持统一的速度，不能停顿，否则勾出的线条会出现粗细不匀、色彩深浅不一的情况。勾线的目的在于进一步划分晕染过后物象之间的结构，促使画面更有层次感，进而提升画面的观赏性。

（四）沥粉堆金与描金

沥粉堆金技艺源自五代时期，其详细制作流程在宋代李诫所著的《营

---

[1]　贡嘎·加措：《论绘制藏传艺术壁画的程序》，《上海商业》2015年第9期，第50-54页。

造法式》中有记载。在青海传统壁画中，此技艺使用较为广泛，据画师介绍，早年他们会将当地黄土或红土研磨成细粉，与牛骨胶混合成粥状，再装入皮制粉囊中，通过粉尖挤出凸起的线条，等线条干后，在这些高出画面的凸线上贴上金胶，以增强画面的立体效果。此种技法常见于佛、菩萨造像的衣冠花纹、佩饰以及装饰图案中，赋予了画面富丽堂皇的装饰效果。尤其在青海藏传佛教壁画中，此种技法得到了广泛应用［图4-27］。沥粉工艺尤其注重挤"线"的速度，一般专门有人从事此项工作。好的工匠挤出的每条轮廓线都会呈现出浮雕效果，这些线条在光线折射下，使壁画显得熠熠生辉，极大地提升了壁画的艺术价值和观赏价值。

青海传统壁画绘制技法不仅运用了沥粉堆金工艺，还出现了描金技法。描金技法，是将金箔精细处理成金泥，然后在其中加入适量牛骨胶或蜂蜜内旋转研磨，直至达到极致的细腻感，再逐步加入白酒继续研磨，直至白酒全部融入金泥之中，方可用毛笔直接蘸取绘制。用此方法在壁画中勾描金线，会增加画面明暗立体的效果，具有极强的装饰性，使画面更具层次和华丽感。

图4-27　年都乎寺壁画中的沥粉堆金工艺

（五）开眼

开眼是壁画画面的点睛之笔，其重要性不言而喻。这一环节专注于对壁画中佛像的五官进行精细刻画，尤其注重眼神的表现，这种精细的描绘不仅丰富了壁画的艺术表现力，也为观者提供了深入理解和欣赏佛教艺术的机会[1]。此项工作一般是由整个画师团队中技艺最高的人来完成，据画师介绍，在青海，画师至少从业5年方能胜任此项工作。

画师在壁画中对佛、菩萨造像开眼时，先在画笔上蘸取白色通铺眼睛底色，再蘸少量的淡青色描出上下眼线并画出眼珠，然后用淡花青色完成眼珠勾勒，最后以较浓的花青色点睛；在其他高僧像、怒神及佛弟子像上开眼，只是眼珠轮廓和点睛上的用色不同，其他步骤基本相同。

（六）画面保护处理

在整体的壁画绘制完成并彻底干透之后，一般还会用加工过的胡麻油或稀释的骨胶等，在其表面均匀地涂抹，这种涂抹会进行两三遍。这样不仅可以增加壁画的光泽度，也有保护画面颜色的作用。

三、传统壁画的设色颜料

（一）矿物质颜料

矿物质颜料主要源自各种矿石的提炼，是我国传统绘画领域的重要颜料之一，其使用历史最早可追溯至新石器时代晚期。矿物质颜料具有色质稳定、色相优美、色泽均匀细腻，以及对风雨等自然环境抵抗力强、保持色相时间长等特点。在我国传统壁画的绘制材料中，矿物质颜色一直扮演着重要的角色，朱砂之绚烂、赭石之沉稳、石青之淡雅、藤黄之鲜亮，在壁画之上尽显其魅力。

据《安多政教史》记载："谢尕尔山的近旁，有形成天、龙等所依附的白色神石和硫青等矿物质和宝石等。"[2]可见，在青海辽阔广袤的区域内拥

---

[1] 阿旺晋美：《关于藏族传统美术理论的定位及其现状和发展》，《中国藏学》2001年第3期，第121-128页。

[2] 智观巴·贡却乎丹巴饶吉：《安多政教史》，青海人民出版社，2017，第621页。

有丰富的矿石资源，这里有蓝铜矿、孔雀石、云母、雄黄石、雌黄石、黄铁矿、褐铁矿、高岭石、瓷土矿等名贵矿石。

如在果洛，就有大量金、铁、铜、银、铅、锌、水晶等；在玉树的通天河两岸，自古以来就盛产沙金，早在唐初，多弥臣服吐蕃后，需要向吐蕃纳贡，其贡品多用通天河流域所产沙金制造；黄南藏族自治州的双朋西、旁群哇、若黑欠等地出铜，泽库县有金矿，尖扎县产萤石；海南藏族自治州的同德县有大型汞矿，兴海县产铜、铅、锌；海西蒙古族藏族自治州的格尔木市秀沟、天峻县苏勒河两岸、德令哈巴音河上游等地，都有大量的沙金出产。在青海东北、西南地区，也有朱砂、金等矿物质颜料出现。为此，此区域内建造了许多佛殿和佛塔，对此赋色的颜料也应是取自当地[1]。在《从长安到雅典——中外美术考古游记》中也有关于青海矿物质颜料的相关记载：张大千不惜重金从青海买来用于画唐卡的矿物质颜料进行着色，临摹品用色比壁画原作（现状）色彩更加鲜艳亮丽、金碧辉煌。但是因为他并未对壁画制作初始的色彩进行科学、严格、合理的考证，最终导致临摹作品色彩显得有些"匠气"和"火气"[2]。

矿物质颜料可以增强画面的表现力，因而备受画家的青睐，并广泛地应用于绘画作品中[3]。在青海传统壁画中使用矿物质颜色，多从当地就地取材，经过画师精心研磨加工，使其在壁画中展现出了卓越的物理稳定性和独特的艺术魅力，赋予了壁画持久不衰的生命力和视觉冲击力，也为观者带来了高度的视觉享受。

（二）植物颜料

植物颜料作为中国古代壁画中的辅助颜料，主要是从花、草、树木等植物中提炼出的有机物，具有色泽纯正、耐光耐热、寿命长的特性。青海地区受地理、气候等因素的影响，拥有许多抗严寒、抗缺氧的野生植物。

---

[1] 智观巴·贡却乎丹巴饶吉：《安多政教史》，青海人民出版社，2017，第621页。

[2] 王子云：《从长安到雅典——中外美术考古游记》，岳麓书社，2005，第125页。

[3] 张哲欣：《古代壁画中矿物质颜料的使用及创作感悟》，硕士学位论文，江西师范大学，2016，第2页。

根据相关资料显示，青海有以冬虫夏草、枸杞、红景天、羌活等为代表的1000多种植物。丰富的植被资源，为当地画师在颜色制作上提供了充足的保障。

画师普遍表示，植物色素的加工相对矿物质颜色的加工简单，主要包括收集、筛选、清洗、浸泡、熬煮、蒸发及制粉等几步，其中熬煮和蒸发尤为关键。青海各民族中均有掌握这一技艺的人，提取出的颜色与矿物质颜料相互搭配，大大丰富了绘画的颜色。但有些植物颜料的色相会随着时间和环境的改变而发生变化，因此，在壁画绘制中，植物颜料通常被画师作为辅助性颜料使用。

以下为青海传统壁画中常用的矿物质颜料与植物颜料来源汇总表[表4-1]。

表4-1　青海传统壁画常用颜料来源

颜色	名称	矿物质/植物图片
红色	赤铁矿、辰砂、茜草、朱砂	
红褐色	褐铁矿、文石	
黄色	金、雌黄、藏红花	
暗绿色	氯化铜矿	
浅灰黑色	软锰矿	

续表4-1

颜色	名称	矿物质/植物图片
蓝色	蓝铜矿、青金石、蝶豆花	
绿色	孔雀石	
白色	高岭石、云母、滑石、石膏	
橙红色	苏木	
青黑色	青黛	
浅灰色	五倍子	

　　通过以上分析可见，青海传统壁画的绘制过程较为烦琐，所使用的工具及材料也较为复杂，在不断发展中，青海当地绘制壁画的画师群体代代传承，总结出了一套适用于当地壁画绘制的技艺方法。在发展过程中，画师还会对一些技法、图式、工具等进行改良创新，使之更适合于时代的发展。青海传统壁画整体展现了青海各民族人民的勤劳智慧和对艺术文化的不懈追求，为今天青海各地社会经济与历史文化的研究提供了弥足珍贵的历史资料。

第五章

继志承业

——青海传统壁画的传承与当代运用

在当今时代背景下，社会的艺术形态和审美思想等正发生着巨大的变化，人们自然会以发展的眼光审视那些传统壁画；在今天，壁画已成为现代城市建设和当代艺术文化发展中的重要组成部分，生活在当下的人们，在对各种新型的壁画越来越迷恋之际，却容易忽略其本源之一的传统壁画。然而，传统壁画本身就是艺术史中不可分割的重要组成部分，其间汉代壁画的宏大气势、唐代壁画的灿烂线条、宋代壁画的周密构图等，都值得今天的人们认真研究和学习。

可以说，认识并了解传统壁画是身处这个时代的人们拓宽自身知识和视野的途径之一，在复兴中华传统文明的发展历程中具有重要意义。

加速对传统壁画的探索研究，正是发掘传统壁画的传承意义和在当代艺术发展中的价值所在。

第一节　青海传统壁画的传承发展

一、传统壁画对画师的界定及概况

壁画的传承首先离不开艺人，但严格意义上说，在青海并没有专业从事壁画创作的艺人（指仅以从事壁画为生的）。这个群体是由一些能画、会画的人组成，他们日常除了在各地绘制壁画之外，一般还会画棺材、家具及建筑彩绘等。如丹斗寺著名的僧人喇钦·贡巴饶赛，本身就是一位智慧深广的高僧，也是了解建筑、雕塑和彩绘工艺的行家里手，他主持修建了丹斗寺和佛塔，并亲手彩绘建筑装饰、壁画并塑造了各种佛像[1]。有些人还会参与农业耕作或商业经营，只是在有需要时才会参与壁画绘制当中，所以对于"壁画艺人"这一身份的认定，并没有严格的标准，通常这类人群在青海被称为"画师"或"画工"。

青海传统壁画的传承离不开民众的支持，在一些地区，许多家庭会在孩子很小的时候送出去学习绘画，个别寺院还建立了具有针对性的画师选拔、培养制度，这些对于画师群体的建立都具有极大的促进作用。在17世纪中叶，夏日仓一世曾派遣大弟子智噶额伦巴，在同仁兴建了上、下吴屯两所寺院，在这两所寺院中有一条规定，即入院的男孩除要学习藏文知识外，还要学习绘画、雕塑技艺。因此，这两所寺院自然也成为当地培育艺术文化人才的"学校"。在青海其他一些寺院中也有与上述两所寺院类似的机制模式，这便为壁画画师的培养奠定了一定基础。从寺院还俗的很多人之后会加入画师群体，有不少人后来成为优秀的壁画画师，他们常年从事此项工作，足迹遍布青海、北京、西藏、甘肃、四川、新疆等地的名刹古寺，有的甚至被邀请到印度、尼泊尔等国作画施艺。正是在这样的局面之下，青海地区逐渐形成了数支具有较高技艺的传统壁画创作队伍。

调查中发现，画师在各地区的流动性较大，且传统壁画画师群体构成多元。青海"画师"的概念从广义上理解，既有本土发展起来的能参与壁画绘制的人，也有一些从外地来到青海并长期从事此项工作的人。这个群体的多元性，最直接的例子就是，瞿昙寺隆国殿的壁画，当年就是由藏族画师、宫廷画师和一些民间画师联合绘制而成。但是，他们在当时社会中的重视程度并不高，所以关于青海"画师"的专门性记载较少，目前仅能从少量的文献和广泛的民间调研中搜集相关信息。

整体而言，青海的画师群体主要分布在黄南地区和湟中地区。在历史

[1] 马建设：《藏传佛教工艺美术》，青海民族出版社，2013，第53页。

上虽然未有"黄南派"或"湟中派"之说，但以这两个地方为核心，画师群体在不断壮大是不可否认的事实。以下针对这两个地区的画师传承脉络进行大致梳理。

二、黄南地区传统壁画画师的传承

据文献记载和实地采访得知，10世纪中叶到13世纪，黄南地区的智嘉措、色桑以及贡保多杰兄弟三人远赴尼泊尔，跟随当地著名大师学习绘画技艺，学成后回到热贡地区专门从事唐卡和壁画的绘制，由此带动了当地一批人的加入。至14世纪到17世纪中叶，热贡已出现了诸多擅绘者，其中一些人不满足现状，又远赴他乡学艺，相继出现著名的绘画大师魏堂·滑腾及后来的巴万、桑吉木、郎加等人。他们学成之后，大部分人回到故乡进行唐卡和壁画的绘制，逐渐形成师徒传承关系，徒弟在学习过程中，也会去其他地方学习绘画。例如，绘画大师安多强巴在13岁时就曾远赴西藏学习绘画技巧，学成后又回到黄南地区，带徒授业，带动了黄南地区传统壁画艺术的发展。正是在这样的背景下，黄南画师群体得以逐渐形成。

据《年都乎寺寺志》记载，毛兰吉哇拉康殿内、弥勒殿内的释迦牟尼佛、十六尊者、宗喀巴大师和不动佛等壁画便是由热贡高僧嘎日班智达罗桑谢日、比唐加毛罗桑华丹大师及其弟子才让东智等共同绘制而成[图5-1]。其中，各铺壁画中的主像由师傅绘制，局部物象和世俗人物由弟子协助完成。

18—19世纪的黄南地区涌现出了一大批著名画师，循化尕楞莱吾寺，同仁隆务大寺、年都乎寺，黄南郭麻日寺及甘肃甘南拉卜楞寺等寺中有大量佛像壁画，就是黄南画师比塘·嘉木华丹嘉措与当地其他艺人共同绘制而成。有明确记载，黄南郭麻日寺中的宗喀巴大师、大威德十三众等壁画就是比塘·嘉木华丹嘉措画师与热贡艺术高僧嘎日班智达罗桑谢日、索南达杰画师等共同绘制完成；此外，比塘·嘉木华丹嘉措画师与当时此地区有名的艺僧加毛·洛桑华旦大师及其弟子共同绘制了合然寺壁画。大致在同一时期，黄南画师洛藏核日布参与了塔尔寺部分壁画的绘制。同仁吾屯

图5-1 年都乎寺寺内壁画局部

下寺的艺僧玛尼角、图巴角、桑周加羊、卡先加、完德卡等，于1915年为吾屯下庄玛尼康绘制了《四大天王图》《大梵天图》《弥勒极乐世界图》《黄财神图》《阿尼玛沁图》等壁画。1924年，画师香且木然卜色已在当地具有一定影响，后又去拉萨继续深造，在学习期间他也参与了当地壁画的绘制，至今在西藏诸多地方仍能见到他当年所绘制的作品。

在20世纪三四十年代，热贡地区还出现了夏吾才让、更藏、尖错等一批在全国较有影响的绘画艺人，他们均有过参与壁画绘制的经历，并影响了一大批今天仍活跃在壁画创作中的画师。画师万玛东智、赫贾·尕藏、加木措、尕万德、万玛才让、多杰先等先后在同仁本地吾屯上寺、吾屯下寺作画，并在四川阿坝德仓拉姆寺、毛尔盖大寺、洛赛寺和甘肃甘南拉卜楞寺等寺绘制壁画。他们中的夏吾才让便是自幼学习绘画，并参与过张大千主持的敦煌壁画临摹，他回到黄南后，在继续绘画创作的同时收徒传艺，

220

为当地培养了许多优秀的画师，对黄南地区至今的壁画绘画技艺具有一定影响。

今天，黄南地区仍活跃着一批专门从事壁画创作的画师。例如，出生在同仁加吾岗牙岗村的索南才让，从小受其父影响学习绘画，1988年跟随大师罗藏达杰前往五明佛学院绘制多幅唐卡、壁画，2003年前往拉萨学习绘画技艺3年，2007年又前往四川甘孜学习康巴绘画技艺，多年来始终坚持唐卡、壁画绘制，拉萨色拉寺、五台山显通寺等多地均有其绘制的作品。同为同仁加吾岗牙岗村人的索南达杰，现为青海省一级民间工艺师，其12岁开始学习佛经，随后拜年都乎寺艺术大师曲培、杰布、罗桑达杰、康德格等为师，学习不同流派的绘画精髓，终有所成就。还有年轻的画师夏吾仁青，是如今国家级非物质文化遗产传承人夏吾角的弟弟，兄弟二人自幼跟随其父仁青才让学习唐卡、壁画等技艺，后夏吾仁青又师从国家级工艺美术大师夏吾才让继续学习，并先后到尼泊尔、斯里兰卡、印度等地对不同流派的绘画进行考察、学习。在塔尔寺、隆务寺、拉卜楞寺、拉加寺、吾屯上寺等多个寺院均有其绘制的壁画［图5-2］。2021年，夏吾仁青被授予"黄南州州级工艺美术大师"称号；2023年，又被授予"青海省省级工艺美术大师"称号。

近年来，青海地区为弘扬民族文化艺术，继承和发展民族工艺，在省政府的大力支持下，成立了热贡艺术研究所等专门从事绘画技艺研究的机构，为当地培养了一批又一批年轻画师。

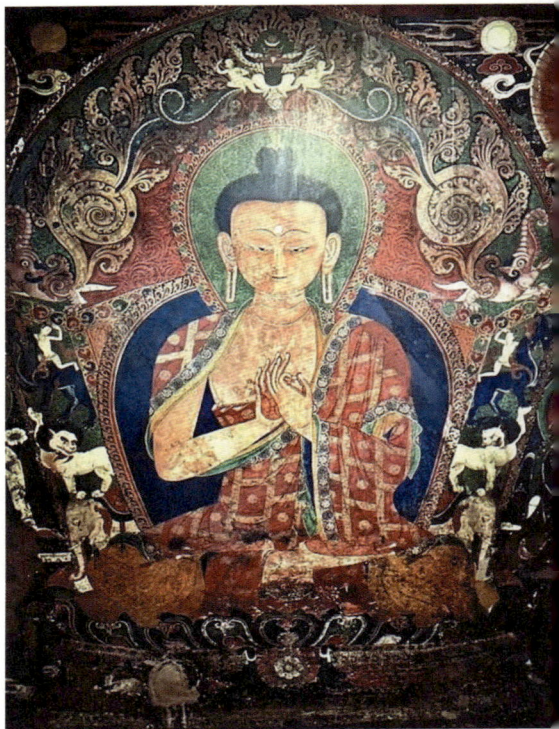

图5-2　夏吾仁青参与绘制的壁画

三、湟中地区传统壁画画师的传承

作为青海传统壁画创作的另一支主要力量的湟中画师群体，其体系建立时间较黄南画师体系晚很多。据文献和采访可知，湟中画师最早出现应是在清代，是山西等地的一些画师来到此地，逐渐带动了当地的绘画事业，他们在工作的同时，还收徒传艺，使得湟中传统壁画画师队伍得以有今天的发展。

在湟中地区，目前可查到的早期画师有杨朝、吴彤章等。杨朝为山西人，14岁跟随师父学习绘画，后一路向西，在各大寺庙学习并参与壁画绘制，26岁定居丹噶尔城，又受藏传文化影响，形成其汉藏杂糅的绘画风格。杨朝在此地长期从事壁画绘制，并收当地人张永奎、杨茂林、姚永全等为

徒传授技艺。其中，生于清道光年间的姚永全，便是杨朝的关门弟子，得
其真传，学有所成后又收丁永基、马云廷等为其弟子，在河湟地区各个寺
庙中绘制壁画。在姚永全的弟子中，马云廷的绘画技艺最为高超。马云廷
为青海大通人，生于清光绪年间，因绘画天赋极佳，得到姚永全赏识并收
其为徒，将一生所学倾囊相授。马云廷一生所绘壁画无数，其在湟中丹麻
庙所绘的壁画［图5-3］，用线及造型颇有几分永乐宫壁画的遗韵，但其用
色又明显吸收了当地藏传佛教绘画的用色习惯。后来，马云廷又带领弟子
安全寿、李毓真等人在湟中老营庄、丹麻、乐都、大通等地的寺庙进行建
筑彩绘和壁画绘制。

　　通过马云廷的精心教导，其门下的几位弟子都颇有成就，其中以李毓
真的成就最为突出。李毓真为湟中李家台人，16岁时随马云廷学习彩绘壁
画，在师父的精心教导和自己的不懈努力下，学到了道教壁画的精髓，一
生收徒众多，以徐全熙、赵占财最为杰出。其中，赵占财为青海湟中泗洱河
人，1992—1996年间跟随李毓真学习彩绘壁画，2002年至今带领徒弟在同
德、湟中、大通、西宁、乐都等地的寺庙绘制了大量彩绘壁画［图5-4］，其
现为中国农民书画协会会员、青海省民间工艺美术大师。

　　除以上列举外，还有湟中出生的印巴尖措，现为湟中壁画省级非物质
文化遗产传承人。孙啟全曾跟随徐全熙从事绘画，其多年创作的作品分布
在内蒙古、甘肃、四川、山西等地。还有擅长释、道题材壁画的李宝洲，
在省内外多地均有其绘制的壁画，如《张苞神威图》《文成公主入藏图》
等，并且多年来，他为当地培养了优秀的弟子20余名。

　　通过以上大致分析可以看出，湟中画师群体基本通过师承关系传承，
其传承体系较为清晰，传承脉络较为纯正，这也促进了青海传统壁画良好
的传承发展。

　　除以上两地画师群体外，在全青海省其他地方也有画师分布。据《塔
尔寺志》记载，清顺治初年，由于修建殿堂和绘画壁画等，曾出现一批著
名画师，较为著名的有印经院画师拉若·饶江巴·罗桑称勒、若巴桑波、
达察杰仲仁波伽·昂旺衮却尼玛、章嘉罗桑登比降称、思纳等，他们为塔

图5-3 湟中丹麻庙壁画局部（马云廷绘）

图5-4 乐都沈家庙壁画局部（赵占财绘）

尔寺绘制了大量壁画和唐卡。随后，塔尔寺又相继出现巴老爷、更登尖措、罗桑东主、扎西尼玛、巴丹尖措等优秀画师。其中，扎西尼玛曾与夏吾才让一起跟随张大千先生去敦煌绘制壁画，回来后他创作了《塔尔寺全景图》，广为发行，他的画风古朴典雅，在塔尔寺画师中影响较大。

　　玉树地区也有部分对绘画、雕塑技能十分精通的僧人和画师。班钦·弥底迦纳就是精通《十明》的大学者之一，他对绘画、雕塑等技艺的掌握，已经达到了出神入化的地步，在当地很多地方都能够看到他的艺术创作。他不仅向弟子传授佛教、陶器、建筑、泥塑及佛家庙塔结构形式等知识，而且亲手制作了许多传世之作[1]。同时活跃在玉树地区的绘画艺人还有桑周寺著名的艺僧拉丹，拉丹自幼系统学习了《十明》，对塑像、绘画技艺极具天赋，其绘画作品色彩艳丽、形态逼真，每幅作品都堪称精品，被誉为"幻化画师"，许多作品至今仍存于桑周寺。第三世达赖喇嘛索南嘉措创建热娘寺时，特邀请拉丹绘制大殿内外的壁画，并塑造佛像，实施油漆彩绘，深得达赖赞赏[2]。他们为玉树地区的各大寺院绘制了大量传统壁画，直至今日我们依旧能从部分壁画中体会他们的高超技艺。

　　除此之外，在青海其他地区也活跃着一些优秀的壁画画师，如民和地区的扎喜尼玛、循化地区的拉浪太等，他们的足迹遍布全国各地，他们的壁画作品也随之出现在全国各地。但随着时间的推移，这一群体也出现了"人走艺亡"等阻碍发展的情况。

四、传统壁画画师的传承方式

　　画师的传承与传统壁画的发展有着密不可分的关系，良好的传承是促进传统壁画持续发展的必要条件，青海传统壁画技艺的传承方式主要有以下几种：

（一）师徒传承

　　拜师学艺是最古老也是最普遍的一种技艺传授方式，在民间举行拜师

---

[1]　冯骥才：《中国唐卡艺术集成　玉树藏娘卷》，阳光出版社，2010，第346页。

[2]　冯骥才：《中国唐卡艺术集成　玉树藏娘卷》，阳光出版社，2010，第346页。

仪式后，师傅方可将自己的所学和经验给徒弟口传、心授。这种传承方式在寺院中也有普及，从弟子最初进寺就有老艺僧带领，在学习佛教文化的同时，还要学习"工巧明"中的《造像度量经》《比例学》《色彩学》《智者绘画法》等，并进行各种风格的图像、纹饰的绘制练习。此外，这些艺人还要掌握与壁画相关的故事，熟记造像的口诀等，因此，他们出师时间通常较长。

例如，黄南热贡画师夏吾才让，便是早年出家学习绘画，后随国画大师张大千到敦煌临摹壁画，后又返回寺庙学习，直至23岁出师，30岁左右才在当地蜚声画坛。据当地画师口传，清代中期宫廷画家杨海风来到青海湟中地区，并在当地收了张五儿、柴成桂和"四山"3名徒弟，从事寺庙壁画绘制工作，他们不但学习藏式绘画的知识，还跟着师傅学习传统文人画的人物画、山水画等技法，也是历经数年，3名徒弟才成为当地著名的画师。

（二）家族传承

在青海画师群体传承中，往往会以家庭为单位传承绘画技法，主要有父传子、叔传侄、兄传弟等情况。热贡的著名画师更登达吉，6岁就跟随其父夏吾才让学习绘画，在16岁出家入寺，全心致力于绘画的学习，其间师从桑杰大师学习，通过30多年的努力，在42岁时才被评为中国工艺美术大师。还有年轻的画师夏吾仁青也是自幼受父亲影响学习绘画，才有后来的发展。

（三）同行传承

职业圈是画师相互交流、学习的又一重要平台。许多规模宏大的壁画，绘制工作并非一位画师或一个团队可以完成，多为师傅与徒弟在同一个空间内相互协作完成，此时，徒弟便可吸收并借鉴许多技法。画师们每年至少有7个月在外面工作，随着工作地点和工作对象的变动，他们的队伍也不断变化，随着流动性的增强，他们的知识和技艺也在不断充实和更新。每个画师在长期的实践学习中，其风格也会不断发生变化，但其家传或师承的风格却会始终保持。

青海传统壁画的传承并非封闭自守，其核心在于画师们保持着不断创新的精神。传统壁画是青海文化和历史发展的见证，但让人痛心的是，许多传统技艺也正处于被遗忘，甚至消亡的境地。因此，加强对青海地区传统壁画传承人群的关注与保护是全社会义不容辞的责任，只有这样才能促进青海传统壁画艺术的良性发展。

第二节　青海传统壁画的创新应用

青海传统壁画艺术融合了中原与西域绘画艺术的精华，具有其独特的"青海样式"，对现代艺术文化发展具有极高的价值，合理利用其中的各种元素，可以为艺术教育及当代设计提供更多优良资源，这也是对其保护、传承的一种方式。

一、美术教育教学的应用

青海传统壁画作为中华传统文化中的瑰宝之一，可以在高校艺术教育中作为传统艺术的典范被采用，直观生动地呈现出其中的精髓。因此，在教学过程中，可以提取壁画中的元素、符号及色彩等，通过临摹、创作等方式拓展教学内容。

（一）壁画元素及符号的提取

传统壁画中大量的元素、符号在当代艺术设计与教学中均具有重要的价值。提取画面中的元素、符号对其进行转化、优化等，再与现代设计结合，可以得到既有民族精神又有时代感的设计作品；将它们运用于高校美术教学中，不但可以让学生认识并了解优秀传统文化，也可以对绘画专业的固有模式和材料进行有效补充。例如，在国画山水课中，学生可以近距离观察传统壁画，从中提取传统山水的画法，一改往日只能看印刷品的状态；亦可以在进一步分析的基础上添加当代元素，将其转换成为符合时代气息的绘画作品。这不但有助于提升美术创作的品质，还有助于传播我国优秀的传统文化。因此，有效地提取壁画元素，并对其再创造，不仅能有效拓宽学生接触传统文化的渠道及当代设计的新思路，还能起到对传统壁画研究、传承的作用。

（二）壁画色彩的提取及创作

在高校艺术教学中，能有效提取壁画中的色彩并加以认识，可以有效弥补当前教学中对传统色彩认知的欠缺。不论是绘画专业还是艺术设计专业，都可以从各自学科特点出发，对壁画上的色彩进行提取、分析，并与本专业结合再利用。如以上分析，青海传统壁画中的色彩构成极其多元，在教学过程中，教师可引导学生对不同壁画中的色彩进行对比、分析，在此基础上加以提取、凝练等，再将其运用到自己的作品创作之中。这样既可以让学生更好地了解传统色彩的构成体系及特点、理解其文化内涵，又可以帮助学生提高审美能力，拓宽创作中更广阔的色彩认识及应用，从而丰富其创作的内涵。

（三）壁画临摹与再现

壁画临摹与再现，是通过对古代壁画进行分析、临摹，汲取其中优秀的元素，最终达到对传统的创新。临摹传统壁画，尤其对中国画专业的重彩、岩彩等课程具有积极的帮助，也开辟了美术教学的新领域，对新时代艺术人才培养具有积极的促进作用。在高校美术教学中，目前临摹课程中主要是依靠印刷品，画面中很多细节不便观察，给学生学习带来了诸多不便，在很大程度上会影响教学效果。而传统壁画就在学生身边，教师和学生可以在现场对其观摩、分析并临摹，学生可以深入观察壁画，并分析其构图、色彩、线条以及材料等，可以极大地促进教学效果，并对学生后期创作产生巨大的影响。

在此过程中，学生不仅可以了解青海传统壁画的美学思想与材料表现特征，还能了解壁画是如何绘制的[1]。例如，学生临摹的城隍庙壁画局部［图5-5］，通过临摹，学生对青海传统壁画的技法和工具材料等有了进一

---

[1] 周薇、李水仙：《丹青重彩，继往开来——论古代壁画现状临摹对壁画课程教学实践的意义》，《科技展望》2016年第25期，第232页。

图 5-5　学生临摹壁画作品

步的了解，同时从中体悟到了古人绘制壁画时的状态、情绪等。在临摹过程中，教师先引导学生对原作中的线条、设色等进行深入观察，在对壁画原作有了较好理解后，再让学生准确把握绘画的风格和地域特色，最终呈现临摹作品，基本做到了对传统壁画语言的还原。有的学生还能通过自己的理解与绘画紧密结合，真正做到了古为今用。但在此过程中，必须使学生明白，对传统壁画的临摹不仅仅是一味继承，更重要的是在理解的基础之上做到拓展和创新。

综上，开展对青海传统壁画元素的提取、临摹等教学活动，在有效补充现有教学资源的基础上，可以让学生更好地了解各种壁画的艺术形式、历史底蕴等，也可以启发和培养学生借古创新的学术能力。

二、青海传统壁画在当代室内设计中的应用

传统壁画上的色彩、图案等可为当代室内设计提供更广阔的思路，在青海有一些设计者就专注此方面的研究。他们将传统壁画中的各种装饰元素及色彩搭配等融入室内设计过程，在丰富了设计方案的同时，也能使其设计作品本身的艺术魅力得到更好呈现。

（一）壁画与空间的关系

空间是一种流动性的存在，其装饰内容与空间整体构成具有虚实相生的关系。当前很多空间设计都很注重壁画的设计，此时就要充分考虑与墙壁所在的空间和不同空间因素之间的相互关联。所以，壁画与空间相连接的同时，也要兼顾对使用者的生理、心理上的双重影响[1]。而传统壁画的构成形式、色彩体系等恰恰可以满足当代室内设计中适当的装饰作用，对调整空间功能具有巨大的帮助作用。

色彩具有情感传递的功能，恰当的环境色彩能让使用者产生美好的遐想，从而突破固定环境和空间的局限。当代室内装饰中，往往因不同装饰风格出现墙面装饰物的选择困难，但青海传统壁画色调相对沉稳，大致可与当代室内装饰的色彩和谐共存，加上青海各类传统壁画在主题、色彩、形式等方面的一致性，所以其色调也为青海室内设计者提供了诸多良好的思路。

此外，光源在室内装饰中也是较为重要的因素之一。墙面装饰画所使用的光与自然光截然不同，因此，从考虑室内光源的角度出发，采用传统壁画中的色彩元素进行墙面装饰，效果要远远好于其他色彩体系。并且在设计空间的整体色调时，也可以借鉴传统壁画中的色调进行装饰，传统色彩体系与当代色彩搭配，可以更好地营造室内整体的氛围和视觉效果。

（二）壁画在室内设计中的应用策略

1. 构图应用

传统壁画是文化与情感的重要载体，对其合理使用必然在当代室内装饰中发挥同样的作用。现代的室内空间以方块结构居多，其中偶尔会出现少量的椭圆与不规则结构。因此，根据不同的空间设计类别和形态特征，选择合适的青海传统壁画中的元素进行应用，会对整体空间处理带来事半功倍的效果。例如，在正方或长方的空间内选择壁画中常出现的异形结构，会产生强烈的动与静的对比，在符合空间设计原则的前提下，也可以最大

---

[1] 刘兵兵：《中国壁画元素在现代平面设计中的拓展应用》，《包装工程》2013年第12期，第18-20页。

化地凸显室内的艺术氛围。

2.色彩应用

青海传统壁画的色彩具有构成丰富、色调明快及对比强烈等特色，在传递情感的同时，也给人们带来一定的视觉享受。从当代人的审美角度出发，越来越多的人喜欢相对简约或单纯的环境，因此，在设计室内空间色彩时，可借鉴或根据传统壁画进行设色，充分考虑室内空间的环境色调以及空间的功能特性等实际因素，综合考量并与之相互融合搭配[1]。也可根据不同的空间功能，选用不同的壁画原型作为装饰材料，渲染不同空间的氛围，进一步满足人们的精神需求与审美需求。

3.文化传承的应用

将青海传统壁画元素运用于现代室内装饰设计中，需要依托当地优秀的艺术文化作为背景，从中寻求设计灵感，以便设计出富有人文价值的现代室内空间布局。将壁画元素视为历史文化的载体，将其应用于室内装饰设计，完全符合公众的审美心理与精神需求，也可以让更多人了解传统壁画艺术中的历史文化。因此，在设计上应保持历史文化和创新精神的统一，大胆突破陈旧的设计理念，更好地呈现青海传统壁画的文化魅力。

综上所述，青海传统壁画具有强烈的装饰性，并可作为传统文化的承载者或是传统文化创新的媒介，将其植入室内空间的设计，在凸显其本身的艺术魅力的同时，能更好地服务于功能空间并呈现装饰功能，也可以为室内装饰设计提供更多的思路和机会。

三、青海传统壁画在现代文创设计中的运用

将青海壁画中的元素应用在现代文创设计中，不仅是对青海壁画艺术的传承，也是对我国传统文化的一种深入发掘与重构。在设计者将青海传统壁画元素应用到现代文创设计中时，可以通过文创产品的形状、颜色及材质等特点，选择传统壁画中有利于思想表达的元素进行创作，可以更加

---

[1] 伍小珊：《中国平面设计中的传统美术色彩研究》，《现代装饰》2014年第11期，第95页。

迎合当代年轻消费群体的审美需求。

（一）壁画中的元素应用

随着人们生活水平的不断提高，审美能力和审美诉求也在不断提升，这是设计行业发展的机遇，而将传统文化元素融入现代文创设计中是值得深入探索的课题。青海传统壁画是当地的艺术标志，深入挖掘并应用其中的各种元素，在促进地域经济发展的同时，也起到了传承和弘扬中华优秀传统文化的积极作用。

1. 直接应用

青海传统壁画历经岁月洗礼，其具有独特的艺术气质和传统的文化信息，在与设计主题相吻合的情况下，选择适合的壁画元素可以直接将其运用在现代文创设计中。传统壁画已具有完整的形态，任何一个完整的局部都是古人情感寄托和精神信仰的表达，可选取壁画的局部直接应用于产品的包装上；或是根据其形态不加任何修饰直接加工成文创产品，让壁画以最简单、最原始的方式向用户呈现其中的美学意境和文化内涵。

2. 图案纹样应用

现代文创设计不仅要传达产品信息，还要充分运用文字、色彩、图案等设计元素使文创设计更符合大众审美需求，使其具有较强的视觉冲击力，并能够起到吸引消费者注意力的作用[1]。青海传统壁画和现代文创设计都具有较强的主题性，所以在主题的框架内，选择和运用壁画中的主题元素或者装饰元素，用现代文创设计的方法进行创新立意，可以强化或达到宣传产品的目的[2]。故可以将青海壁画中具有传统文化内涵和民族艺术精神的图案纹样进行主题性的转换设计，使之与现代文创设计理念完全融合，在满足大众审美及使用需求的同时，可提升企业和产品的文化底蕴，还可以弘扬中华优秀传统文化。

---

[1] 陈晶晶：《中国传统色彩在现代包装设计中的运用》，《盐城师范学院学报》（人文社会科学版）2023年第2期，第86-90页。

[2] 鞠月桥：《传统元素在包装设计中的应用》，《黑龙江科技信息》2016年第1期，第6页。

3.色彩元素应用

色彩的表现力在文创设计中具有重要的地位，作为文创设计重要的构成因素，具有一定的先导性。它是展现产品格调、向消费者传递情感的重要媒介，能够给消费者带来最直观的审美体验。在现代文创设计中，将青海传统壁画中的色彩体系进行提取，并根据当代色彩搭配原则，结合产品特点借鉴和应用，将会形成地域特征明显、符合大众审美需求的设计效果。

（二）壁画元素在现代文创设计中的功能

青海传统壁画是在一定社会条件下产生的、拥有深厚的社会背景、反映当时社会风貌的绘画作品[1]。将壁画元素运用于现代文创中，首先，可以使文创设计或产品更具有艺术文化内涵。设计师在设计文创产品时，可以对壁画中的题材、文字、图案、色彩等元素，进行研究、提取，进而将其转化，这样可以更好地赋予文创产品独特的历史文化价值。其次，青海传统壁画中的各种元素本身就有强烈的地域性，以这些元素为基础的文创设计带有浓郁的地域风格。再次，壁画元素与文创设计融合能够显著提升设计产品的传播效果，助力产品宣传与壁画的文化传承，打造独具中国特色的文创产品[2]。最后，此举亦可为青海传统文化创新、塑造优质文旅形象、提高企业销量等起到一定积极作用。

（三）壁画元素在现代文创设计中运用的意义

将青海传统壁画元素在现代文创设计中合理运用，本身就是对这些传统艺术文化的传承与保护。这些传统壁画自身具有较高的艺术价值和文化价值，将其中的元素运用在现代文创设计中也是对传统壁画艺术的宣传，并且可以实现现代文创设计理念与社会经济发展的和谐共进，并引导更多的目光关注青海传统壁画文化艺术。这对弘扬中华优秀传统文化、提升民族文化自信、促进区域经济增长等具有重要意义。

---

[1]　赵文兵：《浅析永乐宫"三清殿"壁画中人物服饰的造型与装饰》，硕士学位论文，山西大学，2011，第4页。
[2]　孙随太：《浅谈永乐宫壁画的美学价值》，《美术教育研究》2013年第3期，第24-25页。

四、青海传统壁画在设计应用中的原则

(一)实用性与美观性相结合

一款好的设计产品，必须兼具实用性和美观性。在当今社会，产品的设计已不能只停留在其功能和制作工艺层面，随着人们审美水平的普遍提高，对产品的包装与美观性越来越重视，因此，当下的设计只有兼顾产品的功能性和艺术性，才能满足消费者视觉与心理上的需求。将青海传统壁画应用在设计中，在满足其功能的基础上，不仅需要注重壁画元素与产品的结合度，还需要将其文化内涵植入设计中，以满足人们精神层面的需求。

(二)文化专属性与创新性相结合

经典的设计产品之所以能够经久不衰，不仅仅是因为其美观、实用，而且因为它其中所蕴含的独特文化。可以说，文化是文化创意设计的基石和内在核心，没有文化的设计是没有灵魂的设计。因此，需要设计者在前期充分了解青海的地域文化，了解传统壁画中蕴含的文化。只有这样，设计出来的作品才能由内而外地表达地域文化内涵，并可以让更多的人在了解产品的同时了解青海的地域文化。作为设计者，在此基础之上，同时应充分考虑到创新性，把设计理念建立在以文化为基础的创新性设计层面，这将会为自身能力的提高与产品的发展增添新的动力。

(三)市场性与示范性相结合

设计产品的开发，最终目的是投放到市场中进行销售，优秀的产品设计具备良好的市场潜力，经典的产品设计则具有更高的商业价值。所谓产品的示范性，便是要求设计者具有前瞻性目光，在设计过程中，将传统壁画中的精髓提取，并进行创新设计，使之更具有商业价值，甚至可以引导流行趋势。因此，作为设计师，若想利用青海传统壁画元素设计出高性价比的产品，自身首先要对这些壁画有相应的了解，在做到设计方案符合当代科学技术、满足现代消费者审美需求的基础之上，还要充分考虑设计方案的市场性和产品的示范性，这样才是在设计意义上对青海传统壁画的真正应用，也是从本质上对这些壁画艺术的宣传、传承和保护。

总的来说，传统文化是一个国家的根与源，而青海传统壁画又是中华优秀传统文化中不可缺少的一部分。在多元化发展的时代，若想很好地利用青海传统壁画资源进行艺术教学、文创产品设计或是室内设计等，必须根植于其中深厚的中华优秀传统文化，正视其价值所在，并进行合理创新性转化，才能真正做到古为今用。

第三节　青海传统壁画的保护弘扬

如前文所述，青海传统壁画资源虽然丰富，但在历史发展中也遭到了不同程度的损坏，因此，合理地对其实施保护是摆在每一个青海人面前的任务。针对目前青海传统壁画中存在的各种问题，在实施保护措施之前，要对它的破损情况进行检查分类，结合壁画的保存现状和病害发展趋势，在坚持最小干预原则的前提下，依据分类结果制订维修方案，留住这些珍贵的传统壁画，避免或减少损毁，方可更为长久、安全地保护与传承这些壁画遗产[1]。

一、相关政策的出台

关于青海古代寺庙及其文物保护，国家和地方已下达若干政策文件，各地积极响应，开展了一系列保护青海地区寺庙及其文物的活动。

早在1961年国务院就颁布了《文物保护管理暂行条例》，1982年又对《文物保护管理暂行条例》内容进行了修改和补充，又于同年11月19日的第五届全国人民代表大会常务委员会第二十五次会议上通过了我国文化领域的第一部专门法律《中华人民共和国文物保护法》。该法颁布后，青海省积极实施，各地州政府开始逐渐重视文物的保护，提升执法能力，倡导社

[1] 陈晓琳、闫海涛等：《"四神云气图"壁画现状检测与预防性保护对策》，《华夏考古》2018年第4期，第125-128页。

会参与。自此，青海的文物保护状况得到明显改善。例如，在1989年末，青海省文物管理处组织了对弘化寺的考察，对其中受损的古刹开始抢救性修复，政府拨款及群众集资，重建山门、大殿，并重塑六尊古佛，购置《甘珠尔》《丹珠尔》全套，使该寺院步入良性发展轨道。

从20世纪90年代中后期开始，社会各界尤其是文物界要求修改该文物保护法，在2002年10月28日，《中华人民共和国文物保护法》修订版通过，之后全国各地的文物又得到了进一步的重视与保护。

青海省委、省政府在"十三五"期间高度重视文物保护事业，文物保护状况得到进一步改善，考古研究屡屡取得新成果，文物基础普查工作发展势头强劲。2022年，青海省发布"十四五"文物事业发展规划，开展三年专项整治，加大"三防"力度，争取了14.1亿元保护资金，实施了458项文物保护工程；与此同时，推行"考古前置"制度，配合基本建设进行考古调查。同年，省内全面排查石窟寺安全隐患，建立了省域数据库，启动保护修缮及环境整治项目，深化价值研究，加强调查发掘，实施数字化保护和展示利用工程，完善展示标识系统，提升了人民群众福祉。

最后，国家及地方大力发挥市场在文物资源配置中的作用，推进审批改革和经费绩效管理，实施第三方评审；并加强宣传，引导社会参与文物保护，扩大参与范围、深度和方式；与此同时，制定指导性文件，明确了保护范畴、管理与奖惩机制。

二、壁画的保护原则

因为壁画的不可再造性，一旦被破坏，是无法回到原始状态的，所以对壁画的修缮与保护工作尤其重要[1]。青海传统壁画有别于其他性质的文物，对其进行保护和修缮时必须遵守一定的原则，以保证在维持现状的基础上做出新的艺术创造。

---

[1] 于楠：《中国古代壁画的保护与修复——现代技术在壁画保护中的应用》，硕士学位论文，中央美术学院，2016，第5页。

（一）就地保护原则

青海传统壁画应该遵循就地保护原则，壁画是一种特殊的、不可移动的文物形式，其依附于建筑物墙面或者是洞窟壁面之上，它与建筑是一个相互依存、不可分割的整体。壁画是古代设计者对建筑美学、功能及空间等各方面总体设计的一部分，承载着当时设计者的思想，所以只有经过各方面的充分论证，确切证明如果对壁画不进行揭取或者是采取其他措施壁画仍会被破坏的情况下，才可以决定揭取或者对其进行其他保护措施。因此，除一些特殊环境中的壁画外，一般应该践行就地保护的原则对其实施保护。

（二）最小干预原则

青海传统壁画中承载着诸多历史文化信息，任何不当的保护措施都极其容易使壁画中承载的信息发生改变，甚至丢失。因此，在保护过程中应始终贯穿最小干预原则对其进行保护。病虫害是青海传统壁画中常见的问题，保护过程中通过消除病害，达到缓解或终止壁画画面劣化的目的，只要运用科学合理的手段是基本不会对画面造成伤害的。然而，在调研中发现，有些地方由于认识不足，采用不科学的手段，致使画面遭到严重破坏。在青海各地诸如这样的例子很多，在前文中已做过分析，为了在今后保护中尽量减少对壁画画面的改变，应加大在保护过程中对最小干预原则的宣传及普及，采用科学合理的方法尽可能保持壁画的原真性。

（三）消除病因原则

当今，国际社会普遍面临壁画的各种病害问题，公认壁画保护应以科学的手段在保证壁画原貌的基础上消除病害的根本原因，从而有效地阻止病害对壁画的侵害，以求达到长久保护的目的[1]。壁画出现病害仅仅是表象，而病害产生的原因才是病害出现和活动的根本。而青海地区的气候环境、生态构成与其他地区有一定差异，所以在保护过程中不能一味地照搬其他地区的经验。应根据当地具体情况，运用科技手段先对有病害的壁画

---

[1]　程群、原江、左小迪、李正佳：《山西武乡洪济院壁画现状调查与保护对策》，《文物世界》2020年第2期，第77—80页。

进行检测、分析，找出具体原因，然后提出适合于本地区壁画病害防御的
方案并进行治理，以求达到使病害的原动力从根本上得到抑制的目的。

三、壁画保护对策

基于青海现存传统壁画的损坏情况，为更好地对其进行保护，再结合
其他地区壁画保护的经验，提出以下保护对策：

（一）设立专业保护研究机构

为了提升青海传统壁画保护的效率，需建立专业且具有针对性的保护
机构。首先，各地文保单位可设立壁画保护研究中心，并配备具备壁画保
护能力的专业人员，确保壁画保护的专业性；其次，壁画保护机构需在内
部完善制度，优化机制，严格执行保护措施，为壁画保护奠定基础[1]；再
次，各单位需联合组建壁画保护领导小组，统一领导、统筹安排保护工作，
确保相关措施得以顺利实施。

（二）加大壁画保护投入

各项资源的有效投入，会确保青海传统壁画的保护工作顺利开展。青
海省各地州应在思想上引起足够重视的前提下，针对传统壁画保护设立专
项资金投入，以确保保护工作中所需的设备、技术等。壁画管理单位可向
专管部门呈报资金需求，并要求适当增加资金以应对临时需求；各地州应
根据壁画情况制定专业的保护档案，以便落实相关工作；并且可为相关科
研单位提供专项研究经费，加强科研力量、设备投入，具体研究并得出对
青海传统壁画保护具有针对性的方案，从而提高壁画的整体保护水平。

（三）加强壁画保护人才培养

就目前青海开展传统壁画保护工作的成效而言，相关的技术人才显得
极度缺乏，因此，要做好保护工作，应加强对人才的培育和培养。首先，
政府需加强壁画保护的重要性宣传，尤其应注重在各级学校开展普及教育，
储备人才；其次，各级文保单位要加强人才引进与培训，切实提高对文物

---

[1] 刘庆：《古代壁画的临摹意义与保护对策》，《新美域》2022年第9期，第76-78页。

的保护技术及能力；再次，青海各地区需尽可能改善人才待遇，吸引优秀人才加入壁画保护，壮大保护队伍，提高保护效果[1]。

（四）采用现代科技保护壁画

青海传统壁画因气候和生态问题，多年遭受环境侵扰，许多壁画正处于不断风化、变质、脱落甚至消失的状态。数字化处理和记录方法能确保影像资料不因时间流逝和人员流失而消失，因此，可以通过数字化处理，保留珍贵的壁画影像资料，以便今后更好地分析和统计壁画分布、类型、形成等，并研究其背后的文化思想、审美情趣和风俗礼仪。研究者和管理者也可借鉴其他地区的先进理念，从中汲取经验并采用更先进的科学技术手段对青海传统壁画进行行之有效的保护，以做到对壁画的保护真正落到实处。

（五）对传统壁画进行大力宣传

大力宣传青海传统壁画，也是对其进行保护和传承的有效途径。让更多的人了解青海历史文化，从而引起社会各界对青海传统壁画的关注。

如果有效地加强对青海传统壁画的宣传，在保护青海民族传统文化的同时，也会不断促使我们吸收外来先进理念。为青海传统壁画的保护注入新的时代精神，更要增强保护民族文化的意识，在立足自我的同时，借助宣传的力量，引进一些先进的科学方法运用于保护工作之中。但是，在宣传的过程中，也要保持客观、严谨的态度。

综上所述，青海传统壁画的保护和传承，对推进我国文物保护、文化遗产保护传承、挖掘文物和文化遗产价值等方面具有多重价值和重要意义。随着社会经济的发展，要不断更新保护理念，尽可能应用先进的科学技术不断提升保护水平。对于青海乃至全国范围而言，传统壁画的保护工作永远在路上。

---

[1] 刘庆：《古代壁画的临摹意义与保护对策》，《新美域》2022年第9期，第76—78页。

参考文献

［1］脱脱,等.宋史[M].北京:中华书局.1977.

［2］魏源.圣武记[M].长沙:岳麓书社.2011.

［3］宋濂,等.元史[M].北京:中华书局.1976.

［4］昇允,长庚.甘肃新通志[M].台北:成文出版社.1970.

［5］刘昫.旧唐书[M].北京:中华书局.1975.

［6］李泽厚.美学论集[M].上海:上海文艺出版社.1980.

［7］邓承伟.西宁府续志[M].西宁:青海人民出版社.1985.

［8］朱景玄撰,温肇桐注.唐朝名画录[M].成都:四川美术出版社.1985.

［9］吕大吉.宗教学通论[M].北京:中国社会科学出版社.1989.

［10］蒲文成.甘青藏传佛教寺院[M].西宁:青海人民出版社.1990.

［11］汤用彤.汉魏两晋南北朝佛教史[M].上海:上海书店出版社.1991.

［12］湟源县县志编纂委员会.湟源县志[M].西宁:青海人民出版社.1995.

［13］李诫编.营造法式[M].北京:中国书店出版社.1995.

［14］多识仁波切.爱心中爆发的智慧[M].北京:民族出版社.1996.

［15］熊文彬.中世纪藏传佛教艺术——白居寺壁画艺术研究[M].北京:中国藏学出版社.1996.

［16］青海省地方志编纂委员会.青海省志·公路交通志［M］.合肥：黄山书社.1996.

［17］彭启胜.青海寺庙塔窟［M］.西宁：青海人民出版社.1998.

［18］吉迈特却.隆务寺志［M］.西宁：青海民族出版社.1988.

［19］涂尔干.宗教生活的基本形式［M］.上海：上海人民出版社.1999.

［20］青海省地方编纂委员会.青海省志·宗教志［M］.西安：西安出版社.2000.

［21］蒲文成.青海佛教史［M］.西宁：青海人民出版社.2001.

［22］汤惠生，张文华.青海岩画——史前艺术中二元对立思维及其观念的研究［M］.北京：科学出版社.2001.

［23］中国大百科全书总编辑委员会.中国大百科全书·美术卷［M］.北京：中国大百科全书出版社.2002.

［24］陈绥祥.魏晋南北朝绘画史［M］.北京：人民美术出版社.2002.

［25］熊文彬.西藏艺术［M］.北京：五洲传播出版社.2002.

［26］陈庆英.中国藏族部落［M］.北京：中国藏学出版社.2002.

［27］康·格桑益西.藏族美术史［M］.成都：四川民族出版社.2005.

［28］王子云.从长安到雅典——中外美术考古游记［M］.长沙：岳麓书社.2005.

［29］孙通海.庄子［M］.北京：中华书局.2007.

［30］杨庆堃.中国社会中的宗教：宗教的现代社会功能与其历史因素之研究［M］.范丽珠，等译.上海：上海人民出版社.2007.

［31］金维诺.中国寺观壁画全集·5·明清寺院佛传图［M］.广州：广东教育出版社.2009.

［32］蒲文成.河湟佛道文化［M］.西宁：青海人民出版社.2010.

［33］樊光春.西北道教史［M］.北京：商务印书馆.2010.

［34］冯骥才.中国唐卡艺术集成　玉树藏娘卷［M］.银川：阳光出版社.2010.

［35］马建设.藏传佛教工艺美术［M］.西宁：青海民族出版社.2013.

[36] 隋凌燕、赵博.设计构成基础[M].北京:电子工业出版社.2014.

[37] 司马迁.史记[M].北京:中华书局.2016.

[38] 智观巴·贡却乎丹巴饶吉.安多政教史[M].西宁:青海人民出版社.2017.

[39] 李旻泽.青海河湟谷地传统民居地域性研究[D].西安:长安大学出版社.2016.

[40] 马中良.甘肃临夏穆斯林装饰艺术研究[D].兰州:西北民族大学.2006.

[41] 潘汶汛.唐及唐以前敦煌壁画设色研究及其在现代绘画的影响[D].杭州:中国美术学院.2010.

[42] 于娟娟.浅析道教壁画的审美思想[D].西安:陕西师范大学.2010.

[43] 赵文兵.浅析青海"三清殿"壁画中人物服饰的造型与装饰[D].太原:山西大学.2011.

[44] 王丹.青海壁画线条艺术特点解析与研究[D].北京:中央民族大学.2012.

[45] 辛丽敏.藏传佛教法器的形式特征与审美内涵[D].呼和浩特:内蒙古大学.2013.

[46] 沈缙琦.植物的图腾意象在设计装饰中的运用研究[D].成都:西南交通大学.2014.

[47] 刘丽雅.中国西部清真寺装饰纹样研究[D].西安:西安工程大学.2014.

[48] 崔一文.中西绘画构图形式探索及研究[D].大连:大连工业大学.2014.

[49] 李祯.瞿昙寺壁画中的佛教汉化图像探微[D].南京:南京艺术学院.2014.

[50] 王博涵.青海热贡唐卡艺术的特征研究[D].济南:山东建筑大学.2015.

[51] 庞冠男.岩山寺壁画中的建筑布局与景观美学[D].太原:太原理工

大学.2015.

[52] 于楠.中国古代壁画的保护与修复——现代科技在壁画保护中的应用[D].北京:中央美术学院.2016.

[53] 马通.临夏伊斯兰装饰艺术探究[D].兰州:西北师范大学.2016.

[54] 张哲欣.古代壁画中矿物质颜料的使用及创作感悟[D].南昌:江西师范大学.2016.

[55] 王莹.瞿昙寺壁画中动物图像研究[D].西安:西北大学.2018.

[56] 胡筱琳.囊谦县博日寺壁画研究[D].北京:中国社会科学院研究生院.2018.

[57] 张文燕.关于藏传佛教寺院建筑及壁画艺术的调研报告[D].大连:辽宁师范大学.2018.

[58] 孔斌.炳灵寺3号窟壁画艺术特色研究[D].兰州:西北师范大学.2019.

[59] 郭海璇.《朝元图》色彩语言对当代工笔人物画创作的借鉴意义[D].北京:中央民族大学.2020.

[60] 王艳.魏晋南北朝墓葬中历史人物故事图像研究[D].兰州:西北师范大学.2020.

[61] 冯佳惠.壁画创作中的构成语言研究[D].兰州:西北民族大学.2020.

[62] 韩成惠.佛教造像艺术研究[D].沈阳:鲁迅美术学院.2021.

[63] 范勇.西域石窟、中原寺观传统壁画中"大象"造型比较研究[D].杭州:中国美术学院.2021.

[64] 佟辰子.云南现代重彩画变形语言研究[D].昆明:云南大学.2021.

[65] 李思婷.明代瞿昙寺壁画中山水画探析[D].昆明:云南大学.2021.

[66] 殷超.瞿昙寺壁画中的汉藏艺术交融研究[D].兰州:西北民族大学.2021.

[67] 靳聪聪.中国古代神话题材在当代壁画中的应用与实践[D].唐山:华北理工大学.2022.

［68］许佳伟.论"S"形构图在当代山水画创作中的应用［D］.曲阜:曲阜师范大学.2022.

［69］孟之桀.囊谦东仓日出遗址和称多普切昂石窟寺所出壁画研究［D］.北京:中国社会科学院研究生院.2022.

［70］谢志卉.唐卡艺术形式在壁画创作中的运用［D］.天津:天津美术学院.2022.

［71］朱建军.交融与互鉴——新见吐蕃、吐谷浑出土文物研究［D］.兰州:兰州大学.2022.

［72］陈阿曼.云冈石窟窟顶护法神祇图像研究［D］.南京:东南大学,2020.

［73］俞伟超.东汉佛教图像考［J］.文物.1980(5):68-77.

［74］秦永章.唃厮啰政权中的政教合一制统治［J］.青海民族学院学报.1988(1):81-86.

［75］张星.西宁土楼观［J］.中国道教.1989(2):52-53.

［76］蒲文成.青海藏传佛教寺院概述［J］.青海社会科学.1990(5):92-99.

［77］唐昌东.克孜尔石窟壁画艺术［J］.文博.1991(1):77-80.

［78］许新国.青海平安县出土东汉画像砖图象考［J］.青海社会科学.1991(1):76-84.

［79］王进玉,李军,唐静娟,等.青海瞿昙寺壁画颜料的研究［J］.文物保护与考古科学.1993(2):23-35.

［80］叶玉林.长城般的缤纷画廊——西藏壁画美［J］.西藏艺术研究.2000(2):56-66.

［81］段修业.青海省瞿昙寺西斜廊壁画的加固修复［J］.敦煌研究.2000(1):139-142.

［82］许世文.塔尔寺艺术三绝:壁画、堆绣、酥油花.中国西部［J］.2001(1):80-83.

［83］胡素馨,唐莉芸.模式的形成——粉本在寺院壁画构图中的应用［J］.敦煌研究.2001(4):50-55.

［84］阿旺晋美.关于藏族传统美术理论的定位及其现状和发展［J］.中国

藏学.2001(3):121-128.

[85]李启色.敦煌装饰图案的审美文化意味[J].艺术教育.2004(9):22-23.

[86]齐扬.青海、西藏、吉林渤海古国等地壁画保护修复方案[J].文博.2005(4):68-71.

[87]孙悟湖.宋代汉藏民间层面宗教文化交流[J].西藏研究.2006(4):36-43.

[88]谢继胜,廖旸.青海乐都瞿昙寺瞿昙殿壁画内容辨识[J].中国藏学.2006(2):191-202.

[89]马婧杰.试析青海东部河湟地区民俗与道教——以民和、乐都两县民俗与道教为例[J].青海民族研究.2007(1):159-164.

[90]张炜.文以画而推陈,画因文而出新——试述传统壁画的历史人文价值和时代意义[J].青年文学家.2009(13):87.

[91]鄂崇荣."猫鬼神"信仰的文化解读[J].青海民族大学学报(社会科学版).2010(1):74-81.

[92]周喜增.藏传佛教壁画[J].文艺争鸣.2010(20):153-154.

[93]邵楠.略论青海藏传佛教建筑壁画艺术——以塔尔寺和瞿昙寺为例[J].青海师范大学学报(自然科学版).2010(6):99-114.

[94]程群,涂敏华.道教壁画之传统文化意蕴寻踪[J].新疆艺术学院学报.2011(1):30-35.

[95]玛尔仓·苏白.合然寺考略[J].四川文物.2011(1):87-88.

[96]尚青.青海湟水流域历史文化追忆之三(西宁篇)[J].群文天地.2011(5):11-27.

[97]蒲天彪.青海乐都西来寺水陆画"五瘟使者"与疫病的鬼神想象诠释[J].青海师范大学学报(哲学社会科学版).2011(4):63-65.

[98]侯石柱.我国西藏及四省藏族自治州县文物保护单位名录[J].中国藏学.2012(A1):3-26.

[99]胡海燕.青海夏琼寺[J].军事经济研究.2012(11):82.

［100］崔虎杰.浅谈壁画构图与建筑空间环境[J].黑龙江科技信息.2012（30）:265-267.

［101］孙随太.浅谈永乐宫壁画的美学价值[J].美术教育研究.2013(3):24-25.

［102］伯果.青海年都乎寺毛兰吉哇拉康殿壁画内容辨识——热贡艺术源流探索之一[J].中国藏学.2013(2):175-181.

［103］刘兵兵.中国壁画元素在现代平面设计中的拓展应用[J].包装工程.2013(12):18-20.

［104］范小慧.瞿昙寺回廊壁画艺术要素分析[J].黑龙江史志.2013（19）:319.

［105］赵莹.敦煌艺术美学——敦煌壁画之佛教本生故事画[J].现代装饰（理论).2014(10):189.

［106］王磊.探究敦煌唐代壁画中的卷草纹饰[J].现代装饰(理论).2014(8):120.

［107］冯坤.从敦煌壁画的构图浅谈叙事的时间与空间[J].文学教育（中).2014(5):77.

［108］金萍.瞿昙寺壁画对西藏绘画艺术转型的影响[J].南京艺术学院党报（美术与设计版).2014(3):29-33.

［109］耿纪朋,郑小红.元代道教壁画考略[J].佳木斯教育学院学报.2014(2):115-117.

［110］伍小珊.中国平面设计中的传统美术色彩研究[J].现代装饰（理论).2014.(11):95.

［111］罗秀红.浅论青海地区藏传佛教艺术资源及其特征[J].青海师范大学学报（哲学社会科学版).2014.(5):104-105.

［112］伯果等.青海化隆旦斗岩窟壁画初步调查[J].考古与文物.2014（2）:24-30.

［113］霍福.青海塔尔寺壁画艺术的民俗文化学考察[J].青海师范大学学报（哲学社会科学版).2015(3):120-127.

［114］贡嘎·加措.论绘制藏传艺术壁画的程序［J］.上海商业.2015（9）：50-54.

［115］周薇，李水仙.丹青重彩，继往开来——论古代壁画现状临摹对壁画课程教学实践的意义［J］.科技展望.2016（25）：232.

［116］鞠月桥.传统元素在包装设计中的应用［J］.黑龙江科技信息.2016（1）：6.

［117］杨淞宁.塔尔寺布幔壁画研究［J］.赤子（上中旬）.2016（1）：34.

［118］赵筱，何梅青.论生态文明新常态下青海自然生态环境对民族村寨传统文化的影响［J］.保山学院学报.2015（4）：80-85.

［119］赵云川.中国南传佛教壁画艺术巡旅［J］.东方艺术.2016（15）：130-143.

［120］陆鑫婷，梁珂.中国画留白手法在新中式风格中的应用研究［J］.设计.2017（19）：156-157.

［121］金蕾.试论汉传佛教壁画色彩的本土化演变［J］.艺术教育.2017（15）：129-131.

［122］李博.青海年都乎寺壁画制作材料与绘制工艺研究［J］.中国藏学.2017（2）：169-174.

［123］吴大鞾.沥粉贴金工艺材料、技法与应用［J］.西部皮革.2017（7）：13.

［124］高洋，钱皓.论塔尔寺的色彩特征及文化内涵.美与时代（上）［J］.2018（3）：38-40.

［125］陈晓琳，闫海涛等.“四神云气图”壁画现状检测与预防性保护对策［J］.华夏考古.2018（4）：125-128.

［126］苏宁.道教神仙谱系与道教壁画（一）［J］.神话研究集刊.2019（1）：206-218.

［127］王天姿.辽金元时期壁画的历史内涵与旅游价值［J］.黑龙江民族丛刊.2019（4）：76-79.

［128］刘芊.古龟兹国石窟壁画树木图像地域艺术特色的形成与发展

[J].艺术探索.2020(2):61-78.

[129]程群,原江,左小迪,等.山西武乡洪济院壁画现状调查与保护对策[J].文物世界.2020(2):77-80.

[130]董春玲.西藏传统壁画绘制工艺研究[J].西部皮革.2020(5):53-54.

[131]陈宁.唐墓壁画女性图像风格研究[J].时代报告.2021(12):54-55.

[132]牛贺强,水碧纹,陈章,等.青海瞿昙寺瞿昙殿壁画制作材料与工艺初步分析[J].文物保护与考古科学.2021(6):94-105.

[133]黄辛建,赵心愚.格萨尔王及格萨尔史诗研究的回顾与展望[J].西藏大学学报(社会科学版).2021(4):80-86.

[134]宋卫哲.青海古代石窟壁画遗存现状考察[J].中国民族美术.2021(1):16-21.

[135]周世荣.浅谈壁画艺术对小学美术教育的影响[J].中国教师.2021(3):108-109.

[136]廖旸.灵塔与法脉传承——青海玉树杂多吉日沟塔群初探[J].西藏研究.2021(4):47-57.

[137]杨博等.青海省清真寺和藏传佛教寺院时空演变比较研究[J].地理信息世界.2021(5):36-41.

[138]胡世成.汉壁画墓中的历史人物故事图像研究[J].东方收藏.2022(8):108-110.

[139]朱建军.唐风蕃韵:乌兰泉沟一号墓前室壁画初探[J].青海民族大学学报(社会科学版).2022(1):162-178.

[140]田静.装饰图案[J].文艺理论与批评.2022(3):215.

[141]赵晓丹.浅谈云冈石窟的装饰纹样[J].文物鉴定与鉴赏.2022(14):158-161.

[142]陆建明.古建筑壁画保护的现状及改建研究[J].美术文献.2022(1):29-31.

［143］麻可."甘肃敦煌莫高窟"壁画的美学阐释［J］.黑河学院学报.2022
（8）：177-180.

［144］郭玲.山西宋元时期寺庙壁画的世俗性体现及其成因研究［J］.五
台山研究.2022（3）：20-25.

［145］多杰才旦.18—19世纪河湟流域藏传佛教壁画艺术及其历史文化
考——以合然寺壁画为例［J］.青海民族大学学报（社会科学版）.2022（4）：
145-155.

［146］刘庆.古代壁画的临摹意义与保护对策［J］.新美域.2022（9）：76-
78.

［147］陈晶晶.中国传统色彩在现代包装设计中的运用［J］.盐城师范学
院学报（人文社会科学版）.2023（2）：86-91.

［148］丹珠昂奔.藏族英雄史诗《格萨尔王传》的形式基础［J］.中国藏
学.2023（5）：133-142.

（后 记）

　　只有看到更远的过去，才能看到更远的未来。壁画作为一种古老的艺术形式，承载着丰富的文化和历史，又具有强烈的视觉冲击力和艺术表现力。举目瞭望，壁画遍布于青海的各个地区，青海传统壁画依附于青海各地的寺庙、道观等名刹胜地，一幅壁画就是一段历史的缩影，也是一座城市的标志和记忆，以其璀璨丰富的图像衬托着地方景观。众多的壁画中凝固着特定历史时空的图像，藏着一座城市最真实的面貌。这些传统壁画从宏观和微观两个层面呈现了青海文化的肌理，有助于人们进一步了解、考证、探讨青海民族历史、民族文化和民族心理等渊源和脉络。

　　遗憾的是，在壁画的艺术世界中，在全国范围内，青海这些传统壁画一直未受到应有的重视。笔者在多年田野调查中发现不少传统壁画日渐衰败，促使今天选择青海传统壁画艺术作为研究对象展开相关课题研究。笔者一直认为，青海传统壁画，与敦煌、山西壁画一样，是中华艺术史上的卓绝之作，无论是壁画中展露的信息，还是其中的绘画技术，都具有重要的研究价值。对这些壁画进行深入研究，不仅可以解读青海的历史变迁、探索地域文化，还可以帮助读者提高对青海的认识、提升当地民众的民族自尊心和自信心。基于以上种种原因，《凝视胜界——青海传统壁画艺术》

一书得以成稿并与大家见面。

　　青海壁画艺术的历史悠久而复杂，涉及许多不同的思想文化和历史时期，且壁画的题材内容多样、分布广泛，需要对各地的壁画进行翔实调研并对各种不同的艺术风格与绘制技巧有深入的了解。因此，对其进行系统的梳理与分析着实有困难。尽管如此，笔者仍坚持心中的信念，经过多次的田野调研及对艺僧、画师等的访谈，收集了众多的相关图片与资料，通过对这些资料的整理和分析，得以对青海传统壁画的发展和演变有了更深入的了解。同时，笔者也参观了一些著名的壁画展览和艺术家的工作室，亲身感受了壁画艺术的魅力和创作过程。在全面收集整理完全部的相关资料后，便结合自己的专业知识对其做出了尽可能全面的分析与探究。

　　笔者在编撰此书的过程中，较为深入地研究了青海各地州所遗存的壁画作品，从古代到现代，从传统到当代，涵盖了各种不同的风格和题材。通过对这些壁画作品的分析和解读，笔者试图揭示青海壁画艺术的内在价值和意义，以及它在社会、文化和艺术领域中的重要性；并力求寻找青海壁画在共性中所蕴含的个性，在具体内容与艺术特色的分析上力求广度的同时，也力争做到研究具有一定的深度，尽力做到内容翔实、分析准确、文字精练，尽可能客观地展示出青海壁画独特的艺术魅力与思想文化内涵。与此同时，也试图将研究成果与现实生活相结合，探讨壁画艺术在当代社会中的应用和发展趋势，以促进壁画艺术的传承和创新。

　　尽管在撰写此书的过程中遇到了许多困难，但这些困难和挑战在今天来看都是值得的。通过这一场身体与心灵的磨炼，笔者不仅对壁画这一艺术形式有了更深刻的理解，也对艺术本身的力量和价值有了更深入的认识。其实，青海的壁画艺术不仅仅是一种视觉表达方式，也是一种文化传承和反映社会文化的载体；它通过图像和符号记录着社会历史和所传承的文化，向所有人传递着历史的信息与密码，也激发着人们更多的思考和情感。

　　最后，希望这本书能够为读者提供一个全面了解青海、了解青海艺术文化、了解青海传统壁画的途径。希望无论是艺术爱好者、学生还是从事专业艺术研究的学者，通过此书能够对青海壁画有更多的关注，能够对其艺术性有更深入的认识和了解，并产生一定启发或思考；也期望这本书可以激发更多人对我国传统壁画艺术的关注，能够促进壁画艺术更好地研究和传承，能有更多的目光聚焦这一艺术形式。

在此书编撰的过程中，笔者虽然自认为已尽了最大努力，潜心于其中，几经修改，但因水平所限，加之前人的研究基础薄弱、文献资料相对匮乏，惶恐书中仍然会有疏漏或错误，敬请各位专家及读者批评指正！

2024 年 6 月 21 日于西宁